現代中國的崛起

朱高正作品精選集　第一卷

學生書局印行

序

吳大猷

日前朱先生贈我其新作《朱高正作品精選集》三卷書稿，並囑我爲本書作序。

朱高正先生於民國七十四年（值而立之年）獲德國波昂大學哲學博士學位，自翌年當選立法委員以來，在立法院論政議事，迭創新猷。朱先生敢言敢當、擇善固執，尤異於媚俗成習、阿諛成風的台灣政壇。

朱先生除對台灣民主化著有貢獻外，更有鮮爲人知的學術成就。民國七十九（一九九〇）年，他在德國出版的學術著作《康德的人權與基本民權學說》，被全球哲學權威刊物《康德研究季刊》（Kant–Studdien）評論爲研究康德法權哲學的四本必讀著作之一。此外，朱先生長年來鑽研博大精深的《易經》有成，近日在無線衛星電視台（TVBS）主播「乾坤大挪移」，佳評如潮，對國人重新瞭解傳統文化的精華頗有助益。放眼當代知識份子能兼治康德與《易經》者，實不多見，況朱先生爲活躍的政治家，洵屬難得。

朱先生於公餘之暇，寫作勤奮，以其良好的學術訓練爲基礎，對法政、社經、文教等各類問題，做廣泛而深入的探討。返國十年來，已出版中文著作合八大冊，逾一百二十萬言，字字珠璣、擲地有聲。今特自其中選出四十餘萬言，再加上新作合約五十萬言，名爲《朱高正作品精選集》，分三卷：

第一卷《現代中國的崛起》，所收錄的文章以「立足傳統的國家現代化理想」爲主，旁及兩岸三地的和平統一問題。朱先生向來主張以我國傳統優秀文化，融合——工業革命後西方思想的兩大流派——「自由主義」與「社會主義」，以爲完成中國全方位的現代化，提供一堅實的理論基礎。其格局之大，視野之寬，令人折服。

第二卷《台灣民主化的經驗與教訓》，以闡揚「立憲主義的國家哲學」爲主軸，間及內閣制政體與政黨政治，頗可一窺朱先生前後一貫的憲政理想。尤其〈天下至廣，非一人所能獨治〉一文，分析事理、引古諫今，其膽識與才學，實不多見。

第三卷《縱橫古今談》，主題爲「生活與家庭」、「歷史與讀書」、「教育改革」、「公共政策」與「對話錄」。其中言論，處處流露出朱先生的精湛學養，尤其〈不是達爾文的錯〉足令生物學者折服，而〈千古一帝秦始皇〉，尤令秦漢史專家自嘆不如。他可以說是一個重視傳統價值，而又能與時推移、並賦予傳統新生命的思想家。

朱先生十年來一直是個極具爭議性的人物，這套書的出版，應可提供大家第一手的資料。想要了解朱先生這個人，就一定要看他的書；關心國家前途的人，也非看他的書不可。朱先生治學之勤勉，問政之純真，在在使得筆者深信他的思想一定會對二十一世紀的中國產生極大的影響。筆者雖不曾深研政治，但樂於爲之作序，藉以略表對其肯定與敬佩之意。

朱高正作品精選集 第一卷

現代中國的崛起

目錄

以聯邦制化解統獨矛盾

【附錄】

兩岸三地的良性互動

立足傳統的國家現代化理想

淺談政治現代化

——兼爲中國傳統政治重新定位

中國傳統政治自有一套選賢舉能與權力制衡的制度，比起十六世紀還在講絕對王權的歐洲强太多了。到十六世紀爲止，歐洲的侯王還有文盲，而中國的皇帝則除了像少帝、哀帝、殤帝等，那種三、四歲就死去的皇帝之外，大多受過良好的教育，連「胡人」出身的帝王，像劉曜、劉淵、石勒、苻堅、拓跋宏等，無不個個學富五車、出口成章，相形之下中國眞是文明太多了。難怪自馬可波羅以迄十七、八世紀，中國一直是歐洲各國艷羨倣效的對象。沒有中國的榜樣，就沒有以理性爲主導的啓蒙運動。

中國傳統政治的敗壞要從相權的式微談起，宋太祖趙匡胤廢坐論之禮，宰相與皇帝說話必須立談，並要具劄子進呈。明太祖更進一步廢撤宰相，而清朝的部族政治就更等而下之了。偏偏就在此時爆發鴉片戰爭，國人的自尊自信毀於一旦，各種問題紛至沓來。外有窮凶極惡的西方列强，內有積抑已久的滿漢矛盾，既對傳統文化喪失信心，又有西洋文明橫加誘惑，眞是亙古未有之大挑戰！今天惟有重新了解歷史傳統，確認中國人的政治智慧。我們的祖先在古代既能隨著不同的歷史與社會條件，迭創令人讚嘆的良法美制。我們沒理由不相信，身爲子孫的我們也同樣可以順應時代的需求，成功地完成政治現代化的艱鉅工程。我們要重建「文化主體意識」，很有自主性地汲取先進國家的經驗，就傳統歷史文化中可資借鑑者，賦予創造性的詮釋，才能爲未來更進一步的發展，扎下更堅實的基礎。讓「傳統」非但不再是追求現代化的包袱，而是推動更進一步現代化的動力。

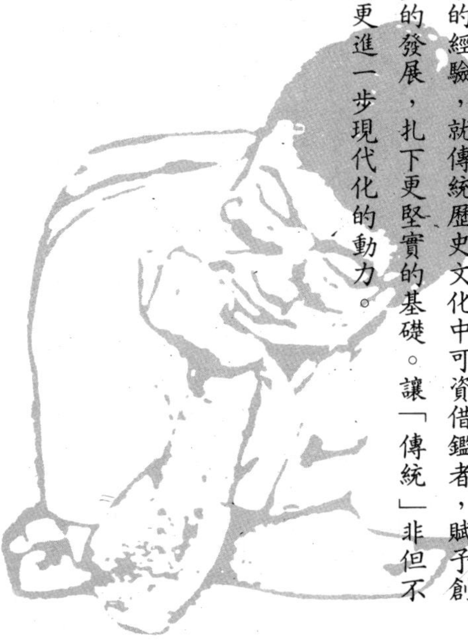

「政治現代化」與「歷史傳統」有密不可分的關係。

從一八四〇年鴉片戰爭以來，所有關心中國前途的知識分子，莫不苦心積慮在爲國家前途找出路。起先是「洋務運動」，希望藉著引進工業，落實「船堅砲利」來提高中國的國際地位。但甲午一戰，北洋艦隊慘遭殲滅，因此又轉向「變法維新」。然而當時守舊勢力仍然盤據要津，必得等到一九〇五年，日本再度擊垮了沙俄，引起俄國朝野的震驚。咸認日本之所以能夠在短短十年之內分別擊敗中、俄兩大國，最主要的原因，就是因爲推行「明治維新」。日本就是在明治憲法頒布之後，才漸漸成爲現代化國家。當俄國激起制憲運動以後，中國也受到了波及，所以就在一九〇五年，廢除了已經施行整整一千三百年的科舉制度，開始進入一個嶄新的歷史階段。

但是自民國肇建以來，從制憲、「議會政治」到「政黨政治」，一直都沒辦法上軌道。我們今天談「政治現代化」，到底應該從哪一個角度切入，攸關爾後憲政體制改革的成敗。筆者想從歷史發展的觀點，先說明今日歐美民主國家所採行自由、民主、立憲主義的「法治國」（Rechtsstaat）的政治體制的由來，再幫大家重構中國傳統政治的圖像，以爲落實「政治現代化」稍盡棉薄之力。

從「神權統治」到「專制王權」

歐洲自西元四七六年西羅馬帝國垮台之後，就進入「黑暗時代」，也就是神權（教會）統治的時代。直到西元一四五三年英法百年戰爭之後，才開始出現世俗政權，亦即教會的力量漸漸退出現實的政治舞台。隨著「政教分離」，世俗化的政治（Secularization）開始出現。這時候有兩個代表人物，一位是義大利的馬基亞維利（Machiavelli），另外一位是法國的布丹（Jean Bodin），他們兩位都主張應該用現實的角度、實證的方法來解析政治現象。在此之前，都是訴諸上帝的權威來經營管理國家。但馬基亞維利主張沒有「上帝」和「教會」，也能夠將國家的政治秩序帶上軌道。與此同時，「民族國家」（nation state）出現，「主權論」、「君權神授」與「絕對王權」等主張紛紛出籠，史稱「專制主義時代」（Absolutism）。

資產階級革命與共產黨宣言

一七八九年爆發法國大革命，象徵新興的工商資產階級正式踏進歷史舞台。當時有一位憲法學先驅西耶（Abbé Sieyès）印行了一本膾炙人口的政治宣傳小冊《什麼是第三等級?》他說就是「國家」。原來當時法國有三級議會：第一等級由教會代表組成，第二等級由貴族大地主階級推選產生，第三等級則由有納稅能力的平民透過行會、職業公會推選出來，各個等級均約由六百位議員組成。其中第一與第二等級代表著傳統的守舊勢力，不知道工業時代的來臨，不知道國際貿易的重要性，所以他們所制定的種種政策和法令都跟新興的工商資產階級的利益格格不入。因此，第三等級主張徹底改造現存體制，廢除三級議會，改採所謂的「國民議會」（Assemblée Nationale）。國民議會應該由有納稅能力的成年男子，經公平選舉所產生的代議士組成。所以，我們可以把一七八九年當作是啓蒙運動的高峯。孟德斯鳩和盧梭等人劃時代的政治思想，隱然主宰著整個法國大革命的走向。

一八四八年二月，馬克思和恩格思共同起草的「共產黨宣言」發表，而同年六月第一次無產階級革命也在法國爆發。因此，一八四八年象徵著另一個新的歷史階段的來臨。自工業革命以還，無產階級因受不了資產階級漫無限制的剝削，終於站出來維護他們自己的權益。一七八九年法國大革命的主要訴求是「自由主義」，主張「干涉愈少的政府就是愈好的政府」，讓大家去充分競爭，讓有能力的人能夠出頭。但是自由競爭的結果，演成强者任意剝削弱者，强國任意剝削弱國，造成了嚴重的貧富不均。而一八四八年社會主義革命則要求徹底地改變整個生產秩序，以保障無產階級的工作權與生存權。這個「無產階級」也稱爲「第四等級」。

向「社會民主體制」發展

事實上，這種四個等級的分類，完全符合印歐民族的傳統，像印度的種姓制度將人分爲：第一級婆羅門，就是僧侶階級；第二級是刹帝利，就是貴族階級；第三級吠舍就是工商階級，最低一級首陀羅就是無產階級。從整個歐洲的歷史發展來看，中世紀的神權政治（Theocracy），就是以僧侶階級爲主導的；到十五、六世紀漸次轉入以貴族階級爲主導的「絕對王權時代」；然後又轉進以工商資產階級爲主導的「代議民主政治時代」（Representative Democracy）；最後再進入無產階級所要求的直接民主，反對資產階級民主的「社會主義時代」（Socialism）。

二次大戰以後，一九四九年德意志聯邦共和國基本法第二十條明定其國體爲「民主與社會的聯邦國家」（ein demokratischer und sozialer Bundesstaat）。其所要求的民主政治不只是形式上的民主，更要求實質上能兼顧社會正義的、有效照顧弱勢族羣的民主體制，自此，又進入了另一個新的歷史階段。

西方政治會有這種發展，絕非偶然。在神權統治時代（即從西元六世紀到十五世紀將近一千年的「黑暗時代」），知識是掌握在教會和修道院手中。誰掌握知識，誰就具有管理社會、經營社會的能力。當時日耳曼蠻人，雖然擁有優勢的武力，卻無法「在馬上」治理天下，亦即戶口登記與記帳，都要讀書識字的人來處理，徵兵、徵糧亦然。所以在中世紀，封建王侯若敢違抗教皇的命令，教皇就會發出通諭，禁止神職人員爲該王侯服務，那麼那一個王侯很快就會垮台，這就是神權統治的實際狀況。

從神權統治進入絕對王權的一個典型就是莎士比亞筆下的「亨利五世」。「絕對王權」是建立在馬基亞維利的理論上，他在《君王論》中認爲，事實上君王可以不必靠教皇的支持、加冕或授予權杖，照常可以有效地統治國家。

由神權政治轉入王權政治，還有一個轉折，那就是「君權神授」的思想。以前是教皇直接來管，現在是上帝把權柄賦予國王代祂來管理國家。因此，君權神授還是跟神有一點關係，到後來將教會的力量排除之後，才真正進入絕對王權的時代。那時强調的是「君王主權」，也就是說一切的榮耀、一切的尊嚴、一切的權利，都來自於國王。國王的權力是不可加以任何限制的，國王是永不犯錯的，國王的話是不能更改的，國王的權威是至高無上的，國王就是國家，國家就是國王。在這種情形之下，就產生國王濫權的流弊，貴族和國王之間爭鬥不已。例如英國的「大憲章」（Magna Charta），就是貴族爲了要抵制國王漫無限制的增稅、徵兵，而逼國王簽下一份文獻，明定國王未事先得到貴族的同意，就不得擅自加稅、徵兵。而一六七九年的「人身保護令」與一六八八年的「權利令狀」對國王的權力做更進一步的限制，這就意味著漸漸由「君王主權」轉向「國民主權」。

古典自由主義的遺產

一七八九年法國大革命，法王路易十六世被送上斷頭台之後，出現了一段期間的恐怖政治，就是從羅伯斯比爾直到拿破崙上台爲止。拿破崙後來運用了三次公民投票：先從三個執政裏面，變成「第一執政」；再晉升爲「終身執政」；最後再登基爲法國皇帝。歷史上玩弄民意、運用公民投票最成功的首推拿破崙。而拿破崙戰爭之所以會變成一個國際戰爭，最主要是歐洲那些傳統封建政權很擔心法國大革命風潮會夾雜著「民族主義」、「自由主義」思想，擴散到他們的帝國，所以大家聯合起來壓制法國。

歐洲自法國大革命就進入「民權時代」。事實上「民權」的意義很分歧，因爲那時候資本主義已經相當發達，新興的工商資產階級要求「自由」，而其最要者莫過於「自由貿易」、「自由契約」與「財產權絕對神聖」，這三項就構成了十八世紀自由主義思想的核心，因爲財產權絕對神聖，才能夠避免國王恣意的徵收；自由契約，才能讓農奴從封建采邑裏解放出來，而爲新興城鎮提供大量的廉價勞動力；自由貿易，則要求國家應該儘可能地在進出口時不要課稅，稅課得愈重，對貿易發展的影響就愈大。馬克思之所以批評自由主義，理由就在這裏，他批評代議民主政治是維護資產階級剝削無產階級的政治體制，這種指控在那個時代並不是完全沒有道理的。

然而，「古典自由主義」的政治理想蘊涵「尊重人權」與「權力分立制衡」等重要理念，而構成現代政治機制的核心。

首先是「尊重人權」。在歐洲，從十七世紀初葉，亞圖吉烏斯（Johannes Althusius）開始就爲人權思想建構了整套的理論。其實，人權思想可以追溯到羅馬時代的斯多葛學派，尤其是西塞羅。他認爲每個人都有不可剝奪、不可讓與的權利。而人權思想卻與「絕對王權」誓不兩立。因爲國王既然可以爲所欲爲，豈願承認「不可讓與的權利」的存在？爲了保障人權，就產生了立憲主義的思想。法國大革命後，於一七九一年制定第一共和憲法，其主要目的就是，欲藉成文憲法明定國王權力的界限與國家組成的基本原理，俾有效保障人民的基本權利。

其次是「三權分立」。爲了確保人權，孟德斯鳩發展出權力分立與制衡的理論。孟氏主張國家基本上有三種權力：制定法律的權力（立法權）；執行法律的權力（行政權）；以及裁決法律的權力，亦即適用法律發生爭議時，享有做最後裁決的權力（司法權）。康德更進一步，用三段論法把這三種權力組合起來：即立法權相當「大前提」，行政權是「小前提」，司法權則是「結論」。大前提通常指一般法則；小前提則指具體狀況。比如說，「凡人都會死」是大前提，「蘇格拉底是人」是小前提，得出結論「蘇格拉底也會死」。

孟德斯鳩最大的貢獻就在於他首先提出三權分立的見解。其實，權力會使人腐化，要防止權力腐化只能靠權力來制衡權力。因此，國家既然有三種基本權力，就應予以分開。假若有任何兩種權力，掌握在同一羣人或同一個人的手裏，那老百姓的自由與權利就會完全没有保障。假定立法權與行政權掌握在同一個人手裏，只要當權者想要幹什麼，他先立一個「法」，然後依「法」執行，就永遠合「法」。或者行政權與司法權掌握在同一個人手裏，任憑當權者胡作非爲，最後送到法院去裁判，當權者當然會判自己勝訴。因此，孟氏要求這三個權力一定要分開。

國家存立的目標，事實上就像先秦思想家荀子所講的「定分止爭」，也就是讓每一個人擁有他應該有的，以防止爭端。如果用亞里斯多德的話來講，就是 justitia distributiva，即「分配正義」。國家的責任就在維護正義，公權力的行使，均應受此目的的規制。

自由主義的弊端

然而自由主義的缺點，在於只能保障「形式的平等」，而無法實現「實質的平等」。比如說，「法律之前，人人平等」，但是富人就是有辦法請到好律師，窮人三餐都難以爲繼，哪還有時間準備開庭，遑論花錢去找律師。社會主義是針對自由主義的流弊而起的。亦即資本主義强調「自由」，讓强者能夠淋漓盡致地去發揮他的長才。社會主義則强調「平等」，要求保障每個人應有的、起碼的尊嚴，尤其是保障弱勢族羣的生存權和工作權，甚至要保障這些弱勢族羣的子女，也應該享有接受同等教育品質的機會，父母的不幸不應延續到下一代，不能讓階級絕對化、永恆化。否則，社會將發生嚴重的決裂，社會主義就是在這樣的理論前提下發展出來的。

但是社會主義隱含著一個理論上的盲點，它低估了「人是自私的」。比方說吃大鍋飯，一百個人開伙總比十個人開伙吃得好。但是在生產的時候，大家都希望少做一點。所以貫徹社會主義的主張，會導致生產力銳減，只顧及「平等」，社會卻無法繁榮，經濟也無法發展。

二次世界大戰以後，德國被分成由蘇聯及西方三強所占領的兩個部分。在這種情形下，西德仍想盡辦法思考，如何把德國統一起來，如何能在西方的資本主義和東歐的社會主義中間走出一條新的道路。早在三〇年代新自由主義國民經濟學派就提出「社會市場經濟制度」（Soziale Marktwirtschaft），來調和自由市場經濟制度跟計劃經濟制度，這就是所謂「第三條道路」。由於這條道路在西德的卓越成就，使其他西歐國家也先後採用了這種「社會民主」（Social Democracy），亦即能有效貫徹社會正義的民主體制。

俾斯麥的社會立法是民生主義的範本

孫逸仙於一八九六年到一八九七年在倫敦停留期間，有機會在大英博物館圖書室研究半年，從而接觸到俾斯麥的社會立法政策。當時的德國非常值得我們參考，因爲德國是西歐列强裏，工業化起步最慢，卻發展最快的國家。因此，社會的對立、摩擦也最爲嚴重，所以主張社會改革最激烈的共產主義就誕生在德國。但有趣的是，一八八三年馬克思去世，就在這一年——服膺保守主義的帝國首相——俾斯麥開始推行最爲先進、也備受稱頌的「社會立法」（Sozialgesetzgebung）。社會立法迄今已有百餘年的歷史，孫逸仙剛好學到一八八三年到一八九〇年的經驗。德國的社會立法自一八九〇年以後又有長足的進步，只可惜我們對歐洲比較不熟悉，而未予以應有的重視罷了。孫逸仙在民生主義的主要主張，幾乎全部學自俾斯麥的社會立法政策，包括員工分紅入股、大型企業國營、累進稅制及土地政策。

在回顧歐洲過去一千多年來的歷史及政治發展之後，筆者想就現代自由、民主、立憲主義的「法治國」做進一步的介紹，「法治國」包涵七大要素：即基本人權、國民主權、權力分立與制衡、議會政治、依法行政、司法獨立審判及多黨公平競爭的政治體系。本文只擬就「議會」與「政黨」兩項略陳管見。

「議會」事實上，民主政治的真諦就是「議會政治」（Parliamentarism），然而我們到現在連議會政治都還沒學好。政府好像也不太在意，老是認爲社會安定比建立一套良好的議會制度還重要。

議會政治的本質

議會政治的本質是要解決一個「兩難」問題。盧梭在《民約論》開宗明義就寫道：「人生而自由，然而卻處處都在枷鎖之中。」這句話蘊涵這個「兩難」問題：人應該是自由的，每個人天生都想要自由，不願讓別人束縛，但現實上卻又處處受到限制。人一出生就受到各種風俗習慣、倫理道德、甚至法律的約束，幾乎毫無自由可言。

但是人由於有理性，就會要求「自由」。亦惟其如此，人才有「尊嚴」。有尊嚴的人凡事只服從自己的意志，是自己行爲的立法者，也是自己行爲的最後決定者。反之，凡事都要聽別人的，由別人替你決定，這種人是「奴隸」，而不是有尊嚴的人。一個能夠當自己行爲立法者的人，才是自己的主人，才是有尊嚴的人。所以，人的尊嚴就表現在他是自由的，他的自由就表現在他只服從自己——或自己與他人共同——立下來的行爲律則，這是人之所以爲人尊貴的地方。但是在現實世界，人不能離羣索居，人只有在社會之中，才能充分發展自己的人格。而生活在社會之中，就有種種生活規範要遵守，而不能爲所欲爲。

「議會政治」就是要調和「人在理想上要求能夠獨立自主」與「人在現實要接受風俗習慣、倫理道德以及法律的規範」。議會政治可貴之處就在：經由定期的選舉，我們推選出代議士，到國會去替我們訂定法律。就服從法律這個角度來看，我們是「被統治者」（the ruled）；但是從法律是由我們自己所推選出來的代議士，間接去替我們訂定的，「服從法律」其實就是間接服從自己的意志，在此我們顯然是自己的「統治者」（the ruler）。因此，一方面要求自由，一方面又不得不服從法律的「兩難」，就得到解決。所以說議會政治是民主政治的本質。

台灣變調的「議會政治」

事實上台灣的議會政治弄不好，跟議會的權力太過有限有關。一位鄉鎮市民代表的待遇，延會費加進去，平均一個月不到新台幣九千元，而一位鄉鎮市公所職員的薪俸有二萬多元，難怪代表們一天到晚都往公所跑，俾承攬些許工程，或包娼包賭，而不務正業，難以養廉。縣市議員的津貼每月約合新台幣二萬五千元。立法委員的待遇相當部長級，照理來講，縣市議員的待遇也應該相當局長級，鄉鎮市民代表則應該相當課長級才對，但是我們的制度刻意把他們貶低。此外，鄉鎮公所的預算平均百分之五十仰賴縣政府補助，縣政府的預算則約百分之四十仰賴省政府補助，省政府的預算亦高達百分之三十五仰賴中央。由於下級政府財政無法獨立，而上級政府的補助又不是法定補助，就使得上級政府有很多機會可以介入或干涉下級政府的財務、人事、甚至政策。今天的議會政治搞得亂七八糟，跟這種强幹弱枝的財政收支劃分有非常密切的關係。在地方財政短絀的情形下，議會還能審什麼預算？預算只是禮貌上讓議會看一下而已，反正地方行政首長有辦法向上級政府爭取到預算補助，跟議會有沒有通過預算案不太有關係，這就使得議會充斥無力感。議會無力就代表選民無力，立法院無力就代表納稅人無力。因此，議會政治沒上軌道，是台灣民主政治最大的隱憂。

異化的「政黨政治」

其次談到「政黨」，台灣也有「政黨」，只是其內涵與「政黨政治」的原意大相逕庭罷了。政黨本來是在一個多元化社會中，擔負「協力建構國民總意志」的重任，讓各個立場、利益相矛盾、相衝突的社會階層，有均等的機會影響決策的形成。因此，政黨扮演著反映民意、整合民意的角色。然而今天國民黨「主流派」和「非主流派」意見極爲分歧，「主流派」跟民進黨「美麗島系」之間的歧異可能遠小於跟「非主流派」的差距。同樣，民進黨各派系間的分分合合也不是爲了政治理念或策略路線有何不同，完全是基於現實政治利益的考量，這種未上軌道的「政黨政治」會導致亡國滅種。

中國歷史上也有「黨」，君不見「尚黑」爲黨嗎？東漢末年，聚集在京都洛陽的太學生有三萬多人，提倡清議，相互標榜，肆意褒貶時政，導致兩次黨錮之禍，使得原本存在於外戚與宦官間的政爭更爲變本加厲，漢朝就這樣亡掉了！唐朝中葉以來的牛黨和李黨之爭，李德裕是唐朝士族階級的代言人，牛僧孺則代表布衣苦讀出仕的進士階級，也就是靠考試出身的。在培養治國人才方面，這兩種出身各有利弊。從漢朝以降，豪門巨室，常常一個家族裏出了數以十計的三公九卿，在大家族裏常常可以聽到前朝的典故，這都是在培養政治人才。但是自隋朝以來，由於科舉制度的普遍推行，只要詩詞歌賦、策論考得好，就可以登進士，未來的仕途也因而飛黃騰達。牛僧孺就代表苦讀出身的平民階級，李德裕則代表没落中的名門巨室。至於北宋也有新舊黨爭，起因是針對王安石所推行的新政有不同的評價，後來則演成情緒、甚至地域之爭。簡言之，新黨代表新興的南方力量；舊黨像洛、蜀、朔三派代表守舊的北方力量。而民國初年的「政黨」，其黨綱莫不大同小異，可以「富國强兵，抵禦外侮」八個字總括。政黨之間鬥來鬥去只爲爭權奪利，與民意的歸趨毫無關係。我國政黨政治不上軌道，可謂其來有自，到現在仍是有政黨之名，而無政黨之實。

政治現代化，大概就是指引進議會政治、政黨政治等「法治國」重要機制而言。這些機制的產生，事實上，在西方都有它特定的歷史與社會條件，它們都發生在工業革命之後，由於社會多元化而產生。我們不應囫圇吞棗，妄自菲薄，自怨自艾，而應同情地了解，未經工業革命洗禮的中國，過去在政治制度上有何建樹。傳統政治在今天没有得到適度的尊重，是歷史的悲哀。

從周朝的禮法到五霸的崛起

談中國傳統政治，要從周朝談起。中國一切禮法、典章、文物、制度，大概都是在周朝確定下來的。談周朝最好從魯隱公元年（西元前七二二年）談起，亦即周平王四十九年，這年平王東遷洛陽。

周朝社會分成六等級：最高爲天子，其次是諸侯，然後大夫，再其次爲士，再下來才是庶人，最下等級是奴隸。讓我們從天子、諸侯、大夫、士、庶人這五個等級政治社會地位的變遷，來解析中國歷史是如何發展的。

在西周時，周天子是天下的共主。舉凡軍國大事，包括祭祖、封禪，通通由周天子主持；諸侯之間的爭議，也由天子裁決；采邑分封的權力更在天子手上。但是從平王東遷洛陽以後，天子的地位一落千丈。代之而起的是春秋五霸，五霸主要的責任有四：㈠「尊王」，維護周天子爲天下共主的地位；㈡「攘夷」，就是要抵禦蠻夷狄戎的入侵；㈢防止諸侯之間的兼併；㈣禁絕諸侯內部的篡弒。最早成就霸業的首推齊桓公，其次是晉文公。其實齊桓、晉文的政策主導了整個春秋時代的政治，到以後向戎的弭兵會都是按照這個方向走出來的。易言之，春秋時代天子式微，真正掌權的是諸侯，也就是這五霸。

至周威烈王二十三年（西元前四〇三年）韓趙魏三家封侯。起先是知氏聯合韓、趙、魏三家，滅掉范氏和中行氏，三家又結合起來滅掉知氏，後來這三家皆自稱爲「侯」。直至周威烈王二十三年，竟然周天子也正式封這三家爲侯！這便是資治通鑑從此寫起的原因。司馬光批評：「禮」莫重於名分，朝政日衰就是因爲周天子自己壞了名分。而安王十六年（西元前三八六年）田氏篡齊，齊本爲姜姓，是周的姻親，姬姜聯婚，而姜姓被田氏篡奪了，周天子竟然命齊大夫田和爲諸侯，自此家宰，亦即大夫階級的地位又凌越了諸侯。

由貴族的沒落到士族的形成

中國政治到了漢朝有突破性的發展，漢武帝罷黜百家，設立五經博士及其弟子員，當時只要精通一經，就可以獲得功名利祿。由於漢朝印刷工具尚未發達，紙張的使用並不流行，用抄寫甚是費事，因此，收藏古籍經典愈豐的家族就愈具影響力，像伏生、孔家都坐擁大量古籍。其他有專攻春秋的，也有專攻易經或禮記的家族，代代相傳，由「累世經學」，久而久之，因通經出仕，又變成「累世公卿」，也就是讀書人的家族一變而成另一種新貴族。復以漢高祖劉邦出身寒微，同他出來打天下的，衆品雜陳，有屠狗之徒、囚犯及流民。除蕭何與張良而外，少有博學之士。而項羽則代表没落的貴族階級。天下統一後，非劉氏不得王，因此，先秦貴族政治的餘緒一掃而空，代之而起的則是「士族政治」。漢武帝時，董仲舒提「天人三策」，建議獨尊儒術，設置五經博士。因此誰擁有經書，治經治得好，就可以出仕升官，這就造成了「士族」。中國歷史舞台的主導者自漢以迄南北朝終於以「士族」取代「大夫階級」。

隋煬帝大業二年（西元六〇六年）開進士科，到唐朝時，科舉制度全面實行，固定每三年（後來甚至改爲每年）舉行一次。上面所提到的牛李黨爭就發生在此時。由於魏晉南北朝施行九品中正制，使得「上品無寒門，下品無士族」、「高門華閥有世及之榮，庶姓寒人無寸進之路」。當時讀書人想要出人頭地，非得投靠豪門巨室當部曲不可。所以到了隋唐便全面性開放，也就是平民百姓投入仕途的機會也與「士族」平等。北宋由於活字版印刷術的發明，學術傳播更爲普及。迄清光緒三十一年（西元一九〇五年）廢掉科舉爲止，庶民階級則又取代「士族階級」。

中國歷史進步的一面

因此，中國歷史有它進步的一面：歷史的主導權春秋時從「天子」下移爲「諸侯」，戰國再下移爲「大夫」，漢朝以降則下移爲「士」，到隋唐以後，只要肯用功讀書，庶民布衣也可晉升爲公卿。所以說整部中國歷史有它理性而進步的一面。只可惜從明朝以後，中國的政治就漸漸走下坡。由於胡惟庸和藍玉案，明太祖廢掉宰相，使得王權凌駕「相權」，至此君臣關係發生鉅變。尤其是滿人入主中土以後實行部族政治，要到太平天國以後，曾、胡、左、李出現，漢人的政治地位才稍見好轉。

中國雄據東亞大陸，自盤庚遷殷（西元前一三八四年）迄今已逾三千三百年，歷史未曾中斷，偌大之民族，繁衍不息，環顧古今中外，可謂絕無僅有，若非中國傳統政治制度有過人之處，何以至此！中國傳統的政治規模，因周公的制禮作樂而粗具雛形，及秦始皇併吞六國，廢封建、行郡縣、書同文、車同軌，由是進入大一統階段。秦始皇在中國政治制度史上最大的功績有二：其一爲設置宰相，將相權由王權分出；其次爲創設「廷議」，舉凡軍國大事均付「廷議」裁決。

真正的專制帝王不會設置廷議來限制自己的權力，譬如法蘭西皇帝拿破崙三世所主持的國務會議，向來只是聽取總理大臣或國務大臣報告而已，他從不在會議上與大臣討論或下指示，而是散會後才和他的親信隨從交換意見，再做成決定。大臣們只能從政府公報裏才知道皇帝的決定，這就是古今中外獨裁者的共同特點。所謂「天威難測」，如此，獨裁者的私慾較易得逞，而其真正意圖旁人則無從得悉。

秦始皇建立廷議制度，又命李斯爲丞相，李斯最可惡之處就是沒有反對焚書坑儒，當時連焚書坑儒都是經過廷議決定的。一般人不了解秦始皇，如果他真的那麼不講人情、那麼昏庸的話，他還能併滅六國嗎？果不其然，那六國不是更糟糕嗎？那也早該亡國了！秦始皇統一天下後，馬上修築馳道，以供戰車之用。馳道相當現今的高速公路，秦始皇想以武力來統治中國，但沒有想到駕崩之後，才三年秦朝就滅亡了。

漢高祖登基後即困於匈奴，難有作爲，及文景之治崇尚黃老思想，施行無爲而治。漢朝的政治規模始於漢武帝的「復古更化」，武帝揚棄秦始皇的武力統治思想，而採董仲舒的建議力行「郡國察舉」和「辟召」。「郡國察舉」是薦舉「孝子」、「廉吏」、「賢良」、「文學」、「力田」、通曉胡語或其他「茂材異等」

之士到朝廷任職；至於「辟召」則責成三公九卿或郡太守就德才兼備之士徵辟出仕，這些制度慢慢的發展，到東漢和帝時，都已制度化了。

秦漢兩代在政治制度上多所建樹

和帝時中國約有六十個郡，每個郡大小不一，小郡人口不到十萬人，大郡則逾兩百萬人。依規定，一郡每滿二十萬人，每年要推選「孝廉」或「茂材」一人。如果是六十萬人的郡，則每年要推選三人，但是一個郡每年最多可推選六人。如果一郡人口在十萬至二十萬人之間，那每二年要推選一人，如果不到十萬人，則每三年推選一人。被選出來的人先到朝廷任郎官，郎官就是幫皇帝看門、執戟，跑腿、在皇帝旁邊多看、多聽、多學習，如果皇帝交辦事務，處理得好，那就會調整職務。這是一套選舉、訓練、培養治國人才的新制度。

現在我們之所以被稱爲「漢人」，乃是因爲漢朝有這麼一個良好的政治制度。秦代要靠武力來維繫全國的統一，到漢朝則由於全國各郡每年或每兩、三年都會有德才俱優之士被推舉到中央政府，各地民間疾苦可以有效地反映到中央。這些郎官偶爾回去，也可以把朝廷的狀況告訴鄉里。這樣就造成了一個上下互相交通，上情可以下達，下情也可以上達的效果。漢朝人口最多的時候，約有六千五百萬人，在兩千年前，要維持這麼一個大帝國，可謂絕無僅有，真是了不起的成就。相較於舊約聖經裏面，耶和華常向以色列的族長許諾，只要其族人遵守祂的戒律，耶和華就保證讓他們像沙一樣多地繁衍。然而到現在，以色列人口未超過一千萬，而中國則早已超過十億人了。要維繫這樣一個國家，如果沒有一套良好的制度，是不可能的。

其次，值得一提的是漢朝類似於代議制度的例子。漢昭帝始元六年（西元前八一年）二月到六月，在京城長安舉行了一場重大的財經政策大辯論。在《鹽鐵論》這部書裏頭，桓寬把整個大辯論的過程都記載下來，內容十分精闢，較之今天先進國家之國會公報毫不遜色。當年漢武帝爲了要湔雪國恥，加上他好大喜功，多次討伐匈奴，軍費浩繁，結果是搞得民間苦不堪言。本來武帝爲整軍經武，率先捐錢，希望因其拋磚引玉，俾喚起工商界的響應，孰知反應冷淡，這就惹火了漢武帝。依漢制，皇帝的私產向由少府掌管，而山川林澤的資源本來就是皇帝私產。從春秋戰國以來，最大的經濟利潤不在山林（盛產林木和鐵礦）就在湖澤或海邊（產鹽）。春秋戰國時期，由於天下大亂，很多人擅自入山砍伐材木、煉鐵、鑄錢或到海邊曬鹽。由於有厚利可圖，因此，防不勝防，禁不勝禁，只好在山川林澤的出口，設立關卡征稅。「征」者正也，若不交稅，那國家就予以征伐。所以漢武帝在盛怒之下，就決定將鹽鐵收歸國營，由桑弘羊主其事。桑弘羊時任大司農，相當於今天的財政部長，並兼領鹽鐵事務，整頓下去，工商界怨聲載道。

漢武帝駕崩之後，過了五年，在漢昭帝始元六年，由於一場宮廷內部的權力鬥爭，引發了這次長達五個月的鹽鐵政策大辯論。參加的人是當年由京畿附近推選出來的「文學」六十餘人與當權御史大夫桑弘羊辯論。細讀之下，實在令人汗顏，我們今天的立法院辯論的水準，比起二千年前差多了。

漢唐兩代的權力制衡制度

此外，權力制衡的制度，到秦漢已相當完備。秦置諫議大夫多至數十人，屬郎中令，兩漢改隸光祿勛。所謂「宰相用舍聽於天子，諫官予奪聽之宰相，天子得失聽之諫官」。諫官專掌獻替以正人主，至於御史則職司糾察以繩百僚。而且中央政府和地方政府也有制衡關係，我們現在的地方政府，比起漢朝，實在差太多了。漢朝那時有六十個郡左右，郡的最高行政首長是太守，有相當大的自主權，郡太守若調內廷，就相當三公九卿，約相當於現在的部會首長。那時太守一年的俸祿是粟二千石，一石爲十斗，一斗爲十一點五台斤，所以說二千石爲二十三萬台斤。以現在的米價一台斤十元來算，一年的俸祿是二百三十萬元，平均一個月大概二十萬，現在部長級待遇也才二十萬元而已。

漢朝的地方制度比唐朝好，盛唐有三百五十八個州（府），試想總經理之下如果只有五位經理，那麼這五位經理就一定很有權力；反之，如果總經理之下有三十位經理，那麼經理的權力就小得可憐了。因爲總經理的特別助理會較經理更有權力。同樣的道理，漢朝只有六十個太守，所以人才能夠留在地方。天底下出了什麼問題，到最後一定要靠人才來解決，地方的問題在地方就有人才可以直接解決掉，不必積壓到中央去。唐朝，則因爲人才集中到中央，人才集中到中央坐冷板凳！一個國家「有人才不會用」比「沒有人才」還糟糕，這是非常嚴肅的問題。

唐朝雖然地方制度不如漢朝，但是中央官制則頗值稱述。唐代中央政府置三省六部。三省指中書省、門下省與尚書省。六部則指尚書省下設吏、戶、禮、兵、刑、工六部。中書省負責擬皇帝的敕令，門下省掌封駁。任何皇帝的敕令，一定要由中書省先擬稿，再送給皇帝朱批，然後再送到門下省副署、封駁後，才轉尚書省發交六部執行，皇帝並不能爲所欲爲。因尚書省負責執行，中書、門下兩省負責決策的研擬，因此中書、門下兩省的長官均爲宰相，兩省依例就國家重大政策先在「政事堂」開會，先行溝通，依「賢均從衆」的原則議決軍國大事。由於中書、門下兩省總攬決策權，自武則天以後，中書省稱「鳳閣」，門下省稱「鸞臺」，所謂「不經鳳閣鸞臺宣過，何名爲敕」，這是以相權節制王權的典型。

若以當時的弊端來分析，則可以幫助我們對歷史有更深刻的理解。其實，皇帝也並非那麼守法，茲以「墨敕斜封」爲例。「斜封」意指「斜封官」，相當於今天的「黑官」。所謂「斜封官」就是皇帝不依常規，繞過中書、門下兩省，而自任命的官，而那封人事任命書，皇帝不便正封，只得斜封。一般而言，斜封官都升不上去。至於「墨敕」，是相對於「朱批」而言，皇帝用墨筆來批示公文，因爲不是經由中書省呈送上來的。談到「墨敕斜封」，也有一些硬骨頭的大臣，就是不買皇帝的帳。

重建「文化主體意識」

由此可知中國自有一套選賢舉能與權力制衡的制度，比起十六世紀還在講絕對王權的歐洲强太多了。到十六世紀爲止，歐洲的侯王還有文盲，而中國的皇帝則除了像少帝、哀帝、殤帝等，那種三、四歲就死去的皇帝之外，大多受過良好的教育，連「胡人」出身的帝王，像劉曜、劉淵、石勒、苻堅、拓跋宏等，無不個個學富五車，出口成章，相形之下中國真是文明太多了。難怪自馬可波羅以迄十七、八世紀，中國一直是歐洲各國艷羨倣效的對象。沒有中國的榜樣，就沒有以理性爲主導的啓蒙運動。啓蒙運動的理想則在法國大革命之後漸次落實。民主政治的主要機制，莫不是近現代歐洲菁英將「理性」運用到多元化的工業社會，而設計出來的成果，俾有效管理公共事務。

中國傳統政治的敗壞要從相權的式微談起，宋太祖趙匡胤由於取得政權並不光明磊落，陳橋驛兵變，趙匡胤被禁軍擁立爲皇帝，所以他擔心別人也會如法炮製，所以在「杯酒釋兵權」解除石守信等侍衛諸將兵柄之後，就對宰相范質等立威。前朝宰相和皇帝議政不是坐而論道，就是命坐賜茶。自此，廢坐論之禮，宰相與皇帝説話必須立談，並要具箚子進呈。明太祖更進一步廢撤宰相，而清朝的部族政治就更等而下之了。偏偏就在此時爆發鴉片戰爭，國人的自尊自信毀於一旦，各種問題紛至沓來。外有窮凶極惡的西方列强，內有積抑已久的滿漢矛盾，既對傳統文化喪失信心，又有西洋文化橫加誘惑，真是亙古未有之大挑戰！

今天惟有重新了解歷史傳統，確認中國人的政治智慧。我們的祖先在古代既能隨著不同的歷史與社會條件，迭創令人讚嘆的良法美制。我們沒有理由不相信，身爲子孫的我們也同樣可以順應時代的需求，成功地完成政治現代化的艱鉅工程。我們要重建「文化主體意識」，很有自主性地汲取先進國家的經驗，就傳統歷史文化中可資借鑑者，賦與創造性的詮釋，才能爲未來更進一步的發展，扎下更堅實的基礎。讓「傳統」非但不再是追求現代化的包袱，而是推動更進一步現代化的動力。

「先甲三日，後甲三日」

現在中國民族正以無比的信心與勇氣推行工業化，從而帶動了整個社會結構的變遷，政治制度當然也應有所調整，而《易經》六十四卦中，講制度變革的首推「蠱」卦，「蠱」卦的前一卦是「隨」卦，意味著「上下相隨，天下太平無事」，但承平日久就會偷安，蠱卦緊跟隨卦之後，卦辭謂：「蠱。元亨。利涉大川。先甲三日，後甲三日。」前半段意指久安之後，則天下敗壞，出了事故，適合大有作爲、大事變革。每個制度久了一定會腐敗，就要更改，才能日新又新。至於「先甲三日，後甲三日」意義尤爲深遠。古代新政令都定在甲日實施。當時以天干記日，亦即以甲、乙、丙、丁、戊、己、庚、辛、壬、癸來記日。選擇甲日，來實施新的政令，象徵新的開端。所謂「先甲三日」，甲的前三日就是辛日，「辛」的同音假借，是新舊的「新」，有「更新」、「改新」之意。所以說，要實施新政令的前三天，一定要預先廣爲布告周知，讓大家先知道，不能不教而殺，這體現了「仁道」的精神。所謂「後甲三日」，甲的後三日爲丁日，「丁」的同音假借，是叮嚀的「叮」，有叮嚀告誡之意。新政令剛施行，大家還不太熟悉，如有犯禁，不要直接繩之以法，而要先告誡叮嚀，這就彰顯了「恕道」的精神。

「先甲三日，後甲三日」就是中國正統的法治觀念，以今天法治國的理念來講，蠱卦的「先甲三日」是說要頒布一個新的政令以前，最好先開個公聽會，聽取利害關係人的意見，以便讓大家養成更强的法意識（Rechtsbewusstsein）；開始實施之後，也要有一個緩衝期，即「後甲三日」。這個卦辭是文王在西元前十二世紀寫的，距今已逾三千年，實在不簡單。我們現在要致力於政治現代化，一方面要學習「蠱」卦所揭示的「利涉大川」，即承平日久之後，要有大事變革的魄力；另一方面也要從而肯定「傳統」的價值，揚棄盲目崇洋的政治現代化，落實能與傳統相呼應的「法治國」（Rechtsstaat）理想。

——《立法院院聞》二〇卷二期，一九九二年十一月

「社會國」的理念與實踐

「社會國」的理念就是要在面臨工業化挑戰、貧富差距拉大、社會摩擦轉劇之後，建立能夠保障每位國民「人格的自由、自律和自主」免於遭到資本經濟力侵犯的社經秩序。「社會國」的實踐則是汲取西歐先進國家的經驗，以「社會市場經濟制度」來調和自由市場與計劃經濟，依「助其自助」、「社會連帶」及「跨代互助」等原則，建立維護「社會正義」的社會保障體系。

本文論證如何以「社會國」來重建中國的社經秩序，俾解放國民生產力，並將財富公平分配，創造一個既「富」且「均」的社會。

重建國家生活秩序

中國自一八四〇年鴉片戰爭以來，在舊秩序崩潰、新秩序尚未建立的衝擊下，整個國家生活秩序土崩瓦解。所謂「國家生活秩序」（Staatslebensordnung）是指與公共生活有關的秩序而言，基本上分成三種：第一種爲涉及權力分配的問題，稱爲「政治秩序」；第二種爲涉及財富的創造與分配的問題，若從生產面而言是經濟秩序，若從分配面而言是社會秩序，總稱爲「社經秩序」；第三種爲涉及價值創造的問題，稱爲「文化秩序」。所謂「社會國」（Sozialstaat）就是要建立能夠保障每個國民——尤其是工業革命後所產生的大量經濟上或社會上弱者——「人格的自由、自律和自主」免於遭到資本經濟力侵犯的社經秩序。

因爲合理的經濟秩序基本上應尊重價格機制，國家除非必要不宜干涉經濟活動，政府的介入大多針對分配面，如財稅政策、社會安全政策，這乃是財富的重分配，故稱之爲「社會國」，而非「經濟國」。

「社會國」對國人來説是較爲陌生的名詞。相對之下，國人對「福利國」（Welfare State, Wohlfahrtsstaat）較爲熟悉。然而「福利國」由於過度强調社會福利，導致工作誘因減弱；同時因爲稅負過重，個人可以自由支配的所得比例偏低，從而壓抑人格的自由發展；並且製造龐大而浪費的社會福利官僚體系，造成國家沈重的財政負擔。「社會國」則要撙節開支，建立社會安全制度，提供每個國民合理的經濟與社會保障措施，原則上儘可能尊重個人自由發展的空間，並保障每個人得以自立自主地安排其生活。

「第三條道路」——社會市場經濟制度

自工業革命以來，資本主義勃興，主張放任的自由市場經濟制度，以追求「利潤」爲經濟活動的最高指導原則。資本家動輒爲獲取更大的利潤，而壓低工資、延長工時，以降低成本來提高產品在市場上的競爭力，卻導致經濟上强者恣意剝削弱者的慘狀，形成富者愈富、貧者愈貧的不平世界。

針對資本主義的流弊，社會主義則刻意凸顯「平等」，主張廢除生產工具私有制、實施計劃經濟制度，卻因忽略個人的原創力與進取心，削弱工作誘因，導致生產力下降，人格自由發展遭受壓抑等弊端，造成共貧的現象。

三十年代新自由主義國民經濟學派嘗試在「資本主義」與「社會主義」之間走

出「第三條道路」，這就是「社會市場經濟制度」（Soziale Marktwirtschaft, social market economy）。四十年代末期由後來擔任戰後西德首任聯邦經濟部長，亦即被尊稱爲「德國經濟復興之父」的艾哈特教授（Ludwig Erhard）正式推行。今日德國的統一就是統一在社會市場經濟制度之下。採用自由市場經濟制度的國家，其經濟政策目標在於兼顧「經濟成長」與「物價穩定」，而社會市場經濟制度則除了上述兩個目標外，尚須兼顧其他兩個同樣重要的目標：「充分就業」與「社會正義的維護」。因此，「社會市場經濟制度」就是「兼顧社會正義的市場經濟制度」，亦即調和放任的自由市場經濟制度與計劃經濟制度，主張經濟活動在原則上應儘可能地任其自由競爭，國家於必要時才介入，以維護社會正義。譬如「價格」原是自由市場中「一隻看不見的手」，用來調節商品供需的平衡，然而托拉斯的形成卻導致價格機制失效，市場則淪爲經濟上强者吞噬弱者的屠宰場，爲了維持價格機制的有效運作，國家必須介入，制止托拉斯的形成。再如勞資談判，當工會尚未壯大到足以與資方相抗衡的程度時，政府嚴守中立的結果往往對資方有利。因此，政府不應放任勞資雙方自由談判，反而有責任先協助工會培養幹部，充實工會討價還價的能力。

「社會連帶」與「跨代互助」

其實，自工業革命以還，原有的家庭制度已無法再扮演過去互通有無、風險分攤與社會安全的功能，因此有賴於重建一套新的社會安全制度，以協助社會中的成員自立自主或與其他社會成員互助協力解決生活困境。藉著「助其自助」、「社會連帶」與「跨代契約」等原則來建立周延完備的社會保障制度，乃是「社會國」的目標。社會安全制度絕不僅止於對殘障者同情的施捨與照顧，「社會安全」是針對社會每一個成員從孕育、出生、幼兒階段、接受教育、就業、轉業、退休以至養老告終整個過程的生活風險，由社會全體成員一起分攤，每個人都是社會的一環，透過「社會連帶」的觀念連結在一起。「社會連帶」意謂著人與人、團體與團體、階級與階級之間的團結互助。社會上、經濟上的强者要照顧弱者、健康者要照顧患病者，就業者要照顧失業者、青年人要照顧老年人，如此才能建立相協力、相連帶的團結社會。

建構完備的社會安全網絡最重要的環節莫過於「跨代契約」的原則，以就業市場的主要成員（即三十歲到五十歲）而言，是生產力最旺盛、事業基礎較穩固、所得較高、消費能力最强的世代，亦即納稅的主體。將其繳納的稅款所編製的預算，劃出一部分來辦理失業保險與失業救濟，使失業者家計不致有陷入困境之虞，同時又劃出另一部分來照顧尚未就業的未成年人（零歲到二十歲），包括對孕、產婦、胎兒的保護、子女津貼、育幼津貼及教育策勵措施，使得未成年人不會因其父母財富的多寡、所得的高低而影響其身心的健全發展，與接受良好教育的機會。三十年之後，原來就業市場的主要成員已無工作能力（屆時已爲六十歲到八十歲之老翁矣），不具生產力；然而，過去受到其照顧的世代已經長大成人，成爲新的納稅主體，也將其繳納的稅款所編製的預算劃出一部分來照顧老年人，包括退休年金制度與養老制度，以回饋上一個世代過去對他們的照顧。這種「養兒防老，回報親恩」的精神，正是「跨代契約」的基礎。

換言之，以「勞動」爲中心，使就業前、就業中、退休後的三個世代協力互助，構成「跨代契約」，即是「跨代互助」的真義，亦是社會安全的中心概念。惟有從「鰥寡孤獨廢疾者皆有所養」進而擴大到「老有所終，壯有所用，幼有所長」，使老年人均能安享天年，壯年人也能各盡其才，未成年人則可獲得充分長養；讓人人均能「免於恐懼」及「免於匱乏」，才是一般性與全面性的社會安全。以下僅針對我國目前亟需引進的社會安全制度的具體內涵做進一步的介紹。

子女津貼制度的優點

孕、產婦有權要求國家予以特別保護。由於懷孕導致工作能力減低，開銷增大，這都增加了家庭的負擔。而婦女懷孕不應再視爲其個人或家庭的風險，因爲婦女懷孕其實是在爲國家培養未來的納稅人。因此，國家有責任分攤家庭的負擔，撥給孕、產婦生活津貼。在減輕家庭養育子女負擔的考慮下，政府亦應給與有子女的家庭子女津貼。子女津貼制度的建立肇因於現代化社會獨子獨女的普遍，一般國民爲維持較高的生活水準，不願生育，如是幾代之後，一旦獨子獨女長大成人而結成連理，這對年輕夫婦卻將負起撫養八位內外祖父母及四位父母的全部責任，壓力過份沈重。爲防止將來的人口結構變成倒金字塔型，老年人偏多與納稅人比例偏低，造成「生之者寡，食之者衆」，以致社會保險根本無法實施的憂象，子女津貼制度的建立實有其必要。

在幼兒教育方面，台灣至今仍停留在非常原始的階段。試假定甲乙丙三戶同爲四口之家，但甲家每月收入十萬元，乙家四萬元，丙家則只有八千元。當孩子就讀幼稚園時，甲家有能力將孩子送到每月收費一萬八千元的幼稚園就讀，自幼接受良好教育；乙家只能負擔每月八千元的費用；丙家的小孩則根本無法接受幼兒教育。在此情形下，將導致富有人家的子女接受高等教育的機會遠高於貧苦人家的子女；尤其在持續工業化、自動化的過程中，接受較高等的教育亦代表未來的社會地位與所得均較高，持續循環的結果勢必造成富者愈富、貧者愈貧，使得社會流動趨於僵化，導致階級絕對化，而對社會和諧產生不利的影響。反觀社會安全制度完備的西歐國家，則使每個小孩不論其父母的財富多寡與收入高低，均就讀同樣學校，接受同等師資的教導，享受同樣品質的教育，但家境愈好者所繳的學費愈高，家境貧苦者不但不必繳學費，政府甚至給予交通津貼以鼓勵就學，其用意在使所有為人子女者，不因其家世背景而影響其人格公平發展的機會。

此外，「育嬰育幼年假」制度也是國內亟需引進的，在僅享有八個星期產假的台灣，職業婦女因未享有育嬰育幼年假，勢必要請保母來代為照顧孩子而增加家庭開銷，但是在一個社會安全制度完備的國家，則早已實施育嬰育幼年假制度，而且父親與母親同樣有權享有育嬰育幼年假（但以一人為限）。發展心理學的研究指出，一個小孩的基本性格在三足歲之前就已確定，而成年人乃是輔導幼兒完成其社會化工作的人，若撫育者不固定且常變動，極容易造成受教者價值認知的混淆及其不安全感，從而增加未來的社會犯罪並須付出更大的社會成本。育嬰育幼年假的基本精神就是認爲由親生父母來撫育照顧，對小孩未來人格的健全發展最有益，也最能給予小孩安全感，並增進社會安定。再從社會學或經濟學的角度來看，三年的育嬰育幼年假可創造更多的就業機會。今日的台灣雖然持續了十幾年高度的經濟成長率，然而經濟成長達到某一程度之後就會減緩，一旦面臨這種情形，就業機會的減少即隨之而來。若欲解決此問題，勢必從減少工時和創造更多的就業機會著手，而育嬰育幼年假正可達到這個目的。

中國古代亦有社會安全制度

在吸納西方制度的同時，筆者亦試圖從我國歷史傳統文化中找尋類似的制度，以爲創建社會國的原動力。畢竟一項制度的建立，必先有建立該項制度的意識與精神，該項制度才能穩固而長久。

以傳統文化中「爲民制產」的思想與制度而言，孟子主張「明君制民之產，必使仰足以事父母，俯足以畜妻子，樂歲終身飽，凶年免於死亡」。北魏及盛唐所推行的「均田制」與「租庸調制」均充分體現了「爲民制產」的精神。「均田制」的要義在於提供人民最起碼足以維持其生存的物質條件——由國家授與丁男露田（身死還田）八十畝，桑田（身死不還而作爲其家業）二十畝。惟其人民有了收入，政府才予以課稅，這才是「王政」。「租庸調制」正是此種「藏富於民」的表現，所謂「有田則有租」，「有丁則有庸」，「有戶則有調」。課稅而不致影響其生計，人民才能安居樂業，稅源亦因而得以涓涓不息。

相對於農業社會的「爲民制產」政策，在工業社會的今天，「社會國」則以其住宅政策與促進充分就業承襲並發揚「爲民制產」的精神，德國亦稱之爲制產政策（Vermoegensbildungspolitik）。在住宅政策方面，國家應立法保障每位國民所應享有的「合理生活空間」，亦即每個人爲了維持其人性尊嚴所應享有的最起碼的免稅生活空間。

譬如院轄市每人合理生活空間定爲六坪，省轄市八坪，縣轄市十坪，鄉鎮公所所在地十二坪、鄉下十五坪。以台北市四口之家住二十八坪公寓爲例，合理生活空間應爲二十四坪，超過合理生活空間四坪，只須繳四坪的房屋稅，若子女再增加一人，則合理生活空間爲三十坪，得免繳房屋稅。在合理生活空間範圍內之自用住宅除可享免繳房屋稅外，並得享有房租津貼或優惠購屋貸款；而超過合理生活空間部分則課以較重之稅捐。如此可使有錢而想住較寬敞房屋者，付更多的稅。此外，在大城市每人享有的合理生活空間較鄉下爲小，亦可鼓勵都市人口向鄉村遷移，促進城鄉均衡發展，以落實「都市鄉村化，鄉村都市化」。

在充分就業方面，政府應配合財稅、經濟、科技等政策創造足夠就業機會，以保障國民的所得安全。惟有工作權確實獲得保障，才能真正保障人民的生存權。

追求保障社會正義的民主體制

無庸置疑地，「社會國」正是今天我們所應戮力以赴的政策目標，不僅如此，「社會國」對於海峽兩岸的發展與統一亦具有重大意義，從兩德統一的歷史經驗而言，德國是統一在融合資本主義與社會主義的社會市場經濟制度之下。試觀海峽兩岸的發展，大陸走的是社會主義道路，台灣則是走資本主義道路；就社會福利而言，除國民所得外，大陸優於台灣，然而台灣卻擁有較高的生活水準。中國大陸自一九七九年來，經濟政策開始向右轉，最近更公開表示將採「市場經濟制度」，近年來的台灣則由於民主化的關係，社會安全支出持續成長，亦即社會政策開始向左轉，從此趨勢看來，原來左傾者（大陸）向右轉，右傾者（台灣）向左轉，海峽兩岸匯合統一的可能性愈來愈大，「社會國」正可爲海峽兩岸的和平統一與重建中華，提供一可資依循的大尺度參考架構。

總之，自鴉片戰爭以來，任何想爲中國前途找出路的人，務必要對下列兩個嚴肅的課題提出解決的策略：第一是如何解放國民生產力的問題，即工業化的問題，亦即如何讓資本主義在中國發達起來的問題；第二則是在國民生產力解放之後，如何將創造出來的財富公平分配的問題，此即社會主義想要解決的問題。「社會市場經濟制度」正是融合資本主義與社會主義，正是我們所找尋已久的道路。其實，目前台灣民主化的腳步雖已邁開，然而有了民主之後，不但要追求有效率的民主，更重要的毋寧是要追求能夠有效保障社會正義的民主體制。換言之，不能讓「民主」成爲有錢人把玩的工具，而「社會國」正能滿足這個需求。社會國絕非理想國、絕非烏托邦，它已在不少西歐國家實現了。筆者也希望能經由理念不斷地傳播與論辯，早日落實「社會國」的理念。

——《台灣時報》一九九二年九月六日、七日

文化主體意識的重建

——當代菁英階層的文化意識批判

本文是朱高正爲紀念「五四」七十週年，應邀赴台灣大學做專題演講而寫的。在這篇文章中，朱高正對「五四」以來普遍存在於我國當代菁英階層的文化意識，提出綱領性的批判。

近百年來，我國菁英階層的文化意識一直徘徊於「西化」與「虛無」之間。一方面將西方過度美化與理想化，彷彿西方即是我們未來的理想。另一方面則與傳統割裂，茫然無根，文化主體意識蕩然無存。

「文化國」一直是朱高正從政的終極理想，他不僅接受康德所主張的「國家是一羣人生活在法律規範之下的共同體」，他更進一步指出「國家是一羣人以共同創造文化而相與結合的法律共同體（Rechtsgemeinschaft）」。只有從事文化創造，人才能獨顯尊貴於萬物。

本文先從「主體的時間性」發展出「主體的歷史性」，並導出「每個人都有其獨有的歷史」。一個有自覺的人格，其「內在的我性」必然更深刻、多樣與精緻。同樣地，一個有文化意識的民族能更清楚地判別過去的光榮與恥辱，進而合理地規畫全民族未來的發展。「主體性」的凸顯，對個人而言是認識自己、批判自己、超越自己，從而創造自己。對整個民族文化而言，則是接受傳統、承認傳統，進而認識傳統、批判傳統、超越傳統，從而創新傳統。

朱高正痛陳今天台灣的政治與文化亂象，究其根源，問題出在文化主體意識的淪喪，以致遑遑如喪家之犬。在面對前所未有的巨變，一般人不知何所適從，只知怨天尤人，隨波逐流。爲今之計，只有痛改前非，從接受、承認傳統，重新認識傳統，進而批判、超越傳統，以期創新傳統。一言以蔽之，即珍惜傳統、尊重傳統，卻又不受制於傳統。立大根大本於傳統，重建文化主體意識，滿懷自信，迎接挑戰，才能爲國家、民族開創新局。

壹、導言

台灣自解嚴以來的近三年之中，在「民主化」方面雖有起步，其過程中卻充滿著波折、不順暢，乃至混亂的現象，顯示台灣的政治迄今並未步上軌道。筆者認爲，政治上的亂象其來有自，不能頭痛醫頭，腳痛醫腳；光停留在政治層面的考慮是不足的，亦是浮面的；要正本清源，一定要從文化著眼。

筆者曾對哲學投注過相當多的時間，從政之後亦習慣於從哲學的角度來思考當前的政治問題。本文即根據胡塞爾「現象學」、海德格「存在主義」以及康德「先驗哲學」的幾個主要觀點來探討文化主體意識的重建問題，並針對台灣當代菁英階層的文化意識提出初步的批判。

文化主體意識的淪喪與重建，牽涉到民族自信心和自尊心的消沈與恢復。近代德國的精神導師費希特（Fichte）在拿破崙軍打到柏林時所發表的〈告德意志國民書〉和中國近代革命領袖孫文爲救亡圖存所發表的〈三民主義〉中的「民族主義」，皆針對民族重建的問題提出類似的看法：「對一個四分五裂的民族，要其站起，重新出發，必須先從恢復這個民族的自信心與自尊心著手。」

台灣這四十年來處於偏安局面，文化上沒有任何主體性可言，民族的自信心與自尊心也幾乎喪失殆盡。從政治、經濟、社會、法律各方面來看，雖然不斷地引進外來的文化系統，但是在選擇上卻是完全沒有主見，哪一國影響力大，就用哪一國的，囫圇吞棗，雜亂無章，看不出有任何長期規劃的用心。這都是因爲我們那些在政治決策過程中，積極參與並發揮影響力的政治菁英怠惰落伍，而知識界的菁英又未能善盡其責的緣故。

任何一個社會，其菁英階層的文化意識足以影響到國家興亡的百年大業。以下舉德、日兩國的例子供參考：

德國哲學家康德總結了法國大革命前夕歐洲哲學思想的成就，他的思想觀念直接影響到往後二百年的德國。例如，康德把人的尊嚴視爲至高無上，人之所以爲人，人之所以尊貴，就在於人是自由的、自律的，從而是有尊嚴的。維護此自由、自律的「人」乃是規範整個國家生活的基本價值。西德的基本法即採用康德的精神，在第一條第一項規定：「人的尊嚴不可褻瀆。」一般人將其譯成「人的尊嚴不可侵犯。」實無法充分表達其本義。蓋德文的「unantastbar」一字是引自聖經，意爲「不可觸摸」——人跟上帝所做的約定置放在約櫃內，約櫃是「神聖不可觸摸的」，一旦觸摸，必遭天譴——康德即把人的尊嚴視同人與上帝之間的約定，是「神聖不可觸摸的」。

從康德的例子，我們可以發現一個思想家的看法，是如何具象化到國家基本生活秩序裏面，成爲國家施政的最高指導原則。迄今，德國聯邦憲法法院在從事司法判決時，仍時常援引康德的著述。如此，一個在哲學思想上有高度成就的文化菁英，其看法直接影響到當代（甚至後世）的政治菁英，使得這些政治菁英在制訂法律或經營憲政生活的實踐過程當中，也會念茲在茲，那麼，這個國家必然充滿著無限的希望與活力。

日本在明治維新時期也有一位偉大的教育家兼啓蒙思想家福澤諭吉，福澤諭吉一方面認真引進西方的思想，一方面聲嘶力竭地呼籲，要建立現代化的日本，須先培養現代化的國民，而現代化的國民要具有獨立的精神與人格；有獨立的國民，方才有獨立的國家。福澤氏的思想直接促成明治維新的成就，近代日本的政治菁英多受其薰陶，對往後日本的發展影響甚大。

反觀我們，自民國肇建以來，迄未有一位思想家建立起足可振衰起敝的思想體系，並以其思想對政治發揮長遠的影響力，這誠然是我們的遺憾，卻也正是我們針對當代菁英階層的文化意識進行清算、批判的切入點。而我們批判的目的，正在於了解真相、尋找對策、解決問題，以超越原有的困境，並重建我們的「文化主體意識」。

貳、個人的人格自覺與民族的文化意識

在處理「個人的人格自覺」這個問題時，筆者想要藉助於胡塞爾與海德格，先從「主體的時間性」開始談起。

所謂「主體的時間性」即相對於「客體的時間性」而言。依常識判斷，人總認爲一切事物均存在於時間之中，一切的生成變化也在時間之中進行。但是按照胡塞爾現象學分析的方法，人做爲一個認知的主體，並非存立在時間裏面，時間乃是由人的主體性所賦予的。譬如：「鐘聲在響」或「鐘聲曾響」。「聲響」本身是一回事，那是聲音本身在客體方面的時間性；至於「我」「聽到」鐘聲在響或「我」「曾聽到」鐘響那是另一回事，是主體方面的時間性。

「時間性」的意義何在？從現象學的角度來看，時間性是內含於做爲一個認知主體的人裏面，是任何一個認知主體所不可或缺者。由於主體的時間性，認知主體

得以將雜多的現象世界依序排列，分其先後。主體若是沒有時間性，則任何思考的行爲皆不可能，任何反省的行爲亦不可能，最後導致所有的意識活動皆不可能。

以下我們將從「回顧」和「反省」這兩個重要的現象學概念來進一步論述主體的時間性。回到剛剛鐘響的問題來做比喻：客體上的「鐘在響」與主體上的「我聽到鐘在響」，其中有事實上的「時差」；即當我「感受到」鐘在響時，鐘可能已經不響了。我是由於現實生活中的經驗，經由「回溯」而推論出「剛才鐘在響」，這種回溯的能力，我們即稱之爲「回顧」。

「回顧」的概念告訴我們：我們在從事回顧時，無法針對嚴格意義的「現在」去回顧，只有對「過去」（也許是剛剛溜逝的「過去」）才能夠回顧；在反省時，也只有對「過去」的事才能夠反省。這裏的「回顧」純粹是認知主體的能力，是專屬於主體的時間性，與被我們認知的客體毫無關係。關於主體與時間的關係，胡塞爾做了以下的說明：「人做爲一個客觀的存有，任何人都活在時間裏面，但這個時間是一個被限定的時間，是一個被造成的時間，而不是主體的、始原的時間。人做爲一個認知的主體，則已不再存立於時間之內，而是由他賦予時間以意義。」

人做爲一個認知的主體，除了回顧的能力之外，還有「反省」的能力。反省是經由回顧，針對外在的客觀事物所爲的有意識的認知活動；更深一層則是對認知主體自身的反省，吾人稱之曰「自覺」，此亦稱爲「二度反省」（即針對「反省」再予以「反省」）。在時間上，將「此時自覺」與「彼時自覺」以至時時刻刻的「自覺」貫串起來的即靠「統覺」，亦即「自覺的先驗統一性」。主體的自覺一是經由「統覺」而得以貫串成整體的、一致的，即形成主體之所以爲主體的「主體性」。在「主體性」確立之後，每個主體都擁有其自有、獨有、固有的歷史的能力，我們稱之爲「主體的歷史性」。

根據海德格的說法，只有認知主體才有從主體的時間性發展出主體的歷史性的可能。人做爲一個認知的主體，每個人都有獨特的經驗和背景，經過回顧與反省，每個人都會擁有自己所獨有的「歷史」。又，人是一個存有，存有在不同的方式和不同的時空之中；而人有思維、欲求、計畫、以及著手施行的能力。因此，每個人的生活均有其獨特的歷史，每個人也可以經由自己的企圖心與努力開發出專屬於自己的精神內涵。把主體在各個時段的所思、所欲、所求、所爲貫串起來，在真實的人生中不斷地加以充實、貫徹的能力，即是預設了「主體的歷史性」。

由「主體的歷史性」可進一步引申出人「內在的我性」。人「內在的我性」是相對於人「外在的我性」而言。某人出生於何時何地，在何處就學、工作、遊歷，這是「外在的我性」。「外在的我性」可能是被決定的，是不自由的，但「內在的我性」卻可以是很自由的。所謂「你可以限制我身體的自由，但無法限制我思想的自由」。每個人「內在的我性」不同，因爲每個人的內心深處都有自己的願望、企圖、成敗、榮枯、喜怒，每個人真實的人生過程中所發生、接觸者皆形成其精神內涵的一部分，這些「內在的我性」積累下來，整體而言即是「人格」。

每個人都有獨特的人格，對此人格予以反省，如何而後能克服人格既有的缺憾，或如何而後能充分地發展或實現固有的才分，即是「人格的自覺」。人格是不斷發展的過程，有其一貫性；一個有自覺的人格，其內在的我性必然更深刻化、多樣化和精緻化，從而發展出更豐富、更健全、更充實的精神內涵。

我們若將民族視爲一個文化創造的整體，則民族與個體之間有許多地方可以相提並論。一個民族文化意識的覺醒相當於一個人人格的覺醒。一個民族跟個人一樣，有「主體的時間性」；即一個民族不再像一般的人類生活在時間之中，而是以全民族爲主體賦予時間以意義。在此情況下，依據前面的論述，一個民族將「回顧」過去對整個民族有意義的事件或決定，並進而予以「反省」，並對此「反省」

再予以「反省」，從而產生民族的自覺。再藉著民族「自覺的統一性」，將「此時自覺」與「彼時自覺」貫串起來。此民族「自覺的統一性」即民族文化「主體性」之顯現，該文化主體即擁有該民族自有、獨有、固有之歷史的能力，吾人稱之爲民族的歷史性。

藉著民族的歷史性，這個民族能夠清楚地判別過去的光榮、恥辱，知道有過什麼重大的成就或嚴重的挫敗，知道如何合理地規劃全民族未來的發展；在此情況下，一個民族做爲一個文化的單元，也有其「內在的我性」，對此「內在的我性」予以反省、檢討，即一般所謂的「文化意識」。

「文化意識」即將整個民族「內在的我性」綜合起來，對其做有意識的省察。優越之處繼續保存，不足之處予以加強，欠缺之處加以改進，如此即是文化意識的覺醒。

叁、人格自由發展與文化自由創造

在我們對個人人格和民族文化的覺醒做過相當程度的了解之後，筆者要進一步强調：人格的自由發展和文化的自由創造也是處於平行的對等關係。

人格强調自由發展，文化則强調自由創造；那麼何謂自由？我認爲最好的解釋是康德在其晚年名著，一七九七年出版的《道德形上學》中所下的定義：「自由乃是指人能夠獨立於所有經驗因素的制約之外，而使純粹理性的要求本身成爲實踐的那種能力。」經驗因素的制約指的是一般經驗（如社會心理法則）的限制，如好逸惡勞、趨福避禍、貪生怕死……等，這是人的惰性，也是人的獸性的一面；可是，人之可貴之處，在於他有自由意志，可以超越這些經驗上的限制，而僅只服膺天理之本然的要求。這跟傳統的儒家思想非常相近：如「不食嗟來食」；如孟子的「所欲者有甚於生者也，所惡者有甚於死者也」。乃至王陽明的哲學中心思想「存乎天理之極，而無一毫人欲之私」。凡此種種均有可以相互發明之處。

存在主義哲學對自由的另一定義是：「自由乃指想像力。」所謂想像力是「可以去設想與現實相反對的存在成爲可能的」。即現實不存在者，可想像其爲可能存在的；現實存在的，可想像其爲可能不存在的。譬如過去一個社會改革者，認爲貴族占地太大，農民所受壓迫太多，現實上已存在，卻是明顯的不合理，乃致力於土地改革，主張土地重新分配，這就是「想像力」的發揮。

人格上的自由即是超越現實，發揮想像力的自由。有豐富想像力的人不隨便向現實屈服，有豐富想像力的人，其精神內涵必更爲充實、圓滿。

同樣的，對一個民族而言，詩歌、音樂、繪畫等藝術創造都是寶貴的文化資產，也都根源於豐富的想像力。一個藝術創造豐富的民族，其生命力必然更强，活力必然更爲旺盛。

不管是個人或一個民族的想像力，都必須經由客觀分析和實踐的過程才能呈現出來。想像力的實踐也就是自由的實踐。從「自由的實踐」這個角度來看，自由又代表著下決策的能力。

主體性高的人，愈敢擔當的人，做決策的頻率愈高。決策做得愈多，表示人生的內涵愈豐富，對外在的影響也愈大。越是重大的決策所牽涉的範圍也就愈廣；常做大決策，又能維持決策之一貫性者，是屬於偉人級的人格。

做決策的當時，即是自由的實踐。一個真正自由的主體懂得如何做決策，也敢於做決策，勇於承擔決策的成敗，不斷往前邁進。

在談過自由與決策的關係之後，以下我們將依過去、現在、未來三個時態的角度，來進一步詮釋自由。

「過去」，對自由而言，應視爲已完成或已實踐之自由，也因爲是已完成之自由，是自己所做的決策，因此必須負責。若以爲「過去」是已被決定的事實，不必負責的話，那麼一個不對過去負責的人，我們怎能期待他對現在負責？一個不對現在負責的人，我們又怎能期待他可以對未來做承諾？

惟有建立在對過去負責的自由方爲真自由。爲所欲爲，不負責任，是禽獸，不是人。人之異於禽獸，即人有過去、未來，而不是活在孤立的「現在」。對一個做決策的主體而言，沒有過去，焉有現在和未來？沒有對過去的反省，又焉能主導現在和未來？一個有責任感的人必然是活在對過去不斷反省、檢討和重新評價之中，並以此做爲基礎，決定現在，規劃未來。

對個人而言，過去的總合，即是個人的履歷。但是外觀上的履歷只是外在的我性，並不代表等值的內在的我性。一個人的價值乃建立在內在的我性之上。如何充分發揮主體的歷史性，將過去的履歷貫串起來，綜合成一個完整的人格，不斷反省，重新評價，並賦予新義，即爲人格之生成發展。只有對「過去」不斷反省、檢討、批判、重新評價，從「過去」自我學習，吸取教訓，這種「過去」才是鮮活的、有新義的，也才能不斷影響現在的決定和對未來的規劃。

對整個民族而言，「過去」即是民族的傳統文化。而民族在生存發展的過程中，於關鍵時刻所做的取捨，即是決策，即是文化意識自由的體現，也就是主體性的凸顯。

主體性的凸顯，對個人而言是認識自己、批判自己、超越自己，從而創造自己。對整個民族文化而言，則是接受傳統、承認傳統，進而認識傳統、批判傳統、超越傳統，從而創新傳統。易言之，我們絕不僅僅是五千年傳統文化的承受者而已，我們更肩負著檢討、批判、創新文化的責任；我們不只是被動的、無意識的承受傳統文化的「客體」而已，我們更是重新評價傳統文化，進而開創新文化的「主體」！如此的傳統才是活的傳統，如此對過去的傳統文化負責的文化創造，才是真正的文化自由創造！而這一切卻得從喚醒全民族從有意識的接受，有意識的承認我們傳統文化之爲我們所固有、所獨有的做起。

肆、當代菁英階層的文化素養

我國當代的菁英階層對傳統文化的認知非常有限，主要是因爲新式教育的興起，幾乎完全翻轉了舊式教育的內容。今日七十歲以上的老年人凡是受過大學教育者，其青少年時期受教會學校教育者占絕大多數。因爲在過去物資缺乏的時代，興學不易，師資亦復難求，於是以西方爲主導的教會學校壟斷了新式教育；包括高等教育乃至留洋，教會占有絕大的影響力。新式教育瞧不起舊式教育，使得舊式教育所傳布的傳統文化也因此受到普遍的漠視，從而使得我們的菁英階層與傳統產生斷層，失去了回顧與反省的能力。

更令人擔心的是，由於民國以來動亂不堪，知識份子爲了明哲保身，多不願與聞國是。過去中華文化得以發皇兩千五百年，主要是因爲有一個非常開明的典章制度在維繫著。中國自春秋戰國以來，在教育上即有孔子的有教無類，政治上布衣可以爲公卿，這是非常進步的制度。與西方直到十六世紀中葉都還存在的階級分明的神權社會不可同日而語。布衣可爲公卿的制度鼓舞了許多讀書人投身仕途，也從而主掌了政局的發展，並以他們深厚的文化素養豐富了政治生活的內涵。

可惜，自清朝末年以來，國事紛亂，知識份子多不願與聞國是，使得政局的發展多操在軍人、草莽，或是技術官僚的手中，這些人大多熱中於爭權奪利，少有文化素養。加以教會學校壟斷了新式教育，導致國家領導人輒爲耶教教徒。在台灣，基督徒不過占人口比率百分之一左右，而自民國以來的國家領袖，從孫中山、蔣介石、蔣經國到今天的李登輝竟然都是基督教徒，此種現象實屬罕見。李登輝集黨政大權於一身，動輒將聖經掛在嘴上，卻不曾引用過古聖先賢的言論，其文化素養之偏執可見一斑。

當代菁英階層在文化認知上的通病大致可歸納爲三點：

首先是對西方缺乏深刻的了解。知識份子對西方的了解多是刻板的印象，對西方不是過度高估而產生盲崇，就是過度低估而蓄意排擠。近百年的知識份子對黑格爾、馬克思、康德等古典級大師的了解固然已相當有限，連對近代的胡塞爾、海德格等思想家也多是一知半解。尤其我們的知識界多好高騖遠，不肯踏實地譯經，透過完整、正確的翻譯對西方做全盤性的、深刻的了解。久而久之，對西方文化的認知難免產生難以彌補的缺憾。

其次是對傳統處於割裂的狀態。不僅是搞自然科學者對傳統普遍抱持無知與輕蔑的態度。即使搞社會科學或人文科學者，也很少有人真正對傳統用心，與傳統之間是處於割裂的狀態。

最後是對現狀又不能確實掌握。當代的知識份子多與現實社會脫節，孤立於自己的象牙塔中。研究政治者避忌台灣的政治問題，研究社會學者避忌台灣的社會問題。對台灣的現狀先是漠視，漠視久了自然變成陌生；當有一天想對現狀做了解時，現狀早已脫離了他的掌握。

伍、文化主體性的淪喪與重建

前面提到，對個人而言，主體性的凸顯是表現在認識自己、批判自己、超越自己，從而創造自己；就整個民族文化而言，則是表現在認識傳統、批判傳統、超越傳統，從而創新傳統的過程。在這裏，所謂「創新」，即是自己直接掌握全民族發展的方向，印證文化的主體性。

一個具有文化主體性的民族，知道面臨問題時，如何衡量客觀的條件和主觀的能力，知道審時度勢，深入大環境，而後將問題加以解決。百餘年來，我們的文化主體性幾近淪喪，因爲我們面臨問題時，並不是自己直接掌握。由於對傳統文化缺乏信心，於是掙扎於中體西用、西化派、留日派、留德派、留美派、留俄派……的糾結之間，政隨時轉，缺乏一貫的立場。誰掌權，就由誰決定使用哪一派的解決模式，其結果常是偏執或藉機結黨營私。

在台灣，由於韓戰之後，美國積極介入太平洋防務，這四十年來，美國的影響力始終居高不下。在中國大陸，則由於意識型態的因素，留俄派一枝獨秀。只見檯面上除軍人、草莽之外，率多留學歸國的技術官僚，對自身的文化傳統鮮有貼切的了解與認同，對於文化移植的工作本難善盡其責，在引進制度時也難做充分的考量。

一般而言，在引進制度之前總要先做比較制度的研究，知道某一套制度在哪一個特殊的歷史背景，哪一個特定的社會、政治、經濟條件之下，用來解決哪些問題。我們要學別人的制度，總要先確定一個大方向；既因爲有必要而引進新制度，就要有能力吸納制度，並將現有的制度做合目的性的調整。

以銀行開放民營爲例，政府未先做比較制度研究，也未對現有的人力資源做適當的調查，即貿然決定開放銀行民營，使得台灣的金融秩序益形混亂。事實上，我們的銀行由於長期聯合壟斷，落伍得簡直就是合法的錢莊，根本無法扮演推動經濟發展的火車頭的角色。如今既爲了金融自由化而開放民營，筆者認爲公營銀行的經營權交到民間手裏，遠比開放民間直接設立新銀行更爲重要。否則，一旦率爾開放民營，由於金融專業人才有限，新銀行勢將向原有的銀行挖角，甚至不惜以重金延攬金融主管官員，以爲己用。復以銀行間業務競爭激烈，脫法行爲勢必增加，而監督、管理人才反而減少，焉有不亂上加亂之理？其實，國內的銀行若要引進國外的制度，則其程序應是國內各銀行總經理級的人士到國外，委託幾個在國際上信譽卓著的先進銀行代訓。代訓回國之後再分批調訓國內各銀行主管，將哪些可學，哪些應優先學，作業流程上該怎麼配合……等問題一舉釐清。如此在制度變革的過程當中，才有超越和創新的可能。

惟其超越和創新，才有重建文化主體性的可能。以下筆者擬從現代化的兩大課題——「民主化」和「工業化」——來探討如何重建我們的文化主體性。

首先，民主並不完全是舶來品，在傳統儒家文化思想核心中早有人格自由、自律、自主的精神。孔子的「克己復禮」，王陽明的「存乎天理之極，而無一毫人欲之私」，正標顯出這種超越經驗因素的誘惑而凸顯出人之尊嚴與可貴的理想。怎樣運用這些傳統的文化來吸納、完成西方的民主化，正是我們所面臨的最重要的課題。

西方民主化的基本精神可歸納爲：「代議民主政治」——統治者的權力應來自被統治者的同意或授權上面，統治者應依「法」行使統治權，而這個「法」卻又不是統治者片面的意志，而應是「國民總意志」，即由被統治者所定期選出的代表所議決通過的。而從我們固有的人格自由、自律、自主的精神當中也可導出一個觀念：「自治」——自我規範，自己管理自己。用「自治」的觀念可以貼切地銜接到「代議民主政治」的觀念。所謂「代議民主政治」，其要義在於：從人民有服從法律的義務來看，似乎是單純的被統治者；其實，法律原來是由被統治者經由定期的選舉，推出代表在國會內以多數決的方式來制訂的。服從法律，表面上看是被統治，但由於法律是自己挑選出來的代表「間接」替大家制訂的，故服從法律等於間接地服從自己的意志——也就是「自治」。

在不同的歷史條件之下，會出現不同的社會、政治制度。西方因爲未曾出現獨大的國家，階級分化快，所以提早出現民主化的政治制度。我們由於受到歷史條件的制約，迄今尚未出現健全的民主政治，但是以我們傳統文化中固有的「自治觀念」來銜接西方的「代議民主政治觀念」，大大方方地以固有的基礎來吸納西方的長處，於我們的自尊心絲毫無損。

其次，我們可用固有勤儉的美德來吸納、完成西方的工業化。所謂「工業」，英文是「industry」，形容詞是「industrious」，有「diligent」（勤儉）的意思。同樣的，中國文化傳統裏時常強調勤儉的精神，兩者應有可以會通之處。

「工業化」的基本精神是「效率」，如何從「勤儉」推衍出「效率」，再由效率發展出經濟建設的工業化，是我們當前所面臨的課題。

所謂「效率」即充分地運用有限的資源，使其發揮最大的功能。而我們固有的「勤」，是就人的因素而言。盲目的「勤」是不足取法的，勤奮到一個程度，必然會要求充分地利用每個人有限的時間和充分開發、組織運用有限的人力資源。我們固有的「儉」，是就物質的因素而言。過度的「儉」就成爲「吝嗇」，節儉到一個程度，必也會要求充分地利用有限的物質資源，提高其使用效率。由此可見，傳統文化中「勤儉」的觀念和西方講求效率的「工業化」是可以相互會通的。因此，以「勤儉」的精神來吸納西方的優點，加速工業化的發展，絲毫無損於我們的民族自尊心。

綜上所述，我們發現，傳統可以是鮮活的，不斷有新義的。我們有意識地接受傳統，承認傳統，認識傳統，批判傳統，進而超越傳統的過程，也就是文化主體重建的過程，亦即是書經中所言「苟日新、日日新、又日新」的道理。

陸、以恢弘氣度確立在文化交流中的互爲主體性

總結我們對台灣當代菁英階層的文化意識批判，可以用一句話來概括：徘徊於

西化與虛無之間。一方面是將西方過度地美化、理想化，彷彿西方即是我們未來的理想。另一方面是與傳統割裂，茫然無根，文化主體性蕩然無存。

西方並不必然是我們未來的理想。我們未來的理想應根植於對過去的確實認識、認真檢討、重新評價；對於西方則必須透過比較的方法，科學而精確的分析和評估，是有重點的吸納，不是囫圇吞棗、迷迷糊糊地跟進！

對於傳統，我們既不萎縮，也不誇大；對於西方，我們既不盲從，亦不漠視。一切都是透過具體的了解，如實地予以評估，最終的目的在建立一個有主體性的文化意識，並以一獨立自主的文化系統與其他文化系統平等交流，相互容忍，相互尊重，終至相互欣賞。這才是我們固有的傳統文化中早已揭櫫的「世界大同」的理想。

——《聯合晚報》一九九〇年五月十六——二十日

再論「文化主體意識的重建」

——精神文明建設的文化基礎

一九九五年七月，北京清華大學爲紀念其國學研究院成立七十週年，舉辦了一場國際學術研討會。本文即爲朱高正應邀赴會所發表的論文，文中就中國大陸致力開放改革，引進「社會主義市場經濟制度」後，嚴重衝擊原有的社會結構、思維模式及生活習慣，而引發各界廣泛討論的「精神文明建設」問題，提出以「思想再啓蒙運動」推動文化主體意識的重建。

早於一九九〇年「五四運動」七十週年紀念，朱高正即曾以「文化主體意識的重建」爲題，在台灣大學發表演説，針對「五四」以來普遍存在於我國當代菁英階層的文化意識，提出綱領性的批判。

本文承襲九〇年之作，進一步將文化主體意識的重建與中國現代化事業相連繫。指出今天中國要完成全方位的現代化，應發動一場適合中國國情的啓蒙運動。

鼓勵每個人運用自己的理性，培養獨立自主的人格。

面對二十一世紀的挑戰，朱高正不假外求，以立基於傳統優秀文化的「社會自由主義」，爲中國的現代化事業，開闢出一條切實可行的途徑。「社會自由主義」追求人格的獨立自主，調合社會主義與自由主義的矛盾而取兩者之長，不啻可爲重建文化主體意識之張本，更是確保「社會主義市場經濟制度」有效施行的不二法門。

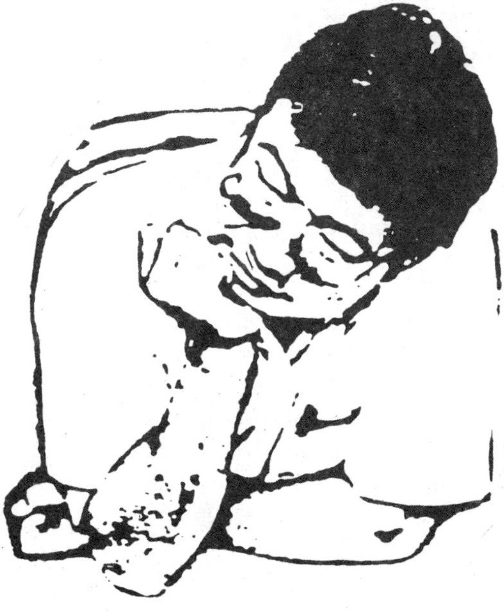

壹、導言

一八四〇年的鴉片戰爭是中國現代史的原點。傳統的、農業的中國面臨經過工業革命洗禮的西方帝國主義的強力挑戰。自此之後，內憂外患紛至沓來，中華民族蒙受了前所未有的屈辱與苦難，民族的自信心與自尊心淪喪殆盡，對傳統文化由失望、質疑以至徹底的否定，對西方各種主義（isms）則幾乎毫不加選擇地引入，衆說紛紜，莫衷一是。一方面將西方過度美化，彷彿西方即是我們未來的理想。另一方面則與傳統割裂，茫然無根，文化主體意識蕩然無存。

一九四九年中共取得政權之初，遭到以美國爲首的西方工業先進國家的抵制，彼此間的文化交流幾近中斷。六〇年代中、蘇共交惡，致雙方各項交流合作項目被迫中止。十年文革期間則形同閉關自守，雖然維護了主權的獨立，但封閉的心態也阻礙了中國現代化的進程，非但對西方的認知流於片面與淺薄，對傳統的無知與輕蔑亦斷絕了任何理性的反省與批判。直到一九七八年推行改革開放政策以後，才逐漸全方位地與國際接軌。然而，令人憂心的是，一股崇洋的風潮逐漸蔓延開來，用洋貨、學洋文、送子女出國成了普遍的時尚，而民族的自豪感反未見伸張。市場經濟的推行，使原有的社會結構和思維習慣、價值觀念遭到强烈的衝擊，馬列主義定於一尊的地位急遽下降，而中國傳統文化又在文革「破四舊」浪潮中遭到致命的打擊，整個社會的價值觀念頓失憑據，各個社會階層均已出現信仰危機。在原有威權瓦解，人的欲望獲得解放的情形下，拜金主義、享樂主義、消費主義席捲了人們的心靈，在在阻礙中國邁向一個現代化的社會。要解決這些複雜的問題，不能只停留在政治、經濟、社會層面來考慮；要正本清源，一定要從文化認同，質言之，即從重建文化主體意識著手。

「文化主體意識」乃是指一個民族自覺到其所擁有的歷史傳統爲其所獨有的，並對此歷史傳統不斷做有意識的省察，優越之處則發揚光大，不足之處則奮力加强，缺失之處則力求改進。因而對自己的民族文化重新予以認識，從而接受傳統、承認傳統爲我們所自有、獨有、固有的，進而批判傳統、超越傳統，從而創新傳統。易言之，我們絕不僅僅是五千年傳統文化的繼承者而已，我們更肩負著檢討、批判、創新傳統的責任；我們不只是被動地、無意識地承襲傳統文化的「客體」而已，我們更是重新評價傳統文化，進而開創新文化的「主體」！如此的傳統才是活的傳統，如此立足於傳統文化的超越與創新，才是真正的文化自由創造！

筆者曾於一九九〇年爲紀念「五四」七十週年，應邀赴台灣大學就「文化主體意識的重建」發表專題演講。文中對「五四」以來普遍存在於我國當代菁英階層的文化意識提出綱領性的批判。今（一九九五）年爲紀念清華大學國學研究院成立七十週年，特就引進「社會主義市場經濟制度」後，各界廣泛矚目的「精神文明建設」問題，再論「文化主體意識的重建」，希望能爲跨世紀的國家現代化事業盡一點棉薄之力。

貳、以思想「再啓蒙運動」推動文化主體意識的重建

一個具有文化主體意識的民族，知道面臨問題時，如何衡量客觀的條件和主觀的能力，知道審時度勢，深入大環境，而後將問題加以解決。百餘年來，我們的文化主體意識淪喪殆盡，對傳統失去了回顧與反省的能力，以致面臨問題時，不知何所適從，遑遑如喪家之犬。須知追求現代化不能脫離傳統；全世界没有一個國家可以徹底否定自己文化傳統，而能完成現代化的。由此可見，文化主體意識的重建，不僅決定了中國大陸經濟改革的成敗，更決定了中國全方位現代化的目標能否達

成。爲喚醒全民族有意識地接受，有意識地承認我們所獨有的傳統文化，以重建文化主體意識，就必須推動一場「思想再啓蒙」運動。

西歐經由啓蒙運動進入近現代社會

其實「啓蒙運動」是歐陸文化史上最活潑、最具衝擊力的知識份子自覺運動。它針對當時的社會、文化進行全面的反省與批評，影響所及，扭轉了整個歷史發展的軌跡，歐洲正是經由啓蒙運動而進入近現代社會。因此，今天中國要完成全方位的現代化，也亟需一場適合中國國情的啓蒙運動。

十八世紀的歐洲雖然已掙脫出黑暗時代的中世紀達三百年之久，也已受過文藝復興、人文主義及宗教改革的洗禮，但基本上，仍只是停留在整理古希臘、羅馬文化的階段以及局部性地承認信仰自由而已。個人在整個社會中的地位微不足道，貴族及高僧是天生的統治者，他們可以不識之無，卻仍然安居統治階級。反之，這些以哲學家自許的啓蒙運動人物，雖然學富五車，卻得聽命於不學無術的貴族及高僧。就在啓蒙運動的大洪流中，他們發現了「理性」的偉大，中國不就是活生生的一個例子嗎？沒有教會、沒有貴族階級的中國之所以發展出那麼典雅的禮俗文物、典章制度，有那麼大的廣土衆民，有如此悠遠的歷史傳承、傑出的科學成就，就是因爲中國的古聖先賢很早就把理性運用到政治、社會、人事各方面。

沒有中國的榜樣就沒有啓蒙運動

其實，自馬可波羅以迄十七、八世紀，中國一直是歐洲各國艷羨倣效的對象。歐陸大哲學家和數學家萊布尼茨（Leibniz, 1646～1716）一生即對中國文化推崇備至。萊布尼茨正是在一七〇三年研讀伏羲六十四卦方圓圖之後，才有信心將其論文〈關於僅用零與一兩個記號的二進制算術的說明並附有其效用及關於據此解釋古代中國伏羲圖的探討〉發表。萊布尼茨發現，以零代「陰」，以一代「陽」，則乾卦（䷀）之值爲六十三（$1\times2^5+1\times2^4+1\times2^3+1\times2^2+1\times2^1+1\times2^0=63$），坤卦（䷁）之值爲零（$0\times2^5+0\times2^4+0\times2^3+0\times2^2+0\times2^1+0\times2^0=0$），井卦（䷯）之值爲二十六（$0\times2^5+1\times2^4+1\times2^3+0\times2^2+1\times2^1+0\times2^0=26$），六十四卦之值剛好對應從零到六十三。而二進位算術就是今日電腦的理論基礎。

萊布尼茨最尊敬的統治者也是當時中國的康熙皇帝（在位期間一六六二～一七二二）。康熙皇帝不但精通當時由耶穌會傳教士帶來的西方科技，如天文、數學，也親自編寫數學著作《數理精蘊》；其對傳統文化的承續與發揚更是不遺餘力。康熙五十三年，他有感於朱熹「集大成而緒千百年之絕學，開愚蒙而立億萬世一定之規」的偉大貢獻，下詔升朱熹配祀孔廟「十哲」之列，朱熹的牌位從孔廟東廡移入了大成殿。康熙五十二年，又親自指派福建出身的大學士李光地編纂《周易折中》，總結了歷朝以來的易說。而萊布尼茨本人也對數學與易學的發展做出了重大的貢獻，如發明微積分及發展易學的數理研究，難怪其言及康熙皇帝時，常流露出一份孺慕之情。萊布尼茨做爲歐陸理性主義的宗師，最推崇中國文化，受朱熹理學的影響甚深，尤其讚揚中國在實踐哲學上的表現，對後來的啓蒙運動產生了深遠的影響。易言之，沒有中國的榜樣，就沒有以理性爲主導的啓蒙運動。

十八世紀初，哈勒大學已成爲啓蒙運動的重鎮。被公認爲萊布尼茨傳人，也是啓蒙運動健將的吳爾夫（Christian Wolff, 1679～1754）於一七二一年出任哈勒大學校長的就職演說中，坦承他的道德哲學基本上和中國的孔子是一樣的。他盛讚中國雖然不是基督教國家，卻擁有極爲良好的社會禮俗及典章制度。這個見解和當時歐洲人的歷史經驗大相逕庭。蓋希臘、羅馬以外的歐洲人皈依基督教以前野蠻無文，因此，認爲任何尚未皈依教會的地域也都是野蠻無文。吳爾夫則認爲這種推論是昧於事實的，他認爲沒有教會的中國之所以能發展出如此高的文明，均拜孔子之賜。因爲孔子提倡理智的人生態度，擺脫迷信的羈絆，「不語怪力亂神」，處處「克己復禮」。可見「理性」除了在理論上可以發現、認識真理外，在實踐上也可以建立放諸四海而皆準的社會禮俗與典章制度。這與是否皈依基督教毫無關係。這種大膽的見解自然觸怒了當權的教會，因此被迫離開在哈勒的教職。三年後，才又回到哈勒，建立了徹頭徹尾的理性主義，以「理性」爲人的本質，認爲經由理性，一切的弊端均可掃除，經由理性，人類社會可以不斷進步，以至於完美無缺。

康德——啓蒙運動的哲學家

一七八九年的法國大革命標幟著啓蒙運動的頂峯。普魯士哲學家康德（Immanuel Kant, 1724～1804）則總結了法國大革命前夕哲學思想的成就。康德的老師克努臣（Martin Knutzen, 1713～1751）是吳爾夫的學生，而康德在大學裏講授倫理學與法權哲學時所選用的教科書的作者——主要是包姆加頓（Alexander Gottlieb Baumgarten, 1714～1762）與阿亨瓦（Gottfried Achenwall, 1719～1772）——多是吳爾夫的學生。萊布尼茨與吳爾夫均對中國文化推崇不已。由此可見，康德也深受中國文化的薰陶與啓迪，難怪長久以來康德被稱爲「哥尼斯堡的中國人」。也正因如此，才得以成就其宏偉莊嚴的哲學體系。

《開放的社會及其敵人》的作者卡爾・波帕（Karl Popper）於1954年，爲紀念康德逝世一百五十週年，應英國國家廣播電台（BBC）之邀，發表專題演溝，題爲「康德——啓蒙運動的哲學家」，將康德定位爲啓蒙運動的導師。康德在《何謂啓蒙運動》（Was ist Aufklaerung）一書中將「啓蒙」界定爲「一個人要從歸咎於自己的未成年狀態中走出來」。所謂「未成年狀態」乃是指若無第三者從旁指導，就無法運用自己理性的狀態。至於哪一種未成年狀態是該「歸咎於自己」呢？康德説，不是因爲他心智尚未成熟，而是因爲他缺乏決心、勇氣和擔當，致不敢獨立運用自己的理性。所以康德認爲，啓蒙就是要求每一個人公開地運用自己的理性。每個人針對任何可以公開評論的事物，把自己內心的看法、想法講出來，讓別人可針對你的看法提出評論。相對地，你也可針對別人對你的看法的評論，再予以公開評論，這樣就形成了一個公開討論的情境，社會也就逐漸走向開放體系。

反觀日本在明治維新時期，也出現了一位被尊稱爲「現代日本教育之父」的啓蒙思想家福澤諭吉，他也是現在日本慶應大學的前身慶應義塾的創辦人。福澤諭吉一方面引介西方思想，一方面竭力呼籲：要把日本建設成一個現代化的國家，其先決條件就是要培養現代化的國民，而現代化國民的特質就顯現在具有獨立精神氣象的人格之上。有獨立自主的國民，方有獨立自主的國家。福澤氏的思想促成了明治維新，對往後日本的發展產生了重大的影響。

五四運動與文革

在近現代的中國，以知識份子爲主的五四運動，在某種意義上，本也可說是一個啓蒙運動，然而其最大的不幸，就是號召「打倒孔家店」，從根全盤否定了中國自己的文化。到了十年文革期間，更全面而徹底地打擊傳統優秀文化。這使得原本立意良善、有除舊佈新的、進步意義的五四運動和文革，反過頭來阻礙了中國現代化的事業。

康德曾說：「經由革命固然可以推翻個人的專恣、暴虐，但新的成見取代舊有的成見，會繼續宰控大衆。真正的改革是思維方式的改變。」盲目的激情並不足以成事；惟有透過理性的反省與批判，立足於傳統，超越與創新才有可能。

參、培養具有獨立自主人格的國民是重建文化主體意識的前提

「思想再啓蒙」運動的目標即是鼓勵每個人勇於運用自己的理性，亦即席勒（Schiller）所言：「要有勇氣！」（Sapere aude）惟有發揮啓蒙的精神，勇於運用理性，拒絕做個性與慣性的奴隸，才有獨立自主的人格。換言之，建立具有獨立自主人格的國民，是重建文化主體意識的前提，也是「思想再啓蒙」運動的核心。

人格的自由、自律與自主

獨立自主的人格則彰顯在人的自由、自律與自主之上，有關這個問題，在哲學史上康德探討得最爲深刻，他在其晚年名著，即一七九七年出版的《道德形上學》中，將「自由」界定爲「人可以獨立於一切經驗因素的制約，而讓純粹理性的要求成爲實踐的能力」。經驗因素的制約指的是一般經驗法則的規制，如好逸惡勞、趨福避禍、貪生怕死等社會心理法則。人雖然會受到這些經驗法則的「影響」，卻不見得因而受其「決定」。人之所以有價值，在於人有自由意志，人不但可以認識經

驗法則、運用經驗法則，尤其可貴的是，人也可以悖逆經驗法則來定其行止。亦即人可以超越經驗上的限制，擺脫外在誘惑或內心欲念的制約，而使純理的要求——不單單停留在「理論的層次」——腳踏實地成爲指導我們立意與行爲的最高原則。易言之，由於人是有理性的，因此人的意志是自由的，所以人可以決定自己的行爲，成爲自己行爲的立法者，這就是「自律」的意義。而因爲人可以規定自己的行爲，因此，人也該爲自己的行爲負責，這種自我負責的精神，正是人具有主體性的表徵。而人性尊嚴也在意志自由裏表露無遺。

舉例而言，某甲在人潮滾滾的上海灘撿到十萬塊時，衆目睽睽逼得某甲只有將這十萬塊送交公安。雖說拾金不昧，但卻是外在條件決定了某甲的行爲，故其行爲並無道德價值可言。假若這十萬塊掉在空無一人的荒野上，縱然將其據爲己有，亦無人知曉，但某甲卻毅然決然地將這筆錢交給公安，因爲理性要求：「己所不欲，勿施於人」，非我所有者，即不應占爲己有。道德價值就在這服膺理性的要求上顯現，這也就是自由。再假設當某甲在茫茫荒野撿到十萬塊時，其親人正患重病，亟需這筆款項；或者剛好失主對某甲積欠鉅額債務，遲遲不還。然而某甲仍然把這筆錢送交公安，如此，尤見其道德價值之高。由此可見，當私慾愈强而能加以克制者，或者外在的誘惑力愈强卻能有所不爲者，其道德價值就愈高，也愈能凸顯人的主體性。

「自由」是一切權利的根源

「自由」理念的嚴謹論證固由康德所完成；然而，早在二千五百年前，孔子即以簡潔有力的四個字將「自由」的精蘊完整地表達出來，即「克己復禮」。南宋集理學之大成的朱熹（一一三〇～一二〇〇）將「克己復禮」詮釋爲「克制一己之私欲，回復天理之本然」。心學傳人王陽明（一四七二～一五二八）則將之解釋爲「存乎天理之極，而無一毫人欲之私」。朱子與陽明先生做爲傳統儒學的兩大流派——理學與心學——的宗師，於此並無異見，與前述康德對「自由」的定義若合符節，但前者遠比康德早了六百年，後者亦早了二百多年。「克己復禮」所蘊涵的「自由」精神毋寧是傳統儒家的基本信念。

「自由」彰顯了「人爲絕對的道德主體」這個命題，也說明了人有能力超越一切的經驗法則，而成爲自己的主人，做自己行爲的立法者。但誠如康德所言，自由必然有其自己的律則，沒有律則的自由比惡魔更可怕。任何人不得濫用其自由，任何法律也不應使根源於人性的自由要求成爲不可能。自由的外部運用必然要求承認每個人有其不可讓渡的「自然權利」（natural right），每個人都是「絕對的權利主體」（absolutes Rechtssubjekt）。任何公權力皆有尊重並捍衛這個——與人性尊嚴密不可分的——「自然權利」的義務。這些「自然權利」當然包括「世界人權宣言」中所宣示的權利。

在建立「社會主義市場經濟制度」的同時，個人的逐利心與情慾無可避免地被挑動起來，其實這也意味著激發起個人的積極性與原創力。爲了確保「社會主義市場經濟制度」的健全運作，除了過去强調個人對社會、對國家的義務之餘，更應加强建立現代法律制度來保障每個人的「自然權利」，也才能真正培養出有尊嚴而守法紀的現代國民。

肆、社會自由主義調和自由主義與社會主義

長期以來，人們多把社會主義與自由主義視爲互相排斥的思想流派。其實，社會主義所批評的自由主義只是「與個人主義或資本主義相結合的自由主義」。而自由主義批評社會主義，亦並非全然否定社會正義和平等理念。至少康德發展出來的

思想體系與社會主義不但不對立，且可相互輝映。十九世紀下半葉，也有一批康德學者投入社會主義運動的洪流裏，其中以福連德（Karl Vorlaender, 1860～1928）與阿德勒（Max Adler, 1873～1937）兩人最爲著名，他們發表了一系列的專門著作，闡述社會主義思想與康德哲學的聯繫。相反地，共產主義領袖中，受康德感召者亦不在少數，其中以柏恩斯坦（Eduard Bernstein, 1850～1932）最爲有名。何以康德哲學會出現社會主義，這根本上與十九世紀中葉以來激烈的工業革命所帶來的社會問題分不開。易言之，將康德批判哲學用來解決工業革命所帶來的不公、不平、强凌弱、大欺小的社會問題，就自然而然形成「社會主義的自由主義」或「社會自由主義」（Sozialistischer Liberalismus）。兼含「自由」與「平等」兩大理念的「社會自由主義」正好可以調和自由主義和社會主義。以社會主義修正自由主義的弊端，以自由主義補足社會主義的缺失。

「互爲主體性」是「社會連帶」的基礎

「社會自由主義」追求「人格的自由、自律與自主」。但人也是一定社會條件下的人，個人無法脫離社會網絡而獨自存在。人只有在社會生活中與別人交往，才能發展出獨立自主的人格。所以，人在建立自己主體性的同時，亦必須承認他人的主體性，此即「互爲主體性」（Intersubjektivitaet）。「互爲主體性」的概念，在中國傳統思想中，正是和儒家思想重心的「仁」意義相通。二人爲仁，仁就是討論個人與其他人之間的關係。曾子說：「夫子之道，忠恕而已矣。」盡己之謂忠，恕則是推己及人，推己及人正是「互爲主體性」之意。

這種「互爲主體性」的概念正是「社會連帶」（Soziale Solidaritaet）的基礎。社會連帶即是「團結」，也就是意謂著「人」與「人」之間、「團體」與「團體」之間、「階層」與「階層」之間的互助，也意謂著「世代」與「世代」之間、「文化」與「文化」之間的相連帶。在中國傳統文化中，所謂「上天有好生之德」的天道觀，和「不患寡而患不均」、「損有餘以補不足」、「裒多益寡」、「稱物平施」等思想，其實就是「社會連帶」觀念的古代版。

「社會自由主義」合於中庸之道

在此筆者要再度强調的是，「社會自由主義」絕非舶來品，相反的，是中國古已有之的寶貴精神遺產。中國是廣土衆民的大國，對不同的思想文化有著極大的包容力——這是中國文化與西方最大不同之處。舉例來說：在西方，「有神論」和「無神論」間的爭議綿延數千年而不絕，甚至從「有神論」發展爲「一神論」，持「一神論」之見的不同教派勢不相容，終於演成慘烈的宗教戰爭。在中國，「無神論」與「有神論」的爭論，自從南北朝以來，釋、儒、道之間雖迭有爭論，但卻能保持開放的體系，相互寬容、相互吸收。禪學的出現意味佛學吸收了孟子與老莊的思想；道教煉丹術的奠基者葛洪本身即爲儒學大師；而新儒學更是明顯受到禪學的影響。釋、儒、道之間的爭論始終沒有演成宗教戰爭。此外，歷朝能臣的治國思想莫不兼採衆家學說之長，而少有獨持一家之見者。這種兼容調和各家思想長處的「中道」思想，可說是中國文化史的一大特色。

其實，這種「中道」思想早就存在於中國人的心靈深處。孔子曾說：「君子之於天下也，無適也，無莫也，義之與比。」又說：「中庸之爲德也，其至矣乎。」孟子也說：「子莫執中，執中爲近之，執中無權，猶執一也。所惡執一者，爲其賊道也，舉一廢百也。」這種「中道」思想可說是孔孟的中心思想。而《中庸》也說：「中也者，天下之大本也；和也者，天下之達道也。致中和，天地位焉，萬物育焉。」程頤特加以解釋：「不偏之謂中，不易之謂庸；中者天下之正道，庸者天下之定理。」依照中庸之道，古聖先賢向來不執一偏之見。而儒、道二家所共同尊奉的《易經》更將中道思想發揮得淋漓盡致。今日的「思想再啓蒙」運動所要求的「社會自由主義」正是淵源於這個中道傳統，統一了自由主義與社會主義，兼取兩者之長，而捨去兩者之短，化解了個人與集體之間的矛盾，調和私利與公益的衝突，而又能與「社會主義市場經濟制度」相表裏，爲中國完成跨世紀的全方位現代化事業提供堅實的理論基礎。

中國原是世界上最文明的國家

緬懷歷史，直到十八世紀爲止，中國仍是世界上最文明的國家。春秋戰國以來，即有私學，每個人經由自己的努力，布衣可以爲卿相。歷來皇帝開科取士，即使門閥觀念最重的魏晉南北朝亦不會排除平民參政的管道。這一套文官制度，英國一直到十七世紀才間接由新加坡學得。中國雄據東亞大陸，自盤庚遷殷（西元前一三八四年）迄今已逾三千三百年，歷史未曾中斷。偌大之民族，繁衍不息，環顧古今中外，可謂絕無僅有，若非中國傳統文化有過人之處，擁有完備的典章制度，何以至此！

即使在明末清初因歐洲耶穌會傳教士來華傳教所帶動的中西文化交流之中，中國的禮俗文明與完備的典章制度仍極受歐洲知識界的推崇。只可惜清雍正帝因故禁止傳教士來華活動，中西文化交流因此中斷。經過一百多年的閉關自守，塑造了國民故步自封的偏頗心態。等到再度與西方接觸時，西方已經過啓蒙運動與工業革命的洗禮。面對西方列强的船堅砲利，中國毫無招架之力，原來唯我獨尊的天朝美夢徹底粉碎，民族的自信心與自尊心喪失殆盡，傳統文化遭受無情的污蔑與打擊。其實，近二百年來的政治菁英與知識菁英才應對近現代中國所蒙受的屈辱與苦難負起最大的責任。不明就裏，盲目指責傳統文化，歸罪祖先，乃是敗家子的行徑。今天唯有重新瞭解歷史傳統，確認中國人的智慧。我們的祖先在古代既能隨著不同的歷史與社會條件，迭創令人讚嘆的良法美制。我們沒理由不相信，身爲子孫的我們也同樣可以順應時代的需求，成功地完成現代化的艱鉅工程。

伍、結論

自鴉片戰爭以來，任何關心中國現代化的人士都必須針對以下兩個嚴肅的課題提出解決的策略：第一是如何解放國民生產力的問題，即工業化的問題，亦即如何讓市場經濟在中國發達起來的問題；第二則是在國民生產力解放之後，如何將創造出來的財富公平分配的問題，此即社會主義想要解決的問題。

一九四九年之後，台灣走市場經濟道路，中國大陸則實行社會主義。然而，台灣近年來的民主化，使得社會上的弱勢團體，如婦女、勞工、原住民等的地位漸受重視，社會安全支出逐年增加，即意味著台灣在社會政策上開始向左轉。而中共自一九七八年推行改革開放政策以來，揚棄左傾冒進路線，經過十四年的摸索與總結經驗，終於在一九九二年十四大決定建立「社會主義市場經濟制度」，打破了長期以來刻板的二分法——即將社會主義等同於計劃經濟，資本主義等同於市場經濟。當我們將「有中國特色的社會主義」界定爲「在中國共產黨領導下，爲提升綜合國力，增進人民福祉，以達成共同富裕的理想，而採行的廣爲人民羣衆所接受的政策的總稱」時，「社會主義市場經濟制度」也可以界定爲「在中國共產黨領導下的社會市場經濟制度」。在聯邦德國行之有年的社會市場經濟制度反映在國家經濟政策上，乃要求維持一個平行四邊形，即除了經濟成長與物價穩定外，也兼顧充分就業與社會正義的維護，亦即堅持共同富裕的理想。

但是，一項制度的建立，有賴與該項制度相配套的精神意識之支持，該制度才能穩固而長久。脫離了傳統，缺乏文化主體意識，任何創造的發生，都將是偶然，稍縱即逝。如何在傳統文化中抽取固有質素，賦予新意，以爲「社會主義市場經濟制度」提供文化基礎，乃當代各界菁英責無旁貸的重任！立基於中道傳統的「社會自由主義」正可做爲「社會主義市場經濟制度」的意識型態理論基礎，也是重建文化主體意識的張本。我們需要「思想再啓蒙」運動，以喚醒全民族有意識地接受並承認五千年的傳統文化爲我們所固有、所獨有，並進而認識傳統、批判傳統、超越而創新傳統。誠如《書經》所言：「苟日新，日日新，又日新。」惟有立大根大本於傳統，重建文化主體意識，滿懷自信，迎接挑戰，中國才能跨出貧窮與落後，跨出一百五十年來的屈辱，更跨進一個嶄新的時代，讓中國有尊嚴地與其他文化系統平等交流，進而豐富全人類的生活內涵。

康德「法權哲學」要義

康德哲學博大精深，一方面總結了近代哲學中經驗主義與理性主義的爭論，另一方面卻也映構出法國大革命的時代精神，象徵啓蒙運動時代哲學反思的頂峯。《開放的社會及其敵人》的作者，也是著名思想家波柏，將康德定位爲「啓蒙運動的哲學家」與「人權的鬥士」，可謂深中肯綮。然而，康德哲學由於太過艱深，因此，不僅一般人難以窺其堂奧，即使研讀哲學的人亦常視之爲畏途。

其實，康德哲學的精華與孔孟儒學多有會通之處，而其法權哲學對吾人要建立現代化的國家生活秩序，尤多啓示。朱高正身爲兼治康德哲學的孔門子弟，撰述此文，對國人了解一代哲人的思想大要，當有裨益。

一、「法權哲學」在康德哲學體系中的地位

「法權哲學」這個術語，譯自德文「Rechtsphilosophie」，這個德文字乃是由「Recht」與「Philosophie」組成。後者通譯爲「哲學」，而「Recht」在德文中有兩個意思，其一是主觀意義的「權利」，相當於英文字的「Right」，其二是客觀意義的「法律」，相當於英文字的「Law」。所謂的「法律哲學」即譯自英文的「Legal Philosophy」或「Philosophy of Law」；而「權利哲學」則譯自英文的「Philosophy of Right」。由於「Recht」這個字兼有「法律」及「權利」之意，因此，將德文「Rechtsphilosophie」譯爲「法權哲學」較爲恰當。

康德將道德行爲分爲兩種：一種是純粹以內心的意志來考量，而不論及外部行爲後果的「倫理行爲」；另一種是純粹以外部行爲來考量，而與內心立意無關的「法律行爲」。當一個人在內心裡，自己設定一個道德理想，而自我要求時，這是個人以道德主體的身分出現，將其意志之自由作內在的運用，此自由稱爲「內在的自由」。換句話說，「內在的自由」乃是純粹以道德主體的內心立意爲主，屬於專門探討「義務」本質的「倫理學」所研究的範疇。反之，當一個人在其行爲實踐上

與他人處於一種交互影響狀態時，與他人訂定契約或從事某種事實行爲，這是該個人以道德主體的身分，將其意志之自由做外在的運用，此自由稱爲「外在的自由」。易言之，「外在的自由」是以道德主體有意識的——與他人有關的——外部行爲爲對象，這是屬於專門探討權利本質的「法權哲學」的研究範疇。所謂「權利」乃是指能夠課他人以「義務」之道德能力。因此，雖然倫理學與法權哲學都是構成實踐哲學的兩大部分，但在邏輯上來講，倫理學實在是優先於法權哲學的，因爲義務先於權利。

二、康德「法權哲學」的基本思想

權利之所以能夠課他人以義務，乃是因爲人與人相處時，可以依照普遍有效的律則（即道德律或自然法），來互課對方以作爲或不作爲的義務，這是自由意志的外部運用。從這個角度來看，「權利」這個概念本身是一個「理性概念」，權利概念之所以成立，乃是建立在「人人均爲理性者」，「人人均爲道德律的絕對主體」這個基本假設上。正因爲人人均同爲道德的主體，因此，人人均同樣有自由意志，各個人的自由意志間就產生對等的交互影響與交互作用關係。就像在自然現象中，有作用力與反作用力恆相等的「自然律」一樣，在自由意志的外部運用中，也有作用力與反作用力恆相等的「自然法」：對違反普遍有效的權利律則的作爲（作用力）予以制止（反作用力），就是合於權利律則的要求。因此，權利概念的本身就蘊涵著普遍有效的律則。權利概念絕非所謂的「經驗概念」，而是先天的「理性概念」。我們不可以將權利概念與利益概念混淆，後者乃是指需求的滿足而言，而需求則往往因時、因人、因地而異，因此是一個經驗概念，無法從之導出權利或法律的普遍律則。所以權利律則絕非要求人去關懷他人之利益或不要去侵害他人的利益，因爲他人的利益未必能滿足權利律則，而也沒人可能被强迫去考慮別人的需求之滿足，而置自己之需求於不顧。同樣的，權利律則也不要求別人要幫我，或別人不得侵害我的利益，因爲我的利益、我的需求的滿足未必合於權利律則之要求。權利律則所要求的是，每個人對自由意志做外部運用時，都應受到普遍律則的約束，而不能漫無限制地擴張自己的外部自由：我依權利律則來限制他人恣意之運用，別人也依此律則來限制我的恣意之運用。

又從人性的角度來看，人類的欲求能力時常有如脫韁野馬，難以抑制。每個人都可能放任其欲求能力，讓其恣意擴大、任意蔓延；而人又具有思維能力，更是便於爲其私欲而强加辯解。因此，每當私欲蠢動時，他就顧不得社會規範的要求，並以人類獨有的思維能力來申訴自己的看法，抨擊敵對的主張。這種任意的權利判斷，乃是思維能力被欲求能力所挾持的結果，亦即此時的思維能力成爲典型的工具理性，而非純粹理論理性了；而欲求能力也墮落爲貪求無饜的欲望本能而已，根本談不上所謂的純粹實踐理性。如此一來，或以言辭交相責難，或以暴力威逼恫嚇，陳陳相因，永無寧日。所以古羅馬有句著名的法律諺語說：「有社會，斯有法權」。法權指的是客觀的「法規範」與主觀的「權利」的總稱，若一個社會完全沒有法權，而任意讓各個人下其自身的權利判斷，那麼勢必無法「定分止爭」，讓每個人各安其分，各得其所。所以法權哲學，在這個意義下也是和平與正義的哲學，藉著權利概念，國家乃能保障所有國民人格的自由、自律與自主。

三、康德「法權哲學」所預設的人性論

康德的人性論，基本上是一種二元論，人就其本身是目的而言，是理性、睿智體、是善的，但就現象中實存的個體來講，是私欲、是可能爲惡的。所以康德在他整個的道德體系中講得很清楚，法律只能抑制爲惡，不能使人爲善。使人爲善是倫

理學的領域，而法權所構思的則是一個不要互相傷害的生活秩序。

就人是存在於睿智界的理性者而言，人是理論理性的主體，經由思維，人可以認識到普遍有效的自然律，更可以進一步運用自然律來役使萬物，這種自然律包括自然界的物理化學法則，以及社會發展的某些「必然的」法則。依當代行爲科學的研究，人在社會中的行爲是可以預估的。也就是說，人的社會行爲也可以依據因果法則，具有某種程度的必然性。因此，人並非完全自由的，而是可以操縱的。但是，人的思維能力帶有濃厚的反省性格，他可以針對自然現象或社會現象來進行反省，從而擺脫這些社會律則的控制，在這個意義上，社會科學的律則只具有相對的有效性。更進一步來講，人的反省是沒有止境的，對自然現象或社會現象的反省，雖然對象可能與人有關，但畢竟是外在於人的。人的思維能力的極致運用，最後必導致對人的自身、人的本質來反省，正好彰顯了「人是理論理性的主體」的事實。

從人是「理論理性的主體」這個事實，可以導出「消極意義的自由概念」。所謂「消極意義的自由概念」乃是指人有擺脫某些所謂「必然法則」的可能性。從而引申出「積極意義的自由概念」，即人可以完全獨立於經驗因素的制約，經由其純粹實踐理性，成爲自己行爲的立法者。「不食嗟來食」，正是人可以擺脫任何經驗條件，甚至擺脫——做為使人一生中所有經驗條件成為可能的——生命，來維護至高無上的人性尊嚴。在人生理想的設定上，人成爲自己行爲的立法者，這正是人的「欲求能力」最徹底表現，人的能動性、主動性在意志自由裡表露無遺。

人的「欲求能力」，因爲人也具有思維能力，而與其他生物大爲不同。「人的欲求能力」不是受制於本能而毫無反省能力的自然能力，「人的欲求能力」要求人的行爲不要自相矛盾，否則就會慘遭自己的「思維能力」的批判。這不自相矛盾的要求，逼使這個「我要」務必遵循「我思」的法則，非得依照普遍有效的律則來「要」不可。即使是人所要求的自由，也絕不是恣意放蕩、毫無拘束的自由；而是能與道德律相存並合的自由。因此，人類行爲的至高無上律則是：

「我要這麼做，以便我的行爲能與普遍有效的行爲法則不相矛盾。」

如此，人才能算是真正的自由，才能真正成爲自己的主人，成爲真正的「絕對的道德主體」。所以康德在其晚年著作《道德形上學》中，將自由界定爲「人可以獨立於一切經驗因素的制約，而讓純粹理性的要求成爲實踐的那種能力」。因此，自由是一種能力，使人能夠脫離像是好逸惡勞、趨福避禍、貪生怕死等等人的惰性的能力。人的自由意志，可以超越這些經驗上的限制，超越這些現象界中的私欲，而僅僅只服膺天理之本然的要求。可以獨立於一切經驗的制約，是一種消極的自由；而不考慮自己具體的立場，只從純理上來考慮自己的行止，則是一種積極的自由。其實，這種想法早在我們中國傳統文化中就有了。孔老夫子要我們「克己復禮」，朱熹解釋「克己復禮」爲「克制一己之私欲，回復天理之本然」，王陽明則解釋爲「存乎天理之極，而無一毫人欲之私」，這裡二人的解釋並無二致，「克制一己之私欲」就是消極的自由，「回復天理之本然」則是積極的自由。睿智界中的人與現象界中的人之關係是既節制又超越的。

四、康德的人權理論

康德從人本身是目的，引出人「內在的權利」，也就是「人性權」。人性權乃是在睿智界中存在的普遍人性對現象界中存在的個人所擁有的權利。爲了維護「人性權」，人就擁有某些不可讓渡給他人的權利。這些權利是「前國家」的，亦即早在國家存在以前（指自然狀態），每個人就已享有的「自然權利」，唯有藉著這些權利，他才能夠抵抗來自他人或其他團體的侵害。人因爲他自身的本質，就必須擁有這些權利，因此我們可以將之稱爲「人權」。這種做爲一個位格的人所擁有的權利，用於個人與國家的關係的時候就是三個基本民權：自由權、平等權與獨立自主權。自由權是針對國家，平等權是針對國家中的其他公民，獨立自主權則是講經濟上的獨立自主。

康德的國家概念受霍布斯的影響很深，他承繼馬基亞維利對政治現象的分析與研究，將應然面與實然面區分開來，而把國家定義爲「一羣人生活在法律規範下的共同體」，又說：「人有自衛的本能，但又因此自衛本能而有不斷擴大自己利益的傾向」，擁有愈多利益代表存活機率愈高，「只要力有所逮，即使侵害別人的利益也在所不惜」。康德在此戲劇性的將國家比喻爲一羣惡魔的結合，每一個惡魔均欲無限制地擴張自己的利益，即或犧牲其他惡魔的利益也在所不惜。然而國家的結合既是法律規範下的共同體，不管人內心的立意爲何，至少外部的行爲須受到法律的規制，如此使得其行爲從表面上看來，似乎一開始就沒有侵犯他人的意思一樣。

國家本身絕非目的，它只是保護人權的工具。換句話說，國家的目的即在於保護人權。國家是個人爲了保護其天賦人權，讓出其部分的權利，相與結合，組織而成的人類生活共同體。所謂個人讓出部分權利，指的是讓出其使用暴力來解決衝突的權利。因爲，在自然狀態之下，大家各自爲政，當有衝突發生時，各個人基於自身的「權利判斷」，自以爲其主張是正當的，因此，動輒使用暴力，以求實現其所主張的權利。是以「自然狀態」無異是「所有人對所有人鬥爭的狀態」，每個人固然可以漫無限制地延伸其權利主張，但是，卻也沒有一項權利可以確保。反正權利之有無，取決於暴力之強弱。在此紊亂的狀況下，大家都處於「無權狀態」，因此，相約放棄使用私人暴力，共同組成公共暴力，即是「國家」，而國家所擁有的力量就是公權力，公權力的本質是公共暴力，目的在於貫徹公共正義，以保護個人之人權。

民主政治的根本理念就是建立在保護人權之上，也就是說，爲了保護人權，在政治制度上，必然會要求民主政治。正如亞里斯多德所說：「人是組成國家的動物」，人只有在「國家」中才可能發展自己的人格，人只有在「國家」中才有自由可言。因此，人必須生活在「國家」之中。然而「國家」所代表的就是一種政治秩序，在「國家」之中，一定有統治者制定法律、執行法律，也必然有被統治者要服從法律。依照「寡頭統治鐵律」，在一個國家之中，統治者必然佔少數，如此一來，這和人要求自律、自主的本質就相矛盾了。而民主政治就是爲了要解除這個矛盾而設計出來的一套制度。

在一個國家之中，人民有遵守法律的義務，就這一點來說，人民是被統治者。如果人民沒有遵守法律的義務的話，那麼國家意志勢難貫徹，而國家秩序亦必將蕩然無存。如此則人人自危，將再陷入無政府的自然狀態，所有的權利只能靠個人的拳頭來保護，而沒有一個能主持公道並具有執行能力的第三者來做裁判，使每個人各得其所，各安其分。換句話說，在國家之中，人民必須服從法律。但是若不問法律的內涵、性質、來源，而强要人民服從，這也將逼使人民成爲「純粹的權利客體」，而不再是「絕對的權利主體」，這顯然與人之爲「純粹理論理性與純粹實踐理性的負載者」的本質相矛盾。

所以康德把人的權利視爲至高無上。國家存在的目的及其終極目標就是要維護人的尊嚴，維護每位國民人格的自由、自律與自主，使人做自己的主人，這是人格自由主義的基本主張。以人格自由主義做爲指導國家生活秩序的最高原則：人格的自由、自律與自主，一方面是國家存立的理據，另一方面同時也是國家存立的終極目標。

五、人格自由主義

康德寫於一七八一年的第一批判，在於分析人之所以是「認知主體」的先天條件，於第二批判則在探討意志自由的問題。依照康德，就人是自我規定、自我負責的主體上，在成就人格的可能性上，也就是「人是理論理性及實踐理性的負載者」上看，一切人都是同樣的自由，也同樣的平等！這與他的性別、國籍、家世、教育程度、收入、財富……等等經驗因素毫無關係。這就是人格自由主義，也是哲學意涵的自由主義，它是國家生活秩序的最高指導原則。

「國家生活秩序」指的是與公共生活有關的秩序，在傳統中國來講就是「禮」、就是「名」、就是「分」、就是「體制」。它可以分爲三種：第一種涉及權力分配的問題，稱爲政治秩序；第二種涉及財富分配的問題，稱爲社會經濟秩序；第三種涉及價值創造的問題，稱爲文化秩序。

在政治秩序方面，「人格自由主義」主張建立一個保障每一個人「人格的自由、自律和自主」免於受到國家公權力恣意侵犯的「法治國」。「法治國」的基本目標是確立自由、民主與法治的憲政秩序，公權力的行使應受到「法」的約束，任何的恣意統治均屬違憲、違法。憲法所明列的「基本人權清單」許諾人民有一個專屬於他們的、免於公權力侵犯、而由公權力所保障的個人自由發展的領域。

在社會經濟秩序方面，「人格自由主義」主張建立一個保障每一個人「人格的自由、自律和自主」免於受到資本經濟力恣意侵犯的「社會國」。「社會國」立足於「生態的社會市場經濟制度」，主張經濟發展應兼顧社會正義與生態責任。政府任何的財經、金融政策除了要達到經濟成長與物價穩定的目標之外，也要兼顧充分就業、社會正義與生態保育。「社會國」保障每個人的生存、教育、工作、居住、財產與環境的社會人權。

在文化秩序方面，「人格自由主義」主張建立一個讓每一個人「人格的自由、自律和自主」得以充分實現的「文化國」。相對於「法治國」、「社會國」只是消極的保障基本人權，「文化國」則是積極的價值創造。它要讓每個人的內在才分得以充分開展，使精神生活更加豐富、活潑，使每個人的人格更加多樣化、深刻化與精緻化。

一七八九年法國大革命代表「法治國」時代的來臨，一八四八年二月發佈的「共產黨宣言」與六月巴黎無產階級革命，代表追求正義的「社會國」時代來臨。

沒有社會國的法治國，導致貧富不均；沒有社會國的文化國，文化只是少數有閒、有錢階級的奢侈品而已；沒有法治國的社會國乃是均貧，沒有法治國的文化國，文化政策只不過是統治階級鞏固政權的工具罷了；沒有文化國的社會國或是法治國，乃是沒有理想的國度。

在哲學意涵的自由主義的基礎上，康德建構了西洋哲學史上最具規模、最爲莊嚴的國家哲學及法權哲學。這可以從他晚年的作品窺見全貌：《論俗語：在理論上可能是對的，但在實際上卻不適用》（一七九三年），《論永久和平》（一七九五年）以及畢生最後的偉著《道德形上學》（一七九七年）。

康德的「人格自由主義」國家哲學大綱，博大精深，非三言兩語所能盡述，但經由耶賓浩斯（Julius Ebbinghaus,1885－1981）的整理，我們可略見其微言大義。此大綱共分十條，分述如下：

第一條　國家的概念。「國家」乃是人們爲了保障每個人的權利所結合而成的羣體。

第二條　權利的概念。「權利」乃是每個人「外在的自由」，只要此「外在的自由」能與所有其他人之「外在的自由」依據律則和諧並存的話。

第三條　「人的權利」是以不得與「人的利益」相混淆。「權利」並非用以保障人們需求的滿足，而是用以保障——爲了滿足此需求——人們有做他們想做的事的自由，只要其所願望之事與普遍律則能相並存的話。

第四條　這種「權利」概念絕非個人主義式的或是非社會的。這種「權利」概念毋寧明顯地蘊涵著任何人類生活共同體之所有可能的條件。

第五條　對國家權力之所以有服從義務之理由。國家乃是所有——想免於不義不法——的人之意志的結合。這種結合是必要的，因爲唯有此結合能保障每個人的權利。每個人爲了保護其權利必須服從此結合。因爲每個人，依據權利的律則自身，必須服從這個意志——任何人均免於不義不法。但是，該結合也是唯一的、吾人始原負有服從義務的「人爲權力」。因爲，任何其他人的意志均可能對吾人行不義不法之事。

第六條　任何一個事實上統治人羣的最高權力，基於權利的關係，不得由其被治者以暴力予以廢除。因爲，最高權力依存於其國民個人之「權利判斷」的原則，將使得任何國家意志的建構不可能。

第七條　假使國家下令，使得其國民原則上成爲喪失權利的狀態，原對現實存在的國家之服從義務馬上中止，且該服從義務亦轉化成爲不服從之義務。

第八條　此不服從之義務乃是一無條件的、奠基在內在於每個人人格之「人性權」上的義務。縱然有身體或生命的危險威脅著，吾人亦不能免除於此義務。

第九條　同樣的，吾人對國家權力有不服從之義務，假使國家下達命令，而該命令之實行使得吾人原則上不再可能成爲道德存在者的話。

第十條　每個公民有義務維護此國家目的。假使現存的國家與此權利保障之目的相矛盾時，則每個人均負有義務——縱然對吾人自身有危險——去散播廢除這種國家權力之必要性的見解；每個人均負有義務去促成現存國家失去一切自願的支持，並從而去除該暴虐權力之根源。

須注意的是，人格自由主義並非舶來品，其與我國傳統儒家思想多有互相發明之處，康德將人視爲理性存在者，乃是承襲自吳爾夫。而吳爾夫更自認其道德哲學與孔子相通，並推崇孔子講理的人生態度。從以下三點比較，可見人格自由主義原是我國古已有之的寶貴精神遺產：

康德的第一批判在於說明人何以能認識普遍而客觀的知識，如自然律。須知，康德是那個時代有數的牛頓物理學家，他認爲客觀知識（如運動三大定律）乃是既與的事實，問題不在於是否有客觀知識的存在，而在於人如何能認知。相應於這一點，荀子也提出了非常科學的見解：「天行有常，不爲堯存，不爲桀亡。」《荀子．天論篇》這就是肯定大自然的運行有其不變的至理存在，不會因爲個人主觀的好惡而有所改變。就這點而言，荀子與康德同樣强調人是理論理性的主體，才能認識到客觀有效的自然律。

其次，康德第二批判乃在探討意志自由的問題，其道德哲學的精華在於論證人的自主性、自律性，强調人的意志是自由的，只有在自由意志中，才能看到人性的尊嚴。也正因爲人的意志是自由的，所以他就成爲自己行爲的立法者。也因爲他可以規定自己的行爲，因此，他也該爲自己的行爲負責，這樣才是自律、自主。相應於此，孟子也有一句發人深省的話：「舜何人也，予何人也，有爲者，亦若是。」《孟子．滕文公篇》這句話正是將人在道德行爲上的主體性、能動性充分地表現出來，只要「有爲」，人人可以成爲堯舜，說明一個人能否成聖成賢，均取決於自己的努力。

更引人深省的是，康德在第二批判的結語，有如下一段文字：「有兩件事情我愈加反省，便愈以新而不斷增加的讚歎和敬畏充滿我的心靈，這兩件事便是：『在我上面之充滿星輝的天空及在我心中之道德法則』」在這段文字裡，我們看到了「天人合一」的境界。「在我上面之充滿星輝的天空」，指的是「天行」的自然律；「在我心中之道德法則」，指的是自由律，兩者相互輝映，與《易經》上的象傳正是如出一轍：「天行健，君子以自强不息」《易經・乾卦大象》。

由此可見，「人格自由主義」其實早已蘊涵在傳統的儒家文化裡面。但是今天傳統已漸遭遺忘，先賢所追求的人文化成的理想，也在現代文明的氾濫下遭其子孫所鄙視。今天我們要重新出發，將「人格自由主義」重整旗鼓，貫串儒家思想與康德哲學爲一體，而以康德哲學，尤其是他的國家哲學與法權哲學，來吸納西洋近現代進步的典章制度，以促成我國的現代化。

六、康德法權哲學的現代意義

康德把人的尊嚴視爲至高無上，人之所以爲人，人之所以尊貴，就是在於人是自由的、自律的，從而是有尊嚴的。而維護此自由、自律的「人」，乃是規範整個國家生活秩序的基本價值。德國的基本法即採用康德的精神，在第一條第一項規定：「人的尊嚴不可褻瀆，尊重並保護此尊嚴乃是一切國家權力的義務」。「人的尊嚴不可褻瀆」一般將其譯成「人的尊嚴不可侵犯」，實無法將其原義充分表達出來。因爲德文「unantastbar」是由「un」加上「antasten」的字尾變化而成，「antasten」是「觸摸」的意思，「unantastbar」意爲「不可觸摸」。這個典故起源於聖經，乃摩西與耶和華所約定的戒律（即「十誡」）被放置在約櫃內，約櫃是「神聖不可觸摸的」，一旦觸摸，必遭天譴。所以康德其實是把「人的尊嚴」視同摩西與耶和華所約定的戒律，耶和華許諾摩西，只要其族人遵守十誡，必讓以色列子民如同沙一般地繁衍。同樣地，如果要確保國家生活秩序的安定，那就不能褻瀆「人的尊嚴」，否則必遭天譴，而陷入萬劫不復的境地。

從康德的例子，我們可以發現一個哲學家的看法是如何具象化到規範國家的基本生活秩序，成爲一個國家施政的最高指導原則。直到今天，德國聯邦憲法法院在做司法判決時，仍然常常引用康德的學說，這是一個哲學家的思想直接影響當代，甚至是後代的例子。經由這種影響，使得後代政治家在制訂法律或經營憲政生活的實踐過程中，能將文化的理想具體落實到施政上，使這個國家能夠充滿無限的希望與活力，從而達到長治久安的目的。

——《哲學雜誌》一九九三年四月

制度化的人權保障

——世紀之交中國無可迴避的挑戰

本文爲朱高正應全球發行的《法學與倫理學年鑑》所舉行的第三屆國際學術研討會之邀，所提出的論文，原文以英文刊載於一九九五年出版的《法學與倫理學年鑑》。本屆會議主題爲「法治國與人權」，邀請了全球二十五位拔尖的專家學者與會，朱高正是唯一受邀的東方學者。在此之前，朱高正一九九〇年在德國出版的名著《康德的人權與基本民權學說》，已於一九九二年第二季的《康德研究》得到極高的學術評價。本文探討人權一般如何在中國大陸獲得制度化的保障，勾畫出中國大陸未來的政治改革藍圖，值得關心中國前途的人士仔細一讀。

壹、導言

一九九三年六月聯合國世界人權會議假維也納舉行。在此之前，即三月份，亞洲國家在曼谷舉行籌備會議，曾質疑全球性的人權標準，有些國家甚至主張，應該優先考慮經濟發展與文化問題。在維也納世界人權會議上，非西方國家與西方國家的立場涇渭分明，彼此對人權的看法南轅北轍。隨著快速的經濟發展，東亞國家的民族自信心日漸增强，已然形成一套「東亞人權觀」，不願再接受以美國爲主的西方國家的頤指氣使。

中國的人權問題，自一九八九年天安門事件以來，即成爲世界矚目的焦點。事實上，戰後的台灣人權問題與大陸相比，只是五十步笑百步罷了。一九四七年二二八事件中喪生的人數遠超過天安門事件。諷刺的是，這兩則不幸的歷史事件都導因於人民抗議政府嚴重的貪污與腐化。自一九四九年至一九八七年國民黨在台灣實施長達三十八年的戒嚴統治，憲法上所保障的各項基本人權多遭凍結。台灣人權狀況的根本改善，乃歸功於筆者全程參與的國會改革與國會全面改選運動。過去美國雖曾關心台灣的人權狀況，但大多止於個案或枝節性問題。而美國又基於不違反其本國利益的原則，其關心人權問題，確實給國民黨當局有「干涉內政」的印象，而在野的異議人士則又抱怨其「爲德不卒」。美國對中國人權的關心大概離不開台灣模式，因此，今（一九九四）年五月廿六日柯林頓總統提出貿易與人權分開的原則，繼續給予中國最惠國待遇。由此可見，「人權外交」固然有其理想性，但也掙脫不出國際現實的羈絆。「人權外交」自七〇年代中葉以來，並未能改善非西方國家的人權狀況，倒反掉入「雙重標準」的泥淖中。

人權問題多起源於公權力的濫用

本文的目的不在具體論述個別人權，而是探討人權一般如何在中國獲得制度化的保障。筆者首先從文化特質、經濟條件、意識型態與國際情勢等因素來剖析何以人權觀念在中國發展不起來。其次再從儒家人文思想、文化大革命後的改革開放政策、建設有中國特色的社會主義、及後冷戰時期的國際新局來論證人權觀念在中國可能發展的契機。事實上，人權侵害事件主要起因於公權力的濫用。惟有杜絕公權力的濫用，才能有效保障人權。上面所提的二二八事件與天安門事件都是因抗議貪污、腐化而起，而貪污、腐化正是公權力濫用的表徵。要杜絕公權力濫用，則有賴於設計一套有效貫徹權力分立與制衡的政治制度。中國在經濟改革已取得初步成就後，如何更進一步規劃政治改革方案，無疑是完成中國現代化事業的關鍵。在本文筆者擬就如何落實黨政分開、如何改革人民代表大會制度、如何調整中國共產黨的角色等問題提出具體構想，希望藉此對中國制度化的人權保障有所助益。

貳、人權觀念難以發展的原因

「人權」對傳統中國而言，毋寧是極其陌生的。即使現代中國革命的先驅、首先將「人權」介紹到中國來的孫逸仙博士也不免要——受馬克斯與列寧的影響——強調「人權」的革命色彩，從而大力抨擊——自盧梭以降即已被自由主義者奉為圭臬的——「天賦人權」學說。由此可知古典的人權觀念要在中國發展，確實困難重重，究其主要原因，大概可分述如下：

一、文化傳統的差異

自漢武帝（西元前一四〇—八七年）以降，中國官方基本上尊崇儒家思想，然而在民間卻普遍流行著道家思想。而《易經》這部古代的經書卻又是儒、道兩家所共信的經典。易經主張「陰」、「陽」兩種力量相生相剋，任何一種力量發展超過一定限度時，就會向對立面轉化，這就是「物極則反」的道理。因此，《易經》一方面凸顯「對立」的現象，卻又强調「和諧」才是存有的本質。這種思維方式深刻地影響過去兩千多年的中國文化傳統。在政治上，「皇權」固然唯我獨尊，但不敢過度濫用，以致向對立面——即「人權」——轉化，這正是人權在中國難以發展的根本原因。揆諸中國自古以來即要求皇帝須「仁民愛物」、「君使臣以禮，臣事君以忠」。亦即皇帝自古對其臣民不敢爲所欲爲，臣民自難能像君主專制時代的歐洲一樣，「向對立面轉化」，要求統治者立下權利書狀，以保障臣民的基本人權。

二、經濟發展水平不同

人權之所以在西歐、北美快速發展，其實與工業化密不可分。人權在萌芽階段，固然肇因於世俗王權企圖擺脫教會神權羈束之時，貴族大地主階級也努力爭取部份特權，以免於王權的恣意侵犯。後因新航路發現與工業革命促成工商階級的崛起，渠等遂要求擁有參政權，一七七六年的美國獨立戰爭與一七八九年的法國大革命即是明證。及至十九世紀中葉以降，社會主義勞工運動勃興，人權思想的內涵亦隨之充實，保護的對象亦漸次普及。因此，人權觀念能在西歐、北美迅速發展，其直接原因殆非工業革命莫屬。

反觀中國自戰國時代（西元前四七三—二二一年）以來，基本上一直是個小農社會，農民既非封建歐洲的農奴，也非早期資本主義的工奴，而是自給自足的小農。自一八四〇年鴉片戰爭以來，西方殖民帝國接踵而至，大量白銀外流，無法有效積累資本，發達工業。西方工業先進國家荷、比、英、法、義、美等國倚賴榨取自殖民地的資源，供其母國發展工業之用。至於德國藉著打敗法國，日本則打敗中、俄兩大國，贏得鉅額軍費賠償，先後加入殖民帝國行列。中國面對殖民帝國的蠶食鯨吞，救亡圖存唯恐不及，遑論發展工業，迄今仍有八十%農村人口，中產階級尚未形成一股力量，此實普及人權觀念之一大障礙。

三、意識型態迴異

自一九四九年起，中國共產黨取得政權，馬克思、列寧主義也就成爲官方哲學。馬克思不承認永恆的道德或法權價值，任何價值只是反映某特定社會的生產關係而已。人權屬於法權價值，當然也有其侷限性。他否認有所謂的「天賦人權」，主張「人權」不是從天上掉下來的，而是經由鬥爭得來的。馬克思雖然肯定早期資本主義的革命性，但卻以「動態的」、「發展的」觀點批評當年的革命者，如今已成反動者。他批評：「人權」只不過是資產階級將其「階級訴求」（如財產權神聖、自由契約、自由貿易）披上一層普遍化的外衣，以便藉著這些「人權」來「自由地」、「合法地」剝削無產階級。因此，中共要求不應只照顧少數人的人權，而要廣泛地照顧多數人的人權，因此强調生存權與發展權；除了自由權，尤其側重平等權；不僅注重形式平等，更要求實質平等，這就形成了「社會主義的人權理論」。

中國一直是個小農社會，尚未歷經工業革命的洗禮，突然一下子就跳過資本主義——正是古典人權理論發展最重要的歷史階段——而進入社會主義，這真是一大遺憾。社會主義的人權理論固能補充古典人權理論之不足，但畢竟不能完全替代它，就像歷史發展固然是辯證的，但後一階段並不能完全否定前一階段。這只是就理論面來剖析，如果把文化大革命（一九六六—一九七五）的冒進、極左因素再一併考慮進去的話，人權觀念要在中國發展，真可說難於登天了。

四、國家分裂的威脅

如上所述，自鴉片戰爭（一八四〇年）以來，傳統的舊中國對外成爲殖民帝國爭相掠奪的對象，備受工業先進國家的蹂躪，對內則有層出不窮的內亂，諸如太平天國、捻亂、回亂、國民革命、軍閥割據、以迄國共內戰。直至一九四九年中共取得決定性的勝利後，長期的戰亂才得稍戢。在這一百一十年當中，中國隨時處於亡國或分裂的危機當中，那有條件去發展人權觀念。依古典人權理論，在「個人自由」與「國家安全」之間總要找出一個平衡點，如若國家安全遭到嚴重威脅，則個人自由權利亦應予相當節制，第二次世界大戰期間或冷戰初期的美國最高法院判例均可佐證。此外，德國從一八四〇年到一八七〇年在政治舞台上亦有「國家統一」與「自由主義」孰先之爭，迨俾斯麥以鐵血手腕統一德國後，一切施政皆以維護這個新帝國的生存與發展爲目的，自由主義的政治主張不得不偃旗息鼓，必得等到第一次世界大戰之後，才能再度活躍起來。中國在歷經百餘年內憂外患的情形下，自然是以維護國家主權統一爲先，從而無暇顧及人權制度之引進了。

至於晚近工業先進國家（尤其美國），時常批評中國的人權狀況。殊不知歐美各國今日的人權水準，乃是各國新興中產階級在工業革命後，基於自覺，逐步爭取，歷二百餘年才得漸次普及。在此漫長過程中，人權問題無論在歐洲或在美國均屬各國內政問題，未曾成爲國際間的爭議事項。現在常批評中國人權狀況的國家，原來就是曾經侵略中國的殖民帝國，中國在歷經國家統一與安全一再受到威脅之故，斥之以「干涉內政」，實堪可理解。

參、人權觀念得以發展的契機

聯合國大會於一九四八年通過「人權宣言」，其後又分別通過「民權與政治權利公約」（一九六六年）與「經濟、社會、文化公約」（一九七六年）。自此，人權國際化就漸漸成爲世界的潮流。上面筆者歷陳人權觀念難以在中國發展的原因，但這並不意味人權觀念根本無法在中國落地生根。現在，謹就人權觀念得以在中國發展的契機分述如下：

一、儒家人文思想與人權的哲學理據相契合

古典的人權理論固然可溯及古羅馬時代斯多噶學派的自然法（ius naturale）

思想，經由西班牙的沙拉曼卡學派（Salamanca School），亞圖西烏斯（Althusius, 1557–1638）與甫芬多夫（Pufendorf, 1632–1694）等人的努力，及至吳爾夫（Christian Wolff, 1679–1754）集其大成，提出第一份人權清單。然論及人權的哲學理據——人的尊嚴，則完成於康德。就如聯邦德國憲法第一條所宣示的：人的尊嚴不可褻瀆，人權是一切人類社會和平與正義的基礎。

康德以自由來論證人的尊嚴，他界定「自由」爲人可以獨立於一切經驗因素的制約，而讓純粹理性的要求成爲實踐的那種能力。亦即消極上，人可以克制私欲，不受外在經驗因素的誘惑。積極上，人可以完全依據義理來自定行止。此種自由理念正與孔子所倡導的「克己復禮」相通。偉大的儒者朱熹（一一三〇—一二〇〇）詮釋「克己復禮」爲「克制一己之私欲，回復天理之本然」。陽明學的開基祖、也是朱熹的批評者王守仁（一四七二—一五二八）也詮釋「克己復禮」爲「存乎天理之極，而無一毫人欲之私」。其實儒家就是以這種義利之辨、天理人欲之爭來捍衛人的尊嚴，這乃是自孟子以來即爲儒家人文思想的精髓，正與康德「實踐哲學即自由哲學」的主張，若合符節。因此，以中國的傳統文化雖然發展不出人權思想，但傳統文化卻不 排斥人權思想，甚至還爲人權思想的推展提供一豐腴的園地。

二、改革開放政策促進經濟與社會的發展

自一九四九年中共建國以後第一個十年，除參加朝鮮戰爭外，尚且能夠與民休養生息。然而一九五八年中、蘇共間的意識型態爭議激化，俄援中止，掀起一連串的政治運動，直至文化大革命達於高潮，中國陷入激進、極左的政治狂流達二十年之久，及至一九七八年底中共第十一屆三中全會才通過對外開放、對內改革的政策，經濟成長率平均維持百分之八。尤其自一九九二年初鄧小平南巡後，確立「社會主義市場經濟制度」，更使經濟成長率連續創下百分之十二的佳績，部份地區更以年成長率百分之四十快速成長。這帶動了欠發達的內陸地區剩餘的勞動力（據保守估計，達一億人以上）急速湧進沿海地區及大城市。這種高度的人口流動，造成觀念思想的快速傳播，對中國原有的社會結構與行爲模式形成强烈的衝擊。

隨著經濟改革，引進三資企業，所有制也變得更具彈性與多樣性，除了原來的社會主義公有制（即全民所有制與集體所有制）之外，個體戶的出現也象徵對私有制的讓步。尤其近年來大中型國有企業的機制轉換也與股份制結合在一起，鄉鎮企業更如雨後春筍蓬勃發展。三資企業、個體戶與鄉鎮企業都是改革開放政策下的產

物，它們將為未來中國培養大量的中小企業經營管理人才，一個新興的中產階級已經逐漸浮現。這對社會的多元化、現代化均有莫大的助益，進入工業社會的中國不可能排除與之相應的政治與法權制度，當然包括人權保障制度。易言之，經濟改革正為中國未來的政治改革奠定物質基礎。

三、「有中國特色的社會主義」

一九六二年鄧小平有句名言：「不論黑貓、白貓，只要能抓老鼠，就是好貓」。這套貓論後來被左派批評為「右傾機會主義」。復出之後，鄧小平態度轉趨謹慎，改口說：「不論黑貓、白貓，只要能抓老鼠，就是好貓，但無論如何這隻貓一定要是社會主義。」希望藉此來杜絕左派的抨擊。但到底什麼是「社會主義」，則未見進一步的闡述。隨著改革開放，引進市場經濟制度，這卻又與原來的社會主義計劃經濟制度發生扞格，因此輒遭左派理論家的質疑。在改革開放之初，是以「計劃經濟為主，市場調節為輔」，後來調整為「計劃與市場並重」的雙軌制。市場經濟與社會主義是否互相排斥，一直是一個嚴重的理論爭議。鄧小平主張「貧窮不是社會主義，社會主義是要消滅貧窮」，「社會主義不是要限制生產力，而是要發展生產力」。因此他認爲市場經濟與社會主義不存在根本矛盾，因此可以互相結合，從而達到「共同富裕」的理想。至此，鄧小平提出「具有中國特色的社會主義」來做爲「社會主義市場經濟制度」的理論基礎。

「有中國特色的社會主義」揚棄僵硬的共產主義教條，具體考慮中國特殊情況，一方面要解放生產力，又要達到共同富裕的理想，這與孫中山主張的「均富」可說不謀而合。事實上，「有中國特色的社會主義」可以界定爲「在中國共產黨領導下，爲了提升綜合國力，增進人民福祉，達成共同富裕的理想，而採行的廣爲人民羣衆所接受的政策的總稱」。這無疑是一個極爲務實的主張，影響所及，馬列教條靠邊站，人權觀念要在中國發展的意識型態障礙顯然隨著「有中國特色的社會主義」而消逝。

四、後冷戰時期的國際局勢

隨著一九八九年柏林圍牆倒塌，東西德的統一牽動了華沙公約的解組與蘇聯的瓦解。冷戰時代已然結束、兩極對抗不復存在。以談判代替對抗，不再是空言。至於像一九九一年伊拉克入侵科威特，這樣粗暴併吞他國的行徑馬上招致國際社會的譴責與制裁。在這種國際政治氣氛之下，中國國家分裂與滅亡的威脅大爲減低。而中國當局自八〇年代以來，也一直標榜「和平」與「發展」做爲其外交政策的最高指導原則，並與各個鄰邦改善關係。中國不再孤立，這種友善的國際關係爲人權的發展提供了有利的條件。

然而就像盧梭所言，真正的憲法是刻在人民心版上的憲法。人權不是從天而降，而是經由國內少數菁英份子的覺醒、提倡、奔走，兼由於客觀的政治、社會、經濟與文化條件的成熟，漸漸普及，而成爲人民的共信。在這過程中，如何普及教育、發展傳播事業、培養公民文化、提倡啓蒙思想，都是使有效公共討論成爲可能的必要條件。國際社會（尤其以美國爲主的西方國家）與其一味指責中國的人權狀況，從而挑起中國人民與政府對帝國主義的仇恨回憶，毋寧從旁協助中國完成工業化，以爲引進人權制度建立更牢靠的物質基礎。

肆、制度化的人權保障對中國現代化的重要性

自十九世紀末以來，任何關心中國前途的菁英，無論改革派或革命派，都必須針對下列兩個嚴肅的課題提出解決的策略：第一是如何解放國民生產力的問題，即

如何引進市場經濟來完成中國工業化的問題；第二則是在國民生產力解放之後，如何將創造出來的財富公平分配的問題，此即社會主義嘗試要解決的問題。

第一次世界大戰剛落幕，孫中山即提出「實業計劃」，希望藉著大戰結束，引進西方國家的資本與技術，以發展中國的生產力；之後更在一九二四年的「三民主義」系列演講中强調「民生主義就是社會主義」，高揭均富的理想。然而，西方列强對於「實業計劃」反應冷淡，反倒是領導蘇聯十月革命成功的列寧向孫中山所領導的南方政府伸出友誼的手，終於促成國、共兩黨的合作。一九二七年，孫中山的繼承者蔣介石與共產黨決裂，遂發動「清黨」，國、共展開爲期十年的內戰。一九三七年，國、共第二次合作，抵抗日本的侵略。但抗戰勝利不久，國、共再度失和。共產黨在毛澤東領導下，於一九四九年贏得內戰，取得政權。其實，自「清黨」以後，國民黨內部的左翼力量迅速消逝，由蔣介石領導的國民政府儼然已成資本家與地主階級的代理人，始終未能正視貧富不均的問題，致與廣大農、工羣衆日漸疏遠；再加以一直無法建立有效遏止貪汚、腐化的機制，終於逼使人民選擇共產黨。

建立防止腐化的機制乃當務之急

反觀共產黨在一九四九年取得中國大陸政權後，起先還能與民休養生息，但自一九五八年與蘇共發生意識型態的嚴重爭議後，政策愈益左傾，過份强調財富均等，忽視了發展生產力，終於演變成文化大革命。文革期間，毛澤東將其個人魅力發揮到極致，連當時國家主席劉少奇都自身難保，遑論一般人民，文革浩劫正暴露出中國未能建立有效防止權力腐化機制的危機。

今日，我們回溯這一百年來中國政治發展的軌跡，愈益覺得社會主義市場經濟制度彌足珍貴，因爲它能兼顧生產力的解放與財富的公平分配這兩大課題。但是，從過去蔣介石與毛澤東的統治經驗來看，欲確保社會主義市場經濟體制的有效運行，建立有效防止權力腐化的機制乃是當務之急。

「法治國」可排除公權力的濫用

爲了防止權力腐化，必須加强人權保障，而且是制度化的人權保障，以排除國家權力的濫用。這就有賴於建立「法治國」（Rechtsstaat）。康德是第一個提出法治國理念的哲學家，他藉著法權概念，將國家定義爲「一羣人生活在法規範之下的共同體」。法治國是奠基在承認每一個人都是法權的主體，並尊重每一個人的尊嚴；亦即以保障每一個人的尊嚴及與此尊嚴不可分割的人權爲出發點。法治國蘊涵著國民主權的思想。國民主權係指將「制憲權」（pouvoir constituant）排他性地歸屬於國民全體；亦即國民全體透過憲法的制定或修改來規範整個國家機制的運作，並依權力分立與制衡的原則制定出「憲法所賦予之權」（pouvoir constitué）。

權力使人腐化，絕對的權力造成絕對的腐化。爲了防止權力腐化，只得將權力分開，並使之互相制衡，這樣才能有效保障人權。根據這種權力分立與制衡的理論，康德將國家權力分爲立法、執法與司法三種權力，並藉著邏輯學上的三段論法（即大前提、小前提及結論）來比喻三者之間的關係。一旦任何兩種或兩種以上的權力集中在同一個人或同一羣人的手中，必然導致權力的腐化與濫用，人權就無法獲得保障。因此，唯有透過權力的分立與制衡，建立制度化的人權保障，落實法治國理念，才能確實防止國家權力的濫用，以確保中國現代化事業的成功。

「法治國」的根本原則

法治國的根本原則除「人權保障」、「國民主權」、「權力分立與制衡」外，尚有「國會至上」、「依法行政」、「司法審判獨立」與「多黨公平競爭的政治體系」等原則，茲分述如下：

一、「國會至上原則」（Supremacy of Parliament）乃是國民主權原則的具體化。人民藉著定期選舉，推出代表組成國會，依多數決原則議決法律。每項法律案的通過無異是國民總意志的宣示。國民服從法律其實是間接地服從自己的意志。政府則必須向國會負責，並接受其監督。

二、「依法行政原則」係指國家行政權的運作必須依據憲法與法律，公權力的行使應受到「法」的約束，恪遵比例原則、誠信原則、信賴保護原則及公益原則。政務官應隨著政策的成敗而進退，以體現責任政治的精神。事務官則應在政爭中保持「行政中立」的立場，獨立於各個政黨、利益團體之外，而處於公正、超然的地位，以建立健全的文官體制。

三、司法之作用在於判斷是非曲直，定分止爭。一個人的行爲是否構成犯罪應僅視其行爲是否牴觸法律而定，並完全由法官作公正而超然之裁判，絕不能因政治立場的考量而影響裁判的結果。換言之，司法權絕不能成爲當權者迫害異己的工具。唯有排除行政權、政黨以及其他力量的干預，司法才有尊嚴，才能真正成爲維護憲政體制與保障基本人權的守護神。

四、現代與傳統社會的人口結構截然不同。在一個現代社會裡，社會階層多元化，各種不同——甚至相矛盾——的社會利益不可能全部由同一個政黨來代表。政黨的主要功能，就是反映民意、歸納民意、整合民意、代表民意，以參與建構國民總意志。唯有建立一個確保各個政黨公平競爭的政治體系，才能使各個階層的民意獲得充分地反映與尊重。換言之，政黨應針對社會大眾所關心的公共議題提出主張及解決策略。政黨應培養有能力擔負公共責任的國民，以代表政黨參與各項選舉。藉著選舉，獲得過半數選票的政黨（或政黨聯合），即有權組織政府，行使統治權。此即體現了主權在民的理想。爲建立多黨公平競爭的政治體系，必須保障人民組黨、入黨與退黨的自由，保障各個政黨發展黨務、宣傳黨的理想與主張的自由，並確保各個政黨得以公平獲得大眾傳播媒體的報導。在多黨公平競爭的政治體系下，透過有效的相互監督與制衡，必能提昇政治文化的品質。

伍、政治體制的轉構是保障人權的前提

中國的宰相制度與皇帝制度有同樣久遠的歷史。自秦始皇統一中國（西元前二二一年），設置丞相，將相權自皇權中分離出來，宰相制度成爲中國傳統政治的一大特色。皇位固爲世襲，宰相則就文官中選拔。若皇帝昏庸無能，宰相卻忠貞幹練，也還能維持一個「主昏於上，政清於下」的局面。反之，若宰相貪贓枉法，師心自用，皇帝也還有機會更換宰相。除非皇帝與宰相兩者均極不稱職，才可能導致政權的更迭。這個政治制度規範了二千餘年中國傳統政治的框架，且不失爲一種權力分立與制衡的模式。

皇權代表皇室，相權則代表士族，甚至人民。皇室因久居深宮，不僅在血統上日趨退化，在社會生活上亦與平民百姓日益隔離。相反地，士族來自民間，新血不斷注入，得以永保蓬勃的朝氣。尤其自北宋（九六〇—一一二七）以來，印刷術的發達促成了書籍流通的普及，一般農家子弟亦能參加科舉，晉身官場。正由於擁有一套理性而合理的政治制度，使得傳統中國無論在教育、經濟、社會與文化上均有傲人的成就。直至十七、八世紀，歐洲一流的知識菁英，如萊布尼茲與服爾泰，也

都推崇中國在許多方面領先歐洲。

政改成功才能確保經改成果

自孫中山領導革命，建立共和以來，推翻了傳統的政治制度。在國民黨統治時期迄未能發展出一套穩定的政治體制。中國共產黨自一九七八年推行改革開放政策後，終能於一九九二年總結歷史經驗，找出一條穩健的現代化道路——社會主義市場經濟制度。但是，欲確保社會主義市場經濟制度的有效運行，必須改革政治體制。換言之，經濟改革的成果能否確保，端賴政治改革是否成功。然而，誠如鄧小平所言，政治改革由於觸及許多人的利益，因此比經濟改革要複雜而困難。此外，政治體制的改革唯有在政治權力結構相當穩定的條件下才能進行。歷史一再地告誡我們，在政治權力結構的重組過程中，最忌諱同時進行政治體制改革。因爲角逐政治權力的各個派系不可能理性地從事論辯以決定採擇那一種政治體制。他們只是在盤算，改革後的制度是否對其權力的擴充有所幫助。

當前中國政治體制改革的重點有三：首先是黨政分開的問題，誠如鄧小平所言，就是要「處理好法治和人治的關係，處理好黨和政府的關係」。其次則是權力下放的問題，以解決中央與地方的關係。第三則是精簡機構的問題。但政治改革歸本溯源則是共產黨角色調整的問題。

黨政分家

其實，正如經濟改革要求政企分離，俾使企業自主經營，讓市場供需法則發揮作用，以發展生產力，並使經濟資源作最有效的配置；政治改革也要求黨政分開。黨政分開有兩項重大的意義：其一是讓各級政府依照憲法與法律的規定行使政權，並接受同一等級立法機關的有效監督，而不再直接接受共產黨的指揮；其次是保障各個政黨法律地位的平等，提供各個政黨公平競爭的機會。只要該政黨（或政黨聯合）能在選舉中獲得過半數的選票，就可以組織政府，如此不但可確保行政中立，更可落實主權在民的理想。

目前的黨政關係是黨領導政。各級行政首長之旁均設置一位職級相當的黨委書記，兩者的關係本是黨監督政的關係。然而依法要向立法機關負責的，卻是行政部門。黨務部門一則缺乏名分，二則權責不相當。在立法機關權利意識日漸抬頭的今日，已出現了黨配合政，甚至有黨委書記兼任行政首長的情況（如海南、福建兩省省長均由黨委書記兼任）。

現階段黨政先且不必分也不能分，還應加速黨政一體化

筆者以爲，單就現階段考量，黨政不必分開，也不能分開。十多年來，中國共產黨在國際上提倡和平、發展，在國內則推動改革、開放。由於共產黨的政策充份符合國家與各族人民的利益，是故黨政暫時不必分開。如果確保行政中立的法律體系尚未制定，即將黨政突然分開，極易走回人治的老路。何況黨政一旦分開，依照憲法與法律的規定，各級人民代表大會固應負起監督各級政府的責任。然而，依照現行各級人民代表大會的組成方式、人員素質與運作模式，根本不足以勝任，反倒使法制化的努力功虧一簣。因此，目前黨政不必分，也不能分，甚至還應加速黨政一體化，亦即鼓勵黨委書記兼任各級行政首長，以接受立法機關的監督。

人大代表應專職化、專業化

此外，在中國高級人力資源極爲有限的情形下，由黨委書記領導並監督行政首長，不僅是人力資源的浪費，亦與精簡人事、精簡機構的要求背道而馳。因此，在

完成黨政一體化之後，黨政分開勢在必行，相應的制度設計則是人民代表大會制度的改革。

人民代表大會制度固然對政局的穩定有其貢獻，而中華人民共和國憲法第五十七條亦明訂全國人民代表大會爲最高國家權力機關。然而，向來人大代表的參政意識太過薄弱，專業經驗與知識亦嫌不足，尤其缺乏專職化的歷練，致其發言內容多屬個案或地區性問題，無法涉及整體政策層面。爲使行政機關接受立法機關有效的監督，可將各級人民代表大會改組爲各級人民議會，使議員專職化、專業化，並鼓勵由黨務部門釋出的人力投身立法機關。至此，中國共產黨自可退居第二線，負起爲國舉才的責任，提名學養俱佳、積極性強的社會菁英參選各級人民議會的議員。

多黨公平競爭

黨政分開的另一重要意義，乃是開啓多黨公平競爭的新局。隨著社會階層與利益的多元化，多黨競爭之局勢不可免。以台灣爲例，創立民主進步黨的領導階層幾乎早年多爲國民黨黨員。當初也許因爲政治主張稍有不同，或人事安插不盡理想，而欲另謀出路。但卻一再遭到國民黨黨中央的冷落、抵制、醜化、孤立與打擊，甚至以「莫須有」的罪名送入監牢。雖然國民黨最後不得不接受民進黨存在的事實，但兩黨之間卻已積累了許多仇恨與怨懟，致政黨間的競爭無法常態發展，情緒上的對抗早就淹沒了理性的政策辯論。如此的政黨政治根本無法有效地反映民意、歸納民意、整合民意、乃至代表民意，兩黨耽溺於權力鬥爭而無法在參與建構國民總意志的過程中扮演建設性的角色。假使在五〇年代，蔣介石能接受「分黨」的建議，主動將國民黨分爲兩個黨，必能避免政黨間仇恨的滋長，有效地防制政黨政治的惡質化。其實在非西方世界的政治領袖，如列寧與土耳其國父凱末爾（Kemal Atatürk）亦曾有引進多黨制或「分黨」的構想。

共產黨應主動分黨

中國共產黨應該記取台灣的慘痛教訓，主動將共產黨分爲甲、乙兩黨。甲黨爲執政黨，其施政可側重發展生產力，以提高國民生活水平。乙黨則負起監督甲黨的職責，隨時督促政府在發展經濟的同時，是否也建立了一套與經濟發展水平相稱的社會保障體系。況且，乙黨在中央雖爲在野黨，卻可能在部分省份是執政黨。如此即可避免出現「毀滅性的政黨政治」，即除了一個獨大的執政黨外，盡是些從無執政經驗、且在可預見的將來亦無執政希望的小黨，他們鎮日發表一些不切實際又不負責任的言論，從事煽動性的政治活動，破壞政局的穩定。換言之，甲、乙兩黨雖爲相互監督、制衡的關係，卻也能培養兩黨對公共事務的責任感，有助於社會主義市場經濟制度的健全發展，以加速達成共同富裕的理想。惟分黨之前，必須在憲法中明訂各政黨所應共同遵循的根本原則。一旦有政黨違反此等原則，即得依法定程序予以處罰，甚或解散，以維政黨政治的良性發展。

一旦黨政分開的問題獲得妥善解決，讓各級立法機關能確實根據憲法成爲最高權力機關，取代共產黨的地位來監督行政部門，原來的黨務部門菁英則經由黨的提名，參加選舉，被選爲各級的人大代表，名正言順地來對行政部門行使監督權。至於其他的政治改革工程，即落實權力的分立與制衡，如司法審判獨立、依法行政等原則，自然水到渠成。唯有如此，人權才能獲得制度化的保障。

精神文明建設的出路

——以「社會自由主義」重建新中國

在中國大陸生產力獲得解放後，精神文明建設的成敗便成爲完成中國全方位現代化事業的關鍵所在。面對中國大陸嚴重的信仰危機與社會問題，朱高正立足於中國傳統優秀文化，總結西方先進國家現代化的經驗與教訓，提出了結合人性尊嚴與社會連帶而極富務實精神與前瞻性的「社會自由主義」，俾爲中國大陸引進社會主義市場經濟制度後，進行精神文明建設找到一條切實可行的出路。

壹、導言

中共自一九七八年十一居三中全會起推行改革開放政策，經過十四年的摸索與總結經驗，終於在一九九二年十四大決定建立「社會主義市場經濟制度」。這是鄧小平繼提出「有中國特色的社會主義」之後，在理論上的另一突破，打破了長期以來刻板的二分法——即將社會主義等同於計劃經濟，資本主義等同於市場經濟。當我們將「有中國特色的社會主義」界定爲「在中國共產黨領導下，爲提升綜合國力，增進人民福祉，以達成共同富裕的理想，而採行的廣爲人民羣衆所接受的政策的總稱」時，「社會主義市場經濟制度」也可以界定爲「在中國共產黨領導下的社會市場經濟制度」。在聯邦德國行之有年的社會市場經濟制度反映在國家經濟政策上，乃要求維持一個平行四邊形，即除了經濟成長與物價穩定外，也兼顧充分就業與社會正義的維護，亦即堅持共同富裕的理想。

十多年來的改革開放，中國大陸的生產力獲得空前的解放，經濟保持高度成長。一九九四年中國大陸的國民生產毛額已躍昇爲六千五百億美元，成爲世界第七大經濟體，而港、台、大陸的對外貿易總額也將在今年超過日本，躍居僅次於美、德的全球第三大貿易國，一個新興的經濟大國已隱然在亞洲浮現。

精神文明建設是中國現代化事業的關鍵

然而，單是經濟成長並無法確保社會主義市場經濟的有效運行，沒有相應的政治改革與精神文明建設，經濟改革的成果將很難確保。有關政治改革部分擬另文討論，茲僅就精神文明建設與社會主義市場經濟的關係進行探討。首先要指出的是：社會主義市場經濟是給人們提供必要的物質基礎，以讓人們得以追求經濟以外更高的目標；就如同人需要強健的體魄才能充分發展其人格一般。事實証明，中國大陸的精神文明建設，在引進市場經濟之後，正面臨著空前的挑戰。如何建立一套能與「社會主義市場經濟制度」相輔相成的倫理道德價值體系，無疑是完成中國現代化事業的關鍵所在。

貳、中國大陸精神文明建設面臨的難題

在以往的社會主義計劃經濟制度下，個人的原創力和進取心受到壓抑，逐利誘因減弱，人的積極性因此喪失殆盡，生產力大幅滑落。社會主義原本「各盡所能，

各取所需」的理想變成了「人人各取所需，卻未必各盡所能」，甚至連人人最基本的需求亦無法獲得滿足的後果。在文革極左冒進的路線下，個人的獨立性和自主性更完全受到抹煞。

市場經濟解放了人的慾望

改革開放以來，隨著市場經濟的推行，原有的社會結構和思維習慣、價值觀念在在遭到强烈的衝擊，人的慾望已被解放出來。市場經濟非但不再禁止追求個人利益，反而透過價格機制激發人的逐利心。然而新的經濟制度顯然需要一套新的行爲規範，這就使得新的價值體系、倫理規範和法律制度的建立成爲刻不容緩的任務。

中國大陸面臨「五大空前」危機

一個人的行爲一方面受到良心、宗教信仰和倫理道德的內在約束，一方面則需要風俗、習慣，尤其是法律制度等外在强制加以規範。在今日的中國大陸，馬列主義定於一尊的地位正急遽下降，而中國傳統的倫理道德及宗教信仰卻又在文革「破四舊」浪潮中遭到致命的打擊。這使得整個社會的價值觀念頓失憑據，各個社會階層均已出現信仰危機。在原有權威瓦解，人的慾望獲得解放的情形下，拜金主義、享樂主義、消費主義席捲了人們的心靈。正所謂「哀莫大於心空」，這是中國大陸目前最嚴重的危機。再加上剛剛起步的社會主義法制建設仍未臻完善，在最近三年內，新頒布的重要法律便超過三百套，可謂人類史上的新紀錄，這對執法人員與人民而言，在短期內均無法有效規範其行爲。廣大民衆和一般中共黨員紛紛反映，當前社會治安空前惡化、社會風氣空前不正、信仰危機空前嚴重、黨政官員空前腐敗、黨的基層組織空前渙散。此「五大空前」正是目前中國大陸邁向現代化的最大隱憂。這也凸顯了一大問題，即精神文明建設絕不能與自己的歷史文化傳統脫節。

「學雷鋒」運動已不切實際

面對這樣的社會形勢，中共當局一再强調物質文明建設和精神文明建設要堅持「兩手抓」而且「兩手都要硬」。中共領導人更反覆要求加强「愛國主義、集體主義和社會主義思想教育」，要培養一代又一代「有理想、有道德、有文化、有紀律」的「四有新人」。然而要在今日的中國大陸恢復過去那套「學雷鋒」運動已是不切實際的想法。同時，四有新人的理想與道德豈能藉由宣傳由外部强行灌輸？必得先啓發其個人的自覺，任由每個人自己去設定其理想與道德，再從而矢志追求，並促其實踐，這樣才能真正培養出四有新人。由此觀之，要在市場經濟條件下進行價值重建的工作，就必須推動一場「思想再啓蒙」運動。

參、「思想再啓蒙」運動的內涵——追求「人的解放」

在十七、八世紀的西歐，以知識份子爲主體的啓蒙運動，是歐洲文化史上最活潑、最具衝擊力的思想運動。它針對當時歐洲的社會、文化進行全面的反省與批判，影響深遠，也扭轉了歷史發展的軌跡，歐洲正是經由啓蒙運動而進入近現代社會。日本在明治維新時期也有一位被譽爲「現代日本教育之父」的啓蒙思想家福澤諭吉。福澤諭吉一方面引介西方思想，一方面竭力呼籲：要建立現代化的日本，須先培養現代化的國民，而現代化國民的特質就顯現在具有獨立精神氣象的人格之上。有獨立自主的國民，方有獨立自主的國家。福澤氏的思想促成了明治維新，對往後日本的發展產生了重大的影響。

在近現代的中國，以知識份子爲主的五四運動，在某種意義上，本也可說是一個啓蒙運動，然而其最大的不幸，就是號召「打倒孔家店」，從根全盤否定了中國自己的文化。到了十年文革期間，更全面而徹底地打擊傳統優秀文化。這使得原本立意良善、有除舊佈新的進步意義的五四運動和文革，反過頭來阻礙了中國現代化的事業。

知識份子是社會進步的主力

先進國家中的知識份子，往往扮演著承先啓後，帶動風潮的重要角色。任何一個社會，其知識菁英階層的文化意識足以影響國家興亡的百年大業。所以，今日中國的「思想再啓蒙」運動，就應從重建知識份子的人格尊嚴做起，也就是應以追求「人的解放」爲其思想內涵。「人的解放」不僅是啓蒙運動的核心議題，也是馬克思哲學的終極關懷。對馬克思來說，共產主義的實現即爲人的全面解放和全面復歸的完成，他理想中的社會正是一個「自由人的共同體」。而毛澤東同樣的把昂揚人的主觀能動精神，追求人類解放當作是他畢生奮鬥的目標。

確立「人格的自由、自律、自主」

追求「人的解放」，就是要從建立每個人的人性尊嚴著手。而人性尊嚴則體現在「人格的自由、自律和自主」之上。這正與孔子所倡導的「克己復禮」相通。孔子說：「我欲仁，斯仁至矣！」又說：「爲仁由己，而由人乎哉！」，這就是「人格的自由、自律和自主」。人是理性的社會動物。由於人是有理性的，因此人的意志是自由的，也正因爲人的意志是自由的，所以人可以決定自己的行爲，成爲自己行爲的立法者，這就是「自律」的意義。而因爲人可以規定自己的行爲，因此，人也該爲自己的行爲負責，這種自我負責的精神，正是人具有主體性的表徵。

另一方面，人是一定社會條件下的人，個人無法脫離社會網絡而獨自存在。人只有在社會生活中與別人交往，才能發展出獨立自主的人格。所以，人在建立自己主體性的同時，亦必須承認他人的主體性，此即「互爲主體性」（intersubjectivity）。「互爲主體性」的概念，在中國傳統思想中，正是和儒家思想重心的「仁」意義相通。二人爲仁，仁就是討論個人與其他人之間的關係。曾子說：「夫子之道，忠恕而已矣。」盡己之謂忠，恕則是推己及人，推己及人正是「互爲主體性」

之意。

「互爲主體性」即「社會連帶」的基礎

這種「互爲主體性」的概念正是「社會連帶」（social solidarity）的基礎。社會連帶即是「團結」，也就是意謂著「人」與「人」之間、「團體」與「團體」之間、「階層」與「階層」之間的互助，也意謂著「世代」與「世代」之間、「文化」與「文化」之間的相連帶。在中國傳統文化中，所謂「上天有好生之德」的天道觀，和「不患寡而患不均」、「損有餘以補不足」、「裒多益寡」、「稱物平施」等思想，其實就是「社會連帶」觀念的古代版。

肆、以「社會自由主義」完善精神文明建設

上述由「人的解放」、「人格的自由、自律和自主」、「互爲主體性」以至「社會連帶」正組成了「社會自由主義」的內涵。「社會自由主義」又稱「人格自由主義」或「社會主義的自由主義」（Sozialistischer Liberalismus）。長期以來，人們多把社會主義與自由主義視爲互相排斥的思想流派。其實，社會主義所批

評的自由主義只是「與個人主義或資本主義相結合的自由主義」！而自由主義批評社會主義，亦並非全然否定社會正義和平等理念。兼含自由與平等兩大理念的「社會自由主義」正好可以調和自由主義和社會主義。以社會主義修正自由主義的弊端，以自由主義補足社會主義的缺失。

「社會連帶」調和了集體主義與個人主義

同時，「社會自由主義」强調「社會連帶」的觀念，一方面使得每一個人致力於拓展自我的生活領域時，不致淪爲自私的個人主義，另一方面，在追求公平正義的社會時，讓每個人都能享有充分發展其人格的空間，而不致成爲完全否定個人的集體主義。因此若以「社會自由主義」調和集體主義和個人主義，則可使以集體主義之名宣稱可合理兼顧國家、集體和個人利益，實際上卻抹煞個人尊嚴的境況不再復現！

而以社會自由主義爲其哲學基礎的社會市場經濟，用政府的宏觀調控來保証市場價格機制的有效運行，實結合了「放任的自由市場經濟」與「控制的計劃經濟」兩者之長，又可杜絕「放任的自由市場經濟」造成强凌弱、衆暴寡的慘狀，以及

「控制的計劃經濟」無法有效解放生產力的弊端。

「社會自由主義」思想若能確立，將徹底改變以往一提及社會主義就想到集體主義、計劃經濟；一講到資本主義，就想到個人主義、市場經濟的僵化思考。社會自由主義實乃市場經濟條件下完善精神文明建設的一大利器！

「社會自由主義」合於中庸之道

在此筆者要特別强調的是，「社會自由主義」本非舶來品，相反的，是中國古已有之的寶貴精神遺產。中國是廣土衆民的大國，對不同的思想文化有著極大的包容力——這是中國文化與西方最大不同之處。舉例來說：在西方，「有神論」和「無神論」間的爭議綿延數千年而不絕，甚至從「有神論」發展爲「一神論」，持「一神論」之見的不同教派勢不相容，終於演成慘烈的宗教戰爭。在中國，「無神論」與「有神論」的爭論，卻幾乎不曾成爲思想界討論的主題。

證諸歷史，任何一偏之執的極端思潮不僅不易在中國生根，反而會對民族帶來巨大的災難。以民族主義爲例，中國是多民族的大國，强調民族主義往往易招致各民族間的猜忌與對立，唯有以振興整個中華民族爲出發點的「愛國主義」才能克服民族主義的危險。而導致先進國家肆意剝削後進國家的資本主義，和中國傳統强調「互惠」、「德被四鄰」的「貢舶貿易」完全背道而馳，亦不可能爲我們所接受。歷朝能臣的治國思想莫不兼採衆家學說所長；而少有獨持一家之見者，即使諸葛亮也難免儒表法裏。這種兼容各家思想長處的「調和論」，在力求百家爭鳴的哲學思想領域，固不足取；然而在政治上卻是唯一務實可行的方向。中國自鴉片戰爭以來，屢遭帝國主義欺凌，民族自信心淪喪殆盡，對西方各種「主義」（isms），幾乎毫不加選擇地引入，衆說紛紜，莫衷一是。而一九四九年後，在政治上又陷入忽而極左，忽而右傾的擺盪循環。要跳脫此種困局，唯有力行淵源於中國傳統中庸之道，調和古今中外各家長處，有强烈務實精神的「社會自由主義」方是正途！

伍、追求現代化不能脫離傳統

此外，中國大陸實行開放政策以後，一股崇洋的風潮漸漸在年輕一代中蔓延開來，用洋貨、學洋文、送子女出洋成了普遍的風潮，民族的自豪感迄未伸張。另一方面，中共自一九八一年起厲行一胎化政策，製造了一批孤僻、固執、不善協同、自我中心、嬌生慣養、好逸惡勞的獨生子女——「小太陽」。一胎化政策也使得許多親屬稱謂和手足情誼不知不覺地消失，對中國傳統文化與家庭制度形成重大威脅，這在在阻礙中國邁向一個現代化的社會。要解決這些複雜的問題，並克服前述的「五大空前」，對中國傳統優秀文化的珍惜與發揚實刻不容緩。畢竟，追求現代化不能脫離傳統，全世界沒有一個國家可以徹底否定自己的文化傳統，而能完成現代化的。沒有過去，就沒有現在，更沒有未來！

中國大陸精神文明建設的成就，不僅決定了中國大陸經濟改革的成敗，更決定了中國全方位現代化的目標能否達成。我們深切地期待北京的領導菁英能夠務實地面對此一嚴肅的課題，也呼籲海內外全體中國人共同肩負起此一重任。我們亟需建立人性尊嚴，以搶救知識份子的自尊與自信，從而重振中國人民的尊嚴和信心。立足於中國傳統優秀文化，總結西方先進國家現代化的經驗與教訓，以「社會自由主義」調和集體主義與個人主義，並以之作爲社會主義市場經濟的意識型態理論基礎，以期使中國現代化事業能夠穩健地進行下去，終底於成！

在文化認同的危巢下

——兼評「反中國」與「反傳統」情結

隨著民主化的推展，言論禁忌解凍，台灣社會一時頗有百花齊放、百家爭鳴之勢。在言論界也出現了對中國傳統文化的鄙視與敵意，甚而標舉台灣文化與中國文化對立；在中國大陸，隨著改革開放的推行，否定傳統，盲目崇洋的聲浪也此起彼落。

面對兩岸這種文化認同的危機，孺慕傳統文化、學貫中西的朱高正在盤根錯結的歷史糾葛中理出頭緒，力圖還傳統中國文化以本來面目。吾人唯有先確立對傳統優秀文化的認同，確立文化主體意識，才能爲民族的再生注入新血，開創現代中國光明的前景。

近幾年來民主化的推展使言論禁忌隨之解凍，各種立論爭奇鬥艷，衆品雜陳，即使連向來冷僻的文化問題也蔚爲時尚，時有驚人之論。在各種論辯中最令人憂心的，莫過於某些知識份子對中國傳統文化的鄙視和敵意，一提到「中國」就是專制與反動的象徵，一提到「傳統」就成爲落伍與反潮流的代名詞。西化論者對傳統文化無情無知的貶抑已足令人痛心。近來部分台獨論者爲了强化政治認同，更是刻意標舉「台灣文化」與「中國文化」的對立，撻伐中國文化。這些立論有其長期潛存的歷史根源和心理情結，出現在民主化過程中，原不足爲怪。只是筆者做爲一個熱愛民主的孔孟信徒，目睹文化界以「進步」自許的「反中國」、「反傳統」傾向，深爲我們的國家前途憂慮。

以文化做爲政治鬥爭工具

首先，筆者要指出，「文化」自有其獨立的社會根源，亦有其獨立的存在理據。因此，尊重文化的自主性與保護文化的自主發展，向來是文化憲章的兩大根本原則。然而，專制統治者常常藉由文化政策來加强政治控制，分離主義者則藉由摧毀文化認同來推行獨立運動，兩者同樣以文化做爲政治鬥爭的工具。其實，政治活動只不過是文化的一環而已。舉凡涉及價值創造的問題，莫不包含在文化領域之內；反之，政治則侷限在權力分配問題上，而權力只不過是諸多價值（如知識、道德、藝術、宗教……等）中的一種罷了。易言之，政治是涉及權力分配問題的一個文化側面，文化則是政治現象所倚立的托底。因此，歐洲各國承襲希臘、羅馬與基督教文化，並不影響其爲個別獨立自主的國家，也正因爲有此共同的文化認同做基礎，提供了歐洲整合有利的因素。一個民族藉著「文化認同」能夠有選擇性地、自覺地、主動地將某些外來文化植入原文化體系；反之，失去了自身的文化認同，而任令各個階段外來的强勢文化蹂躪，對一個民族文化的發展，將是致命的打擊。此刻的台灣正處於關鍵性的變革中，所有關心國家民族前途者，都應冷靜面對文化認同的問題。爲了黨派之私，人爲地破壞原有的文化認同，甚或杜撰虛幻的認同對象，都將成爲歷史的罪人。

在文化意義上，除了少數原住民外，絕大多數在台灣的本省籍人士是中國人，本是無庸贅述的自明之理。然而，極端的台獨論者硬要說「台灣人不是中國人」，他們爲了反對「中華民國」與「中華人民共和國」，不得不主張「台灣文化不是中國文化」。其實要區辨一個族羣是否有獨立的文化體系，通常取決於該族羣是否具有自成一格的語言、文字、器物、建築、繪畫、雕塑、音樂、風俗或宗教。「台灣文化」曾否獨立於中國文化之外，擁有自己的文化特徵，實在不無疑問。

台灣文化不足構成獨立文化體系

以語言爲例，在台灣主要的方言爲福佬話與客家話。但全世界使用福佬話爲母語者約有六千五百萬人，其中台灣只占五分之一左右而已；至於以客家話爲母語者，全世界約有一億人，而台灣僅占三百萬人而已。因此，台灣沒有獨立的語言極爲清楚。文字方面，在台灣普遍使用漢字，並無「台灣字」，雖然有部分人士力倡羅馬拼音，但僅侷限在極少數的教會人士和語言學家，根本無法成爲通行文字。器物方面，日用飲食起居，喪葬婚嫁禮俗等等，與中國大陸並無二致，即使農村使用的斗笠簑衣亦屬閩粵習俗。住宅廟宇建築、交趾燒、與已近失傳的南管、北管、說唱等亦無不源自大陸。民間所祀奉的媽祖、清水祖師、三山國王、開漳聖王、關帝爺、玄天上帝等，其祖廟無不來自大陸。台灣傳統文化源自大陸，其本身尚不足以構成獨立的文化體系，是不爭的事實，絕非政治上的恩怨所可扭曲。

如果一定要列舉足可稱爲台灣特有的「文化現象」，恐非十八王公（妓女、賭徒祀奉的陰神）、電子琴花車（含牛肉場、歌廳秀，爲台灣最通俗化的音樂與舞蹈）、馬殺雞（由城市到鄉村流傳最爲普及的休閒活動方式）等莫屬了，而這些卻也正是最足以描述目前台灣社會的文化亂象。在經濟富裕、社會繁榮的景況下，由於文化主體意識日漸淪喪，致無法有效保存傳統的價值，又無力成功地引進西方文明，只好耽溺於聲色犬馬，逐於外物，喪失內省能力，不復反求諸己，隨著拜金的現實浮沈，斲喪了文化的生機，整個時代精神呈現極度的空虛，沒有理想、沒有目標，這是典型的現代化過程中適應不良的現象，責任誰屬？當代的文化菁英與政治菁英，豈可再諉過於傳統?!

也有人以台灣文化爲中國旁系文化，筆者頗不以爲然。誰可以明確界定何者爲「中國嫡系文化」？是中原文化還是江南文化？是西安抑或杭州？相較於東北、甘肅、內蒙、雲貴、甚或兩廣，台灣毋寧更有資格做爲中國嫡系文化的一支。漢語學家便直指福佬話與客家話的發音保留了中原古音，用以吟詩、作詞更符合平仄的法則。

究竟是什麼原因造成極端台獨論者對中國文化的疏離乃至絕裂？究竟是什麼原因使得西化論者對傳統文化全盤否定與不屑一顧？爲何渠等在民主化的過程中，極端反對「中國」，貶抑「傳統」，並視之爲反動落伍的同義詞？想要理解這個現象，只能從歷史的脈絡中去尋找答案。

台灣現代史中兩個反中國的浪潮

自馬關條約迄今約一百年，其中只有四年（即一九四五—四九）台灣與大陸處於統一狀態。在政府遷台前，台灣已在日本五十一年統治下接受相當程度的現代化，突然由軍紀、政風敗壞，且生活水平顯然落後的國民黨政權接收，不到一年半即引發悲慘的二二八事件，種下了不解的仇恨。之後國民黨又因恐共、反共的心理背景，在台灣力行高壓控制。政治上戒嚴長達四十年，透過萬年國會扼殺民主生機，在言論思想上迫害異議人士，於文化上則壓制原有台灣民俗文化的發展，連方言亦在禁止之列，一切均以「國字號文化」（如國語、國劇、國畫、國樂、國術……等）取而代之。國民黨完全以家天下的心態宰制台灣社會自主性的文化發展。對於台灣人而言，反抗國民黨欽定的「國字號文化」已不僅是對政治上不義的抗爭，更是台灣人對人性尊嚴的渴求與維護。反國民黨、反外來政權、反中國文化，自此與台灣化、本土化、民主化密不可分。破壞對中國文化的認同更在爾後激烈的反對運動中，成爲强化反對認同、追求「台灣人出頭天」的訴求工具。

另一波「反中國」的浪潮則發生在八七年開放大陸探親之後。由於長期以來國民黨推行的反共教育已深植人心，待一睹大陸真面目，不惟生活水準低落，復以嚴厲的社會控制，對大陸政權的厭惡與恐懼，更形推波助瀾，將反中國的情結推向另一個高峯。

上述這兩個反中國浪潮，一個是肇因於對國民黨威權統治的反感，一個則歸結於對中國大陸貧窮落後的恐懼。其實，近五年來的民主改革已打破了國民黨支配的局面，反對運動實不宜重彈反國民黨的舊調，而後反外省人、反中國文化。其次，各國共產政權兩、三年來，也面臨全球性民主浪潮的衝擊，紛紛放棄一黨專制，在台灣的中國人不應高估中共四個堅持的能耐，而漠視大陸人民求新求變的決心與勇氣，更不宜固守著反中共，而後反中國。

精神上是西方文化螟蛉子

至於西化論者對中國傳統的否定則溯自一八四〇年鴉片戰爭。自詡爲「上國」的中國與西方工業强權短兵相接，民族的自尊、自信毀於一旦，對傳統文化的信心也由失望、質疑以至徹底的否定。無獨有偶地，日本長達兩百多年的鎖國政策遭美國破門而入後，也曾對自己的文化產生同樣的懷疑和排斥，從有形的肉體、物質以至抽象的價值、觀念都抱持否定的態度，有倡言日本國民體質改造者、有主張廢除漢字者，不一而足。一直到日清甲午戰爭、日俄戰爭接連獲勝後，日本在華盛頓五國海軍會議中，驚覺自己是列強中惟一能通曉漢字的民族，才開始致力傳統文化的保存與精緻化。不但不廢除漢字，反而將傳統中別具一格的日本生活習俗予以儀節化，因此，茶道、花道、劍道、柔道……等紛紛出籠，蔚爲時尚。至此，傳統不再是桎梏，反而成爲進步與現代化的動力。

與日本相較，中國現代化的歷程顯得更曲折而不幸。從「中學爲體，西學爲用」(日本亦曾有所謂「和魂洋才」)到後來的「全盤西化」。當代政治社會菁英由早期的「歐化」，歷經「俄化」、「日化」，以至二次戰後的「美化」，對傳統沒有感情不在話下，並具有嚴重的拒斥心理，對西方盲目崇拜的成分遠超過真實的理解。體內流著中國的血液，精神上卻是不折不扣西方文化的螟蛉子。買辦文化的掮客，充斥在各個領域，連中央部會亦不能免，豈不令人憂心忡忡。

然而在反傳統的浪潮下，備受歌頌的「德先生」、「賽先生」果真引進中國了嗎？在政治方面，我們有議會的軀殼，卻缺乏民主的內涵，我們仍舊無法落實民主政治的基本原則（諸如保障人權、權力分立制衡、國會至上、依法行政、司法獨立等）。一般人寧可將民主政治的前途，委諸一、二從政者的良知，浸沈在泛道德的訴求中，而忽略了制度的建立。在科學方面，更弔詭地以對科學五體投地的膜拜，取代了科學精神中最可貴的獨立思考、自由思辯與重視實驗的精神。我們只供奉了「民主」、「科學」的牌位，卻沒能將它們植入我們的文化體系之中。

中產階級的崛起

西化論者動輒謂「民主政治根源於西方傳統，自中國傳統文化中發展不出民主政治。因此，如果要引進民主政治，必得要反對傳統，全盤西化」。其實到十八世紀爲止，中國仍是世界上最文明的國家。春秋戰國以來，即有私學，每個人經由自己的努力，布衣可以爲卿相。歷來皇帝開科取士，即使門閥觀念最重的魏晉南北朝亦不會排除平民參政的管道。這一套文官制度，英國一直到十七世紀才間接由新加坡學得。清末革命推翻帝制，對帝制的攻訐自有其革命策略上的考量。但在歷史的現實上，要維繫一個帝國的長治久安，沒有完備的典章制度，是不足以成事的。以唐朝爲例，皇帝的敕書須經鳳閣鸞台，即中書省票擬，門下省副署，始爲有效，在帝制的形貌下仍有權力制衡的設計，皇帝並不是完全可以恣意而爲的。

近現代西方所孕育出來的民主政治，不僅對傳統的中國而言，甚爲陌生；即使對傳統的西方而言，亦不可思議。民主政治如今固然已成為西方文化的一部分，但就其起源來講，實在是新興中產階級針對十六、七世紀專制王權的反動，所建立的一套嶄新的政治體制。自五世紀西羅馬帝國崩潰以迄十五世紀文藝復興，歐洲都籠罩在神權統治之下，史稱「黑暗時代」。當時的封建貴族大率目不識丁，知識成爲教會的特權。爲統治階級服務的行政官僚多由神職人員充任。因此，當時整個歐洲實際的統治者並非封建貴族階級，而是教皇。哪位封建貴族膽敢違抗教廷，則將失去學有專精的僧侶階級的支持，其貴族地位亦將不保。文藝復興以來，由於對古典語文的研究，掙脫宗教束縛，重新認識人文的價值。兼以宗教改革向教廷權威挑戰，這兩種趨勢助長了民族國家的形成。貴族階級向僧侶階級奪權成功，神權之說轉化爲「君權神授」，隨之發展出絕對不受限制的專制王權（Absolutism）時代。民主的根源便是對這種專制王權的反抗。

拭去歷史的塵埃

在物質基礎上：十七、八世紀工業革命、新航路的發現，形成新興中產階級，發展出財產權神聖、自由契約、自由貿易等觀念，而專制政治正好阻礙了這些新勢力、新觀念的發展；在精神基礎上：啓蒙運動的先驅伏爾泰、吳爾夫乃至康德都受到中國儒家文化的影響，他們倡言理性，高舉啓蒙運動的大纛，提供新興中產階級以思想的武器。近代西洋文化菁英一方面從希臘、羅馬文化中尋找理論基礎，一方面則在沒有教會，卻仍擁有完整典章、文物、禮俗、制度的中國文化中，擷取經驗與範型。近代民主政治的模式，便是循著這樣的線索塑造出來的。易言之，在傳統的歐洲文化中（尤其是基督教文化）根本沒有「民主」這種東西，即使在希臘文化中，柏拉圖與亞里士多德也異口同聲反對「民主」。而我們竟以爲民主是歐洲文化的傳統，而將之排除於中國文化之外，真是令人慨嘆！

費了這麼多的篇幅，在歷史的陳蹟中探索，無非是想在盤根錯結的歷史糾葛中理出頭緒，拭去因歷史的挫折、仇恨而重重積累的塵埃，還中國傳統文化一個本來的面目。否則一個對過去失去記憶的民族，如何規畫未來的理想與目標？脫離了傳統，缺乏文化的主體意識，任何創造的發生，都將是偶然，一現即逝，無法開創恆久的未來。從西歐及日本現代化成功的例子，可知文化認同何其重要。放眼古今中外，當文化菁英與政治菁英一面倒地否定自己的歷史，反對自己的傳統，這就是文化體系崩潰的朕兆。我們如何劍及履及地在現有工業化、教育普及的有利條件下，在傳統文化中抽取固有質素，賦予新意，掌握民主政治的根本精神以推行中國的民主化，是當代各界菁英責無旁貸的重任。不明就裏，盲目指責傳統，是敗家子的行徑。文化重建的工作固然繁難，需要衆人投注長期的精力共同努力，然而當務之急，毋寧是先確立對中國傳統文化的認同，充滿自尊、自信才能爲民族的再生注入新血，面對荒蕪的土壤，才有願意開墾的農夫。

——《中時晚報》一九九一年七月十六、十七日

「變」的哲學

——兼論中西宏觀政治之「變」

朱高正於一九八五年自德國取得哲學博士學位，返台投入政界以來，一直是政壇的焦點人物。他手創民進黨，後因民進黨將「住民自決」的主張，改爲「獨立建國」，乃毅然退出民進黨。隨後籌組中華社會民主黨，一九九三年底與新黨達成對等合併的協議。並於一九九四年八月二十一日接受新黨提名爲台灣省長候選人，該月底工黨、勞動黨也同時發表聲明支持朱高正競選省長。雖然其個人基本理念未曾改變，卻因黨籍的更替，招致「善變」的責難與質疑的眼光。其實，古今中外均有哲人闡釋「變」的哲學，舉凡西方的康德、黑格爾，中國孔子、孟子均曾對「變」多所論述。何妨拋棄成見，用嶄新而理性的態度，重新認識「變」的眞義，還朱高正一個公正的評價。

壹、前言

在社會變遷的過程中，一般人往往安於成爲自己個性或慣性的奴隸，既無運用理性思維的習慣，自然無法適應日新月異的新狀況，更難提出解決問題的策略。尤其對正處在劇烈變動中的中國社會而言，如何不斷地「微調」，甚至化被動的「應變」爲主動的「求變」，毋寧是當務之急。其實，「變」在中國或西洋哲學中都是一個極爲重要的形上學問題。唯有掌握「變」的深意，才能掌握時代的脈動，深入問題，提出相應的解決策略。

中國當前亟需一個求新求變的啓蒙運動，鼓勵大家勇於公開運用理性，並從傳統的智慧寶藏中，汲取經驗，俾協助大家對「變」有更高層次的理解與實踐。

貳、「變」與「辯證法」在中西哲學史上的回顧

西方哲學史上首度將「變」的問題凸顯出來的是巴曼尼得斯（Parmenides）與赫拉克利特（Heraclitus）。巴曼尼得斯認爲存有的本質是「一」，是靜止不動的，所有的變動都只是假象。舉例來說，運動中的箭矢在每一被分割的時間點上其

實是不動的，這就是有名的「飛矢不動」說。與巴曼尼得斯的看法完全對立的是赫拉克利特的「萬物流變」說。他主張宇宙的本質就是「變」，變化與時間是緊密結合的，正如河水流動無息一般。使用「辯證法」將「變」的哲學發揮到淋漓盡致的黑格爾（Hegel）因此稱赫拉克利特爲辯證法之父。

以辯證法掌握「變」的法則

其實辯證法（Dialectics）的原意爲「對話的藝術」。當雙方見解對立時，經由對自身所支持的命題（「正命題」或「反命題」）的徹底辯護，與對「對立命題」的徹底攻擊（即由「正命題」來攻擊「反命題」，或由「反命題」來攻擊「正命題」），而得到一「綜合命題」。此「綜合命題」可以包容「正命題」與「反命題」之所長，而揚棄「正命題」與「反命題」之所短，因此求得對爭論中的概念更高層次的綜合與理解。在柏拉圖（Plato）的《對話錄》中，蘇格拉底即不斷運用辯證法與詭辯學派辯論。

這種對立的矛盾可分爲兩種，即「分析的矛盾」與「辯證的矛盾」。分析的矛盾缺乏辯論價值，在此亞里斯多德（Aristotel）的矛盾律有其適用性，亦即一件事物不可能同時是A，又是非A。只有辯證的矛盾才能適用辯證法。辯證的矛盾乃指對立的雙方僅能以否證對方的命題，間接證明自己的命題是站得住腳的。例如，「宇宙是有限的」爲正命題，反命題即「宇宙不是有限的」。主張正命題的人只能指出宇宙無限的不可能，而無法直接證明宇宙是有限的，主張反命題的人亦僅能證明宇宙有限的不可能，卻無法正面確證自己的立說。正、反雙方的主張往往僅是一偏之見，透過「合」，即綜合命題的提昇，正、反雙方均能得到應有的地位。辯證法就是將這種原來由兩造對立的論辯過程，內化到思維主體本身的思考方式中的一種哲學推論方法。只有透過辯證法，才能掌握到「變」的法則。

「正」、「反」、「合」的辯證關係

康德在《純粹理性批判》中，透過對判斷命題的研究，分析出知性的思維類型，亦即「範疇」（Kategorien）。此範疇共十二個，分四大類——即「量」、「質」、「關係」與「樣態」。而每一類又都有三個範疇，表現出正、反、合的辯證關係。以質的範疇爲例，「肯定性」爲「正」，如張三戴眼鏡；「否定性」爲「反」，即張三不戴眼鏡；則「合」爲「限定性」，因爲張三有老花眼，所以在看書報時才戴眼鏡，「正命題」與「反命題」所具的部份真理都能在「合」中表現，但也都受到了限制。

黑格爾一八〇七年出版的《精神現象學》更充份把握了辯證法的精義，不但將辯證法內化到思維主體，更將其視爲存有的法則。「有」（Sein）爲正命題，「無」（Nicht–Sein）爲反命題，綜合命題則是「變」（Werden）。一個人若能有效運用「正」、「反」、「合」的辯證思維模式，則對其先前所持的見解，可以具有更大的批判力，使其思想更加周密、嚴謹。任何事情沒有絕對的好與壞，重點在於如何透過辯證法調和鼎鼐，執守中道。

「變」與「中道思想」

在中國談「變」的經典，非《易經》莫屬。即如一向瞧不起中國文化的黑格爾，亦對中國的八卦所蘊含的辯證思想，讚不絕口。研讀《易經》必須兩卦（如剝、復）對看，才能深入其豐富的辯證思想。《易經》以每兩卦爲一組，非「綜」即「錯」，所謂「易者，簡易、變易、不易也」，變易本身即不易之理。筆者以爲，《易經》所蘊含的主要辯證思想，首推「陰陽互藏，相生相剋」。六十四卦中，除謙卦外，無一卦自始至終均爲吉或凶。次爲「物極必反，否極泰來」。《易經》强調中和思想，最忌極端，常常要站在對立面來看問題。第三則是「得位得中，大吉大利」。按卦例，一卦設六位，初、三、五爲陽位，二、四、上爲陰位。凡陽爻居陽位，陰爻居陰位則得位，得位通常易得吉辭。至於「中」，則爲二、五之位。得中則能補過無失。歸結而言，《易經》以「中道」思想爲其中心原則。

正統儒家思想其實非常重視「變」的道理。如孔子所云：「言必信，行必果，硜硜然，小人哉！」如果無視外在時空條件的改變而仍堅持守信或行事到底的人，充其量不過是小人罷了。孟子在〈離婁篇〉也說：「言不必信，行不必果，惟義所在。」義者，宜也，强調中道思想的重要性。證諸孔子也說：「君子之於天下也，無適也，無莫也，義之與比。」難怪孟子稱譽孔子爲「聖之時者」。此外，孟子對「執中」有更深一層的闡述：「子莫執中，執中爲近之，執中無權，猶執一也，所惡執一者，爲其賊道也，舉一廢百也。」這也就是說在「執中」的同時，也要懂得「權變」，這才不會傷害到「中道」的本質。

十六字心傳

其實，這種「中道」思想早就存在於中國人的心靈深處，當堯將帝位傳給舜時，贈以「允執厥中」四字。舜把帝位禪讓給禹時，將之擴充爲十六字，「人心惟危，道心惟微，惟精惟一，允執厥中。」意謂「人心」易受外物誘惑而爲私慾所役，因此危懼不安。「道心」，即義理之心，卻又如此隱晦不明。惟有專注精誠，使「人心」不致偏離「道心」，才能執守中道。朱熹針對這「十六字心傳」闡明道：「夫堯、舜、禹，天下之大聖也。以天下相傳，天下之大事也。以天下之大聖，行天下之大事，而其授受之際，丁寧告戒，不過如此。則天下之理，豈有以加於此哉？」（見〈中庸章句序〉）無疑地，通權達變的中道思想正是中國哲學的精髓。

叁、中西政治史上的巨變

近五百年是西洋史上變動最頻繁、最劇烈的時期。歐洲在中世紀本是神權（教會）統治的時代。直到西元一四五三年英法百年戰爭之後，民族國家（Nation

State）出現，世俗政權抬頭，教會的力量逐漸淡出政治的舞台，進入「絕對王權時代」，亦即「專制主義時代」。

工業革命推動近現代的政治巨變

然而，隨著新大陸、新航路的發現，與工業革命的興起，新興的工商資產階級踏上歷史舞台，勢力逐漸壯大。以法國而言，在十八世紀時有三級議會：第一等級爲僧侶階級代表，第二等級爲貴族階級代表，第三等級則是有納稅能力的平民代表。其中第一與第二等級代表傳統的守舊勢力，第三等級則要求改造現行體制，廢除「三級議會」，改採「國民議會」，全由有納稅能力的人民代表平等組成。因此爆發了法國大革命，象徵著資產階級時代的來臨。

一八四八年二月，馬克斯與恩格斯共同起草的「共產黨宣言」發表，同年六月第一次無產階級武裝鬥爭也在巴黎爆發。無產階級再也受不了資產階級的恣意剝削，站出來維護自己的權益，標幟著「社會主義時代」的來臨。

歐洲的變動與發展，即是從僧侶階級操控的「神權政治」（Theocracy），轉入由貴族階級爲主導的「絕對王權時代」（Absolutism）；再變爲以資產階級爲主導的「代議民主政治時代」（representative democracy）；十九世紀又進入要求全民民主，反對資產階級民主的社會主義時代（Socialism）。

中國平民政治的發展

中國的傳統政治也不斷變動且朝著合理而進步的方向演進。夏、商、周時，天子是天下的共主。但自周平王東遷洛陽（西元前七二二年）以來，周天子式微，五霸代之而起，負起尊王攘夷與維護國際秩序的責任，權力遂由天子移轉至諸侯。至周威烈王二十三年（西元前四〇三年）韓、趙、魏三家封侯，安王十六年（西元前三八六年）田氏篡齊，接著齊、梁互王，家宰（亦即「大夫」）的地位越過了諸侯。

中國政治到了漢代有了突破性的發展。在董仲舒建議之下，漢武帝罷黜百家，獨尊儒術，設立五經博士及其弟子員。只要精通一經，即可獲得功名利祿。當時印刷工具不發達，紙張使用尚未普及，抄寫經書費時費力，所以收藏古籍愈豐的家族愈具影響力，代代相傳，由「累世經學」，進而通經入仕，成爲「累世公卿」。讀書人，亦即士族成爲權力的主導者。

隋煬帝大業二年（西元六〇六年）開進士科。科舉制度的實行，提供平民百姓與士族投入仕途的平等機會，象徵政權的全面開放。至北宋，更因印刷術的普及，庶民百姓獲得更多讀書的機會，庶民階級取代士族階級掌握了政治的權力。

從中國傳統政治的變動正可看出其進步的一面：政治的主導權，春秋時從「天子」下移爲「諸侯」，戰國再下移爲「大夫」，漢朝以降則下移爲「士」，隋唐之後，只要肯用功讀書，庶民亦可晉陞至「一人之下，萬人之上」。

肆、中西政治巨變中的思想巨人

亞里斯多德在其《政治學》中有一段精闢的論述：「一個國家秩序安定的最好保障，莫過於建立一套與統治型態相應的教育體系，一個民主國家需要一個民主式的教育；貴族政體則需貴族式的教育；同樣地，君主政體所需的則是哲王式的教育措施。」每一套統治秩序必有與其相應的思想做爲其理論基礎。以柏拉圖《對話錄》中的〈國家論〉而言，即可視爲對古希臘城邦政治經驗的總結。

馬基亞維利是現代政治學之父

爲「絕對王權」奠定理論基礎的有義大利的馬基亞維利（Machiavelli）、法國的布丹（Jean Bodin）與英國的霍布士（Hobbes）。他們都用現實的角度，實証的方法來解析政治現象，論述如何在沒有「上帝」和「教會」支持的情形下，由國王有效地統治國家。

隨著資產階級時代的來臨，自由主義思想家如洛克、盧梭、孟德斯鳩提出「社會契約」、「天賦人權」與「三權分立」等重要理念，爲代議民主政治建立了堅實的理論基礎。而在早期自由主義只保障「形式平等」，而無法保障「實質平等」的情況下，帶動社會主義思想的興起。從聖西門、傅立葉的「空想社會主義」到馬克斯對資本主義非人道的剝削提出最嚴厲的控訴，社會主義要求實踐真正的平等與全民的民主。

康德哲學會通自由主義與社會主義

事實上，康德是融合「代議民主政治」與「社會主義理論」的關鍵人物。康德思想代表著啓蒙運動的頂峯，完成自由主義的理論架構，如人的尊嚴、人的主體性、人的能動性。以權力分立與制衡的理論而言，康德即用三段論法將孟德斯鳩所提出的三種權力組合起來：立法權相當「大前提」，行政權是「小前提」，司法權則是「結論」。而十九世紀下半葉，亦有一批康德學者投入社會主義運動的洪流裏，如Karl Vorlaender與Max Adler。而社會主義領導人物中，受康德感召者亦不少，其中以後來被批判爲修正主義的柏恩斯坦（Bernstein）最爲有名。康德的「人格自由主義」乃是奠基在「個人自由、自律與自主」之上，與社會主義不但不對立，且可相互輝映。

管仲與韓非

至於中國歷史巨變中的思想巨人，首推管仲與韓非。管仲輔佐齊桓公完成霸業，其「尊王攘夷」的政策，對華夏文明的保存，居功厥偉。孔子盛讚道：「微管仲，吾其被髮左衽矣！」戰國時代，儒家的務實派荀子的門下出了兩位傑出的弟子——韓非與李斯。前者集法家理論之大成，後者則爲法家理論的實踐者，兩者均爲秦的統一中國奠定基礎，結束中國五百年的分裂（西元前七二二年至西元前二二一年），並對後世有極爲深遠的影響。

公羊春秋

第二組思想巨人則當推董仲舒與康有爲。此二者均提倡以公羊春秋來從事變革。此外，諸如魏源、龔自珍、譚嗣同也都提倡公羊學。《公羊傳》云：「君子曷爲爲春秋？撥亂世，反諸正，莫近諸春秋。」（見〈哀公十四年〉）正由於公羊春秋崇尚微言大義，托古改制，故在中國的兩次巨變──漢初與清末均成爲顯學。

商鞅與王安石

另一組則是主張變法的代表人物──商鞅與王安石。商鞅在秦孝公時推動變法，力抗反對改革的貴族階級，爲秦國的富強奠基。商鞅說：「處世事之變，討正法之本，求使民之道。」又曰：「三代不同禮而王，五霸不同法而霸。」唯有變化，才能順應時勢，取得勝利。北宋的王安石亦以「三不足」聞名，他說：「天命不足畏，祖宗不足法，流俗不足恤。」何等氣慨！天底下那有什麼不能變，不可變的！

伍、結語

總結中西哲學對「變」的詮釋，可知歸納法與演繹法均不足以掌握「變」的發展。唯有運用理性，將見解相矛盾的對話，內化到思維程序，亦即採用辯證法，才能掌握變的深層意義，才能真切認識時間序列中的流變。

理性的運用正是啓蒙的目標。康德認爲，「啓蒙」是指「一個人要從歸咎於自己的未成年狀態中走出來」的意思。何謂「未成年狀態」？康德認爲是指若無第三者從旁指導，就無法運用自己理性的狀態。至於哪一種未成年狀態要「歸咎於自己」呢？康德說，不是因爲心智尚未成熟，而是因爲缺乏決心、勇氣和擔當，致不敢獨立運用自己的理性。所以康德認爲，啓蒙就是要求每一個人公開地運用自己的理性。每個人針對任何可公開評論的事物，把自己內心的看法、想法講出來，讓別人可針對你的看法公開提出評論。相對地，你也可針對別人對你的看法的評論，再予以公開評論，這樣就形成了一個公開討論的環境。如此一來，我們的社會就逐漸走向開放的社會。

「變」與中國現代化

自鴉片戰爭以來，中國面對的一個亙古未有的大變局。對於傳統，我們應勇於運用自己的理性，去認識它、肯定它，進而予以批判、重建。傳統非但不是死的東西，反可成爲現代化的動力。

對於西方，我們不漠視，不盲從。任何關心中國現代化的知識份子都必須針對以下兩個課題提出解決策略：一是工業化的問題，即如何解放國民生產力的問題，也就是如何讓資本主義在中國發達起來的問題。另一則是如何將生產力解放後所創造出的大量財富公平分配的問題，亦即社會主義的挑戰。康有爲的失敗即在於未能正視此二問題。而「社會市場經濟制度」正是調和資本主義與社會主義之間的第三條道路；而「社會民主」則要求能有效落實社會正義的民主體制，正是我們尋找已久的道路。

誠如商鞅〈更法篇〉所云：「夫常人安於故習，學者溺於所聞。此兩者所以居官而守法，非所與論於法之外也。三代不同禮而王，五霸不同法而霸。故知者作法，而愚者制焉；賢者更禮，而不肖者拘焉。拘禮之人不足與言事，制法之人不足與論變。」唯有發揮啓蒙的精神，拒絕做個性與慣性的奴隸，運用理性，掌握辯證法則，通權達變，個人的理論水平與實踐能力才能不斷提昇，社會國家才能不斷變革、不斷進步。

以聯邦制化解統獨矛盾

從自決原則看聯邦制的可行性

——一個和平改革者的狂想曲

一九八八年九月十日，朱高正在聯邦德國首都波昂向數十位來自中國大陸的知識份子發表題爲〈以聯邦制來解決海峽兩岸對立的可行性〉的演講，當時獲得熱烈廻響，本文即經朱高正親筆潤飾而成。文中朱高正首次對兩岸關係的解決提出長期構想，以海峽兩岸住民自決的原則，揚棄一廂情願的統一口號和教條化的台獨訴求，務實而逐步地發展兩岸關係。

當時仍爲民進黨要員的朱高正即勇於提出這樣的主張，足見朱高正政治理念的一貫性和前瞻性。

去年（一九八七）史卡加匹諾在《外交政策季刊》秋季期發表一篇專文〈亞洲的未來〉，略論亞洲在本世紀結束前的政治大勢，基本上我非常同意他在該文中所表達的觀點。就是亞洲在進入二十一世紀之前，不管是外交或是內政，大概發生激烈的武裝衝突局面的機會將愈益減少，代之而起的是由「談判」代替「對抗」。在外交方面，敵對的地區（例如印度與巴基斯坦、南北韓、中國大陸與臺灣）的衝突都將漸次趨向緩和；而內政方面，從過去二十年激烈的衝突中學到不少的教訓，也許大家都只需要稍微讓步一下，就可以達到某種程度的解決。

對抗衝突整合必經過程

現在，我希望能從這一點出發來講。近三年來，中國大陸方面，基本上自由化政策與改革政策漸次落實。雖然去年初的學生運動在一定程度上遭到抑制，但是並未有大幅抑制，自由化發展的政策出現。政治自由化的發展帶來改革與開放，這些改革主要是在經濟方面解放生產力所做的努力。臺灣這邊，近年也逐步開始了類似的情形。尤其是在反對黨成立以後，也帶出了一連串的政治革新。

然而海峽兩岸仍不時出現對抗的局面，尤以外交戰場上爲最。其實，對抗與衝突並不一定能解決問題。我們何妨不將對抗與衝突作爲「整合」的一個必經過程，爲的是要促使敵對雙方一同面對問題，且理性而和平地一起找出一個雙方都可能接受的方案。

和平發展成爲兩岸共識

如果站在臺灣與中國大陸的關係上來看，大概我們可以發現到海峽兩岸之間的氣氛已有重大的改變。早期是一邊高叫「解放臺灣」，另外一邊則大喊「反攻大陸」，兩者都是帶有武力威脅的宣傳口號。現在中國大陸的對臺政策已經變成「和平統一」、「一國兩制」；而臺灣國民黨方面則已絕口不談「反攻大陸」，而是要以「三民主義統一中國」。無論如何，從宣傳口號的改變，我們是可以推論出海峽兩岸，關係是有了一定程度的緩和，從過去那一種毫無妥協餘地的、非要以武力解決不可的衝突，到現在大家都好像各讓了對方一點，這種變化不可謂不大。去年九月二日，國民黨秘書長李煥甚至公開講述：「我們不是要取代共產政權，而是要促進中國大陸的民主化。」這種看法引起了很多國民黨大老級人物的不安與不滿，雖然這種說法在那以後也就再沒聽說過，甚至在公開場合，國民黨還否認說：「我們從來没有任何人講過這種話。」但是我還是要强調，以和平的方法來解決海峽兩岸的衝突，已漸漸成爲雙方的共識。而我現在要談的，就是針對「聯邦制度能否作爲解決臺灣與中國大陸長年分裂狀態的一種可行模式。」來探討海峽兩岸如何可能基於和平、民主的原則，爲了促成雙方人民生活水準不斷提高，而漸次完成整合的先決條件。

聯邦制可避免中央集權

也許大家一聽到「聯邦制」，就想到是由臺灣跟中國大陸來搞一個聯邦。我以爲目前臺灣是怎麼講也没條件跟中國搞聯邦的。像中國大陸這樣廣土衆民的國家，如果希望完成其現代化計劃的話，基本上就應該採用聯邦制。我在這裏先不講他同臺灣的關係，而先講講引進聯邦制的各種好處。

首先，聯邦制最大的好處就是避免中央集權，從而可以穩定整個政治系統。施行聯邦制的國家，基本上其中央政府與地方政府的權限都經由憲法明文規定。如果有爭議的話，也由一個專責仲裁的法院（憲法法院）來裁決。按照中國現在的狀況來說，就是囿于成規，凡事都要請示上級，責任没有層級劃分，有事常常由「縣委書記」推到「省委書記」，再推到中央。到最後弄到什麼都要找上面，很多不應該由中央幹部負責的，終於全部都得由他們負責。這樣對維持整個政治系統的穩定非常不利。更重要的是由於中央集權，地方幹部的權力相當有限。地方不能自己做決定。這樣造就了官僚主義先天上的缺點，反正多做多錯，少做少錯，不做就永遠都不會錯。這種情況阻礙了國家與社會的進步。聯邦制的好處，就是能分層負責，屬於省委書記管的，你就去找「省委書記」，這樣就能維持一個政治系統的穩定。

其次，只有聯邦制才能使得整個國家人力資源獲得充分運用。比如說中國兩千多個縣，如果能逐級授權、讓掌權的人自己去做決定，做得好，繼續幹；做得不好，大家看得到，那他就要負責，甚至下臺。自然而然地，領導幹部就受到監督，不單來自上級，也直接來自基層。這樣對於整個中國大陸寶貴的人力資源將是一大解放。

解決憲法被架空的問題

第三個好處就是能夠解決憲法被架空的問題。憲法之所以易於被架空，主要是由於沒有制衡力量，而制衡力量的產生尤有賴於「制衡制度」的引進，而「聯邦制」正是「制衡制度」較有效的一種。向來掌握權力的人通常都會有一個傾向，就是濫用他的權力。比方今天他還循規蹈矩，但沒有制衡，三五年之後，他極可能濫權（反正，再壞也没人拿他怎麼樣），這就可能越來越糟糕，久而久之，又出現另一個毛澤東。爲了避免權力的濫用，「制衡制度」的建立有其絕對的必要。「制衡」，可以分爲「縱」的制衡，和「橫」的制衡。「横的制衡」，是指議會與政府之間的制衡，法院不受行政機關及立法機關的左右，亦即指立法、行政、司法三種國家公權力之間的「平行制衡關係」。至於「縱的制衡」則指省自治單位與中央政府之間的「上下制衡關係」。也就是說，各個省跟中央政府，都有它不同的管轄權限。比如一個省長，就省的衛生、水利工程，擁有管轄權。如果中央政府要逾越其權限，干涉省自治事務，這就侵犯了省政府的職權。在這種情形下，省長可以拒絕服從，假若中央政府硬要强加干涉，這就是中央政府違憲，不尊重地方政府的權限。這在西德，可能會導致聯邦政府有關部會首長的下臺。

所以，如果能夠引進聯邦制，在整個政治權力的結構上，可以避免中央集權，也可以維持整個政治系統的穩定，政治權力不會被濫用，不會腐化。而且又可解放寶貴的人力資源，激發他們的創造潛力，大幅加速國家建設。所以，我先不講中國與臺灣的關係，單單以中國大陸本身的立場來看，以中國大陸長久的發展來看，中國大陸本身就應該引進聯邦制。

也許有人認爲美國和西德之所以實施聯邦制是因爲有其特有的歷史因素，而在中國則無此傳統。其實，我認爲聯邦制在中國施行是遲早的事。聯邦制非常適合中國這種歷史地理背景的國家。首先，我想指出現在中國大陸各省的劃分，基本上是從元朝流傳下來的。各個省都有它特殊的風俗習慣、地方特色。中國向來在表面上，一切都是聽皇帝老子的話，但是，皇帝老子事實上也管不到地方來。自從孫文革命，清朝崩潰以來，直至一九四九年才又回到大一統的局面。在這段期間內，由於中日戰事與中國內亂，造成大量人口流動，但是無論如何，廣東人打仗打到東北，他最後還是會回去廣東，浙江人在四川住久了，大概最後還是會回到浙江，死在浙江的。所以，基本上由於各省方言與風俗習慣的不同，加上中國人所謂落葉歸根的傳統觀念，造就了一個施行聯邦制的良好條件。

具體行動取信港人

然而現在如果真的要施行聯邦制，也有些困難有待克服，就是中國大陸人民現有的法治常識太薄弱，現有的法學教育也有待加强，人們對中央跟地方的均權觀念也非常缺乏。此外，中國大陸也亟需有一個能夠獨立於共產黨控制的司法體系，這個獨立的司法體系對聯邦制的運作有決定性的影響。

雖然有這樣多困難，我今天仍然提倡在中國施行聯邦制的主要理由，是希望藉此提醒中共當局，對香港住民九七年以後的五十年繁榮保證，如果沒有配以具體行動，焉能取信於香港人民？如果中國共產黨已經同意保證香港於九七以後，還享有五十年現有的經濟制度和生活方式的權利，也許有人會問，那麼以後中國大陸其他各省的人民，是否也有選擇經濟制度和生活方式的權利？比如現在深圳是一個特區，它附近的人就會不滿，說在深圳賺錢比較多，爲什麼我們這個地方不變成另一個深圳呢？那就是說，如果中國共產黨在其他各個省份還堅持計劃經濟，掙脫不出四個堅持，而把香港當成一個例外、特殊的狀況來容忍的話，那香港住民大概不會相信這個「五十年承諾」，而臺灣住民會怎麼看待這個承諾就不言可喻了。

依我看，中國大陸除了保障在九七年以後香港最少有五十年維持現狀之外，也應該在九七之前把中央緊握著的權限漸漸下放，讓各個省按照自己的特色，重新規劃，讓各個省有更大的自主權。中央只要掌握國防、外交與金融等必要的權限，其他概讓各個地方自己去做，包括經濟制度、教育、警察，讓各個地方因地制宜。那麼，對香港的壓力，相信就會大大減少。上海、廣東等地可能與香港一樣採行較高度的資本主義流通形式。至於內地方面，經濟比較落後的，一下子發達得太快，會造成嚴重的貧富懸殊，或是大量的失業人口，可能要用比較「計劃性的經濟制度」，然而基本上，還是應該由當地自行決定，中央政府只是作評鑑工作而已。那一省做得好，那一省做得差，都可以比較出來。也就是說，未來的省政府，不單要接受知識份子與地方民衆的監督，中央政府也可以給他一個很大的壓力。所以，中央政府是以一個比較超然的立場來做督導工作。

十年後時機將比較成熟

假若中央政府能徹底保障施行聯邦制，相信十年之後，時機就會比較成熟，而十年裏面，也許「臺灣省」也可以和廣東省訂定姊妹關係，北京市也可以找臺北市作文化交流。反正，並不是一下就要層次很高的接觸。如果大陸在保障施行聯邦制十年以上之後，共產黨突然又反悔了，那時，極左極右的勢力要再抬頭，也沒那麼容易了，因爲很多權力都在地方上了。這樣，大概就能從那種不斷革命鬥爭的夢魘裏掙脫出來。到那時候，大陸就比較有條件來跟臺灣談判，臺灣也大概比較有興趣來談了。那時候，中國現有的二十八個省與自治區，再加上三個市，與臺灣省、臺北市、高雄市、澳門、香港，加起來共有三十六個省政單位。每個單位可以派三個到五個人出來，聚在一起成立一個制憲大會。不論是「中華人民共和國憲法」或是「中華民國憲法」均只供參考而已，我們要重新起草一部新的、能夠讓各省各自治區都同意的憲法。這部憲法應該建立在下列七點「民主憲法的本質規定」之上：

一、尊重基本人權。
二、國民主權思想。
三、權力分立與制衡。
四、政府向議會負責。
五、依法行政原則。
六、司法獨立審判。
七、多黨體系。

不刻意否認對方生存權

我相信用這種方式，大家都是自願的，不是被迫的，這個剛好跟民主進步黨的黨綱（「住民自決原則」）相符，就是「臺灣前途應由全體臺灣人民共同決定。」

我對這點不止一次强調，我們主張「住民自決」的原則，這不單適用於臺灣，也應適用於中國大陸。講得清楚一點，就是中國大陸的前途，應該由全體中國人民在自由的意志下來共同決定。我的想法是奠基在「人格自由主義」，認爲每個人都是自由的、自律的、自主的，所以他也必須是自我負責的。基本上，一個人對自己的政治前途做了錯誤的決定，他也怪不得別人。就好比男婚女嫁必須兩廂情願，不能毛遂自薦、或强迫婚配。大家覺得結合在一起於雙方是有好處的，而不是受壓迫的，經由這種方式，花的時間可能長一點，但卻是比較安穩的、理性的，不必冒大險的。而且，這樣大家亦可以漸漸培養出共屬感。

至於臺灣如與中國大陸要一起搞聯邦制，有一個問題首先要解決，那就是雙方應互相承認對方的存在是一個「既與的事實」，而不應刻意否認對方的生存權。一個較可行的方法是雙方互相承認對方是「交戰團體」，則依國際公法雙方均可享受一定程度的國際法人人格。這一來可以不違背「一個中國」的原則，二來可以爲雙方和平的接觸打開一扇大門。雖然對中國大陸而言，或許稍嫌委屈，但是，如果臺灣方面做出兩點重要的相對承諾，則或許中國大陸不無可能接受。亦即在中國大陸承認臺灣爲一「交戰團體」使得臺灣享有一定程度的國際法人人格之時，臺灣也可考慮與中國大陸做成兩點「互不侵犯協議」：

一、臺灣與中國大陸的軍隊互不攻打，假使中國大陸與外國發生戰爭時，臺灣不得與該國結盟對抗中國大陸，反之亦然。二、在外交上要避免競爭的關係發生，譬如，中共同印度不好，臺灣不要故意同印度好；在外交上有競爭關係存在時應儘量以個案協調方式調處，而不該互相排擠，尤其有關臺灣住民到國外旅遊，純屬文化、經濟體育方面，中國大陸方面不要濫加阻撓。這樣臺灣雖然擁有自己的軍隊，國號，但對中國大陸並無影響，而且至少是過渡階段，比現在漫無約束要好得多了。

談問題國共兩黨都糟糕

我還要講一下「政黨政治」的問題。我覺得很奇怪，共產黨居然跟國民黨說：

「只要你放棄國旗、國號，那你還可以在臺灣繼續統治。」中共認爲這就是「政黨政治」。有人說跟大陸談問題是很糟糕的，其實跟國民黨談問題也是這麼糟糕。我講個笑話給大家聽，以「司法獨立」爲例，一九五四年「中華人民共和國憲法」第七十八條規定法官獨立審判，是依照法律獨立審判，但是大陸的張友漁教授把這點解釋成：「所謂獨立審判，不是法官獨立審判，而是法院獨立審判。」換句話來說，法官判無罪也沒有用，一弄到審判庭庭長或法院院長那裏，共產黨黨組織就發生作用，到最後還重判楊巍兩年，這又怎麼算是「司法獨立」呢？在臺灣，國民黨講的「司法獨立」也是一樣。一月十一日他們慶祝司法節，我在今年一月十一日負責帶領一萬多人到司法院去抗議，抗議他們司法不獨立。國民黨視司法早就獨立了，從一九四三年就已經從治外法權裏面獨立出來了，已經沒有領事裁判權了。他們講的「司法獨立」是沒有領事裁判權的「司法獨立」。我們要的「司法獨立」是法國大革命以來要求的司法權（作爲國家三個重要的基本權力之一），它的行使不應受到行政權或立法權的影響，應該完全依照法律，由法官來獨立審判。這個，跟國民黨與共產黨講的都不一樣！

讓政黨有公平競爭機會

同樣荒謬的是，最近中共的建議：國民黨只要不再使用中華民國的國號、國旗，就可以在臺灣繼續統治下去，共產黨以爲這就叫「政黨政治」，我說這簡直是胡說八道、莫名其妙！這其實應該叫做「黨聯合壟斷」。我們談「政黨政治」，就是政黨要公開競爭，所以說國民黨只可以在臺灣，共產黨只可以在大陸，就等於是國共兩黨第三次合作，包辦通吃，這就不應該！

我個人的主張是這樣：由於臺灣比較小，國民黨比較沒信心，所以共產黨應該有寬闊的胸懷，先讓國民黨到大陸去發展，也可以在大陸各省各市設立支部，五年以後，共產黨也可以同樣方法來臺灣發展，設立支部。但是，一定要有一個共識，例如臺灣這邊的人到中國大陸去發展，就應該尊重大陸現有的法律體制。相反地，大陸那邊的人到臺灣來，也要尊重臺灣現有的法律體制，不能搞地下黨，不能搞革命黨。重要的是雙方應該協議建立一套法律制度使得政黨之間的和平競爭成爲可能，雙方應當有這個共識，不管在臺灣也好，在中國大陸也好，一定要讓各個政黨有公平競爭的機會，在這中間民主進步黨也可能扮演緩衝、協調的微妙角色。不要老是講統一，因爲不論是國民黨或是共產黨，每講統一都懷著對領土的野心，都是以爲對方那塊土地原來就是屬於我的。因此如果這點做得好的話，我相信，大家一定能透過這種比較緊密的接觸，來互相了解。這樣，就不會有一廂情願的情形出現，至少，我們民進黨並不贊成這樣。

聯邦制構想較具可行性

我們衷心希望，中國大陸各省基本上還是應由中國大陸各省的人來治理，臺灣這一邊，基本上也應該由臺灣的人來治理。當然，舉例說，偶然有個四川人跑到廣東去幹公務員，我們不會反對，不過，廣東省還是應該由廣東出身的人來管治，這種地域觀念，至今還是普遍存在的。我還要指出，民主進步黨的住民自決主張是很合理的。這次在歐洲停留期間，我跟西德這方面的一個高層決策人員提到「自決」，他說他們現在對東德的要求是「自決的要求」，而不是「領土的要求」。東德那邊如果要接受西德這一套的話，西德竭誠歡迎。如果東德那邊在自由的意願下表示他們的政治意志，那麼，西德甚至願意放棄其基本法（即西德憲法），由我們的民意代表，跟他們的民意代表一起，另行擬定、起草一個可以適用於全德國的憲法。

如果，歷史的發展還有理性可言，還有可能被規劃的話，我相信，這裏提出的構想實行起來，還得需要一點耐心和時間。但是我覺得，那還是比較可行的。如果立刻就要中國大陸和臺灣搞聯邦，恐怕雙方面都還沒有那個條件。但是，由中國大陸先來搞，把權力下放，至少對這個構想的實現過程有所幫助，而對穩定中國大陸政治體制與安定中國大陸與臺灣的關係也有實質的幫助。在中共當局口口聲聲喊「和平統一」、「一國兩制」而毫無實效之後，是否也應該考慮放棄這種幾近虛構的「民族感情」訴求，改採較「實際的做爲」，藉著香港基本法的制訂，確立聯邦制的基礎，將香港基本法定位在「省憲法」的位階，更從而開放國民黨、民進黨赴大陸發展，更進而開放大陸人民自行組黨，以這些「實際的做爲」來代替「口頭的承諾」對海峽兩岸的和平交往才能打開歷史性的新局面。

超越統獨論爭

——以「原則上的統一」涵容「策略性的台獨」

統獨爭議在現時台灣的政治環境裏，就如滾雪球一般，夾雜著太多歷史情仇、政治恩怨，問題愈滾愈大，實質的內涵卻益加曖昧而不復得見。朱高正以動態的階段性思考方式，將統獨論爭置於世界潮流和兩岸政治現實之中，加以分析，一則在為統獨問題提供另一個思考的面向，一則在激發社會理性思考、據實論辯的風氣。

由於動員戡亂時期宣告終止，懲治叛亂條例相繼廢除，如今台獨言論已不再是禁忌，兩岸關係隱然已經進入一個嶄新的階段。兩岸日益頻繁而複雜的交流互動無不關係著台灣未來的前途，因此從政治現實面來考量，兩岸關係與台灣前途這兩個問題實屬一體兩面。

認知紛亂，共識貧淺

過去在國民黨施行白色恐怖的威權統治期間，反共、反台獨都是欽定的基本「國」策。對國民黨政府持批判態度的異議人士中，如果言行上親中國（不必然親中共），動輒被扣上「匪諜」的紅帽子，反之則被視爲台獨份子，兩者都難逃高壓控制，迭遭迫害。解嚴後，由於人心思變，本土意識高張，台獨言論在反對陣營中營造出賣點，即使連國民黨的本省籍檯面人物爲迴避被視爲「保守」、「頑固」的指責，而隱約認同台獨者，亦不在少數。由於長期以來閉門造車的口號政策，所導致的愚民效果，使大多數人對台灣前途及兩岸關係的思考，不僅貧乏且多以政治情感上的偏執爲據，互不相讓。如此錯綜紛亂的認知與貧淺的共識，成爲未來台灣與大陸當局進行交涉的潛在危機，處處掣肘，大幅削弱了我方談判的實力。就以近日爲例，行政院長郝柏村雖然呼籲「朝野統獨休兵，致力國家建設」。然而當「國統會」一提出三邊會談的構想，立即引爆了統獨之爭，招致各方的質疑，「勾結」、「出賣」之說不脛而走。朝野各界雖然對統獨問題多所議論，然而到底「統」「獨」的具體內涵爲何，實務上、策略上如何達成……等問題，卻鮮有人加以深究。統獨於是在政治現實中成爲一種標籤或圖騰，任人取用、膜拜，卻忽略了這個問題應審慎處理的實質內涵，這將直接影響台灣兩千萬同胞的福祉，不可不慎。朝野各黨派都有責任務實深思，並對這個問題有所交代。

爲長遠的發展預留空間

思考統獨問題必須以兩岸人民的最大共同利益爲依據，極端的統一論調或極端的台獨主張，都不符合台海兩岸同胞的利益。我們在政治現實的努力上應以追求「最大多數人的最大幸福」與致力正義的維護爲準則。因爲國家是一羣人生活在法律規範下的共同體，國家存立的終極關懷絕不在於統一或獨立，而在於正義的維護。當國家無法有效的維護正義時，就不得不面臨分裂或滅亡的危機。以菲律賓爲例，早於一九四六年即已獨立，然而嚴重的失業率、城鄉發展失衡、貧富差距過大等問題，一直是揮之不去的夢魘，成爲菲國未來發展的一大變數。反觀西德政府於第二次世界大戰之後，致力於建設完備、高效能而能貫徹社會正義的政經體制，雖然未刻意凸顯統一問題的優先性，經過四十年的努力，統一終於水到渠成。所以，極端的統獨論調，不論是爲統一而統一，或者是爲獨立而獨立，同其荒謬。我們應該對未來長遠的發展預留空間，而對當下的政治現實採行階段性的務實策略。

就長程的發展而言，基於以下三個角度的考量，筆者以爲統一在原則上毋寧是必然的趨勢：

以良性互動取代敵對關係

(一)地緣政治的角度：

台灣如果位處新加坡或夏威夷，有關統獨爭議問題勢將另當別論。但是事實上，台灣與中國大陸之近有如唇齒相依。從台北到廈門與到高雄等距離，飛機行程僅區區四十分鐘；從台北到福州更僅是到高雄距離之半；由台北到香港與上海也是等距離。在如此緊鄰的地緣關係下，如果維持長期僵持敵對的關係，對雙方都是不智之舉。大陸無法妥善運用台灣既有經貿發展上的經驗、資源，台灣也將長期揹負著軍備國防上沉重的負擔，困於發展本身的建設，並增加持續民主化的變數。

此外，在中共刻意導引下，台灣獨立運動極易被大陸人民視爲帝國主義在幕後主導的分裂運動。就筆者所知，中共領導當局處心積慮灌輸大陸人民確認：「台灣獨立絕不是台灣人民真正的自由意願，而是類似十九世紀末朝鮮的東學農民運動，日本帝國主義者乘機介入，支持朝鮮自中國獨立之後，再予以併吞。」台獨主張極易傷害中國大陸人民的情感，爲了維護固有疆域與民族統一，使得中共更有機會輕易舉兵、大動干戈。

再者，我們必須正視，台灣在國際社會處境的艱危，除非中共默認而不予以積極的干涉，我們極難被國際社會接受爲一獨立的政治實體，這樣的現實雖然殘酷，但是對之有所了解，才能對兩岸的未來關係做理智而正確的處理。過去國民政府在蔣介石領導之下，在二次大戰剛剛結束，以世界五强之一的身分，喊出「反共抗俄」的口號，固然可以理解。然而自一九四九年，政府遷台，以如此彈丸之地，要與同列世界三强的中、蘇共相抗衡，無異是政治口號喊過了頭。回到現實的考慮中，我們必須調整大陸政策，以良性的互動來取代緊繃的敵對關係。如果統一可以獲致兩岸人民生活的改善，使大家活得更有尊嚴，也使得中國的國際地位更受尊重，何必非汲汲於獨立不可？大家切不可忽略，在我們主張獨立的同時，無異也放棄了對中國大陸的主權要求。然而中共卻並未相對地放棄對台灣的主權要求。這就好比某甲與某乙有債權債務關係，某乙片面地免除了某甲的債務，而某甲卻未放棄對某乙的債權主張。這樣一廂情願的台獨主張，實在愚蠢無知至極，而且將使得我們在將來與中共的談判中處於更不利的地位。

經濟上合則兩利，分則兩害

㈡經濟互賴的角度：

在國際性區域經濟整合的趨勢下，歐洲單一市場將於明年正式運作，北美自由貿易區亦在美加合作下開闢成功，亞太經濟合作組織則尚在醞釀中。台灣自退出聯合國後，二十年間飽嘗外交孤立之苦，藉著全體台灣同胞的克勤克儉，尤其中小企業致力拓展外貿，方始在國際間掙得一線生機，像台灣這樣倚重經濟成就者，基於全球經貿戰略的考量，自不能自外於區域經濟組織，否則除了外交，恐怕連經貿亦遭孤立，將對台灣造成致命的打擊。而在加入區域經貿組織的努力中，首要的困難就是排除中共的反對壓力，始有可能躋身亞太經濟合作體系。況且在面對亞洲最大貿易夥伴——美國，爲平衡貿易逆差與日俱增的種種壓力下，日、韓早已調整經貿策略，在中國大陸積極地投石問路，台灣沒有理由不加速開拓這個廣大的市場。就中共而言，台灣具備國際經貿發展上長足的經驗與產業技術、研發上豐沛的人力資源，基於同文同種之便，更是中共應積極爭取合作的對象。總之，就經濟互賴的角度而言，對台海兩岸確是合則兩利，分則兩害。

文化相激相盪，豐富彼此的內涵

㈢文化發展的角度：

國家不僅是一羣人生活在法律規範下的共同體，更是一羣人以文化創造相結合的生活共同體，國力之强弱繫乎文化生機的蓬勃發展。中國大陸廣土衆民，風土人情殊異，埋藏著多元文化豐富的種子，更有廣大的文化展現空間。中國如能統一，對於台灣的文化創作將是莫大的鼓舞，文化相激相盪的結果，也將豐富彼此內涵。以台灣的出版爲例，一本好書（非暢銷書）每年發行量鮮能超過五百本，若兩岸統一，隨著文化消費市場的擴大，將可鼓勵更多優秀的人才投入精緻文化的創作，使文化更形蓬勃發展。又如有線電視開放在即，預計將有數以百計的有線電視公司可以相繼成立，然而節目帶的供給卻成爲極大的問題。西方先進國家中，除英、法因早期殖民地廣布，英、法語使用區域廣大，發行市場具備優勢，而得高枕無憂外，其他如德、荷等皆因市場過窄，資金的投入往往不敷成本而難以爲繼。所以文化消費市場的擴大，依循現代商業化社會的形態，將帶動良性的循環而有利於文化水準的提升。否則如時下台灣因無線電視內容良莠不齊，國人樂於裝設小耳朵收看日製節目，長此以往將由消費習慣的改變而導致價值觀、行爲模式的轉變。這一類高成本的文化工業仰賴資金及市場頗鉅，港、台、中國大陸、馬來西亞的華人文化區應可積極聯手合作，發展華人文化，與英美文化產品相抗衡，以避免片面地成爲西方文化的殖民地，而能積極地發展出互相倚賴的關係。言至於此，筆者便極感憂心，若兩岸無統一的遠景，台灣是否將淹沒於國際競爭激烈的商品文化中？

基於上述三個角度的考量，我們著實不需要率爾畫地自限，而應對未來兩岸統一的可能性，保留更多的彈性空間，並以統一作爲積極努力的原則。

針對政治現實，採行階段性策略

當然，我們亦不能無視於現況，一味爲統一而統一，針對政治現實，採行階段性策略，對兩岸的良性互動及統一目標的達成，極爲重要。目前兩岸統一最大的阻隔在於生活水平差距過大及中國共產黨對一黨專政的堅持，生活水平的巨差在驟然統一後，將使台灣全體同胞立刻面臨生活水平急遽下降的威脅，隨之引發的政經、社會問題，將嚴重違背統一的初衷。而中共堅持一黨專政，對人權的漠視及民主政治架構的付諸闕如，都使正致力於民主化建設的台灣同胞滿懷疑懼及排斥。所以現階段策略性的台獨主張，可以做爲逼使中共在這些原則性問題讓步的談判籌碼，亦即「原則性的統一，策略性的台獨」。我們所要追求的不是盲目撮合，而是有利於兩岸人民福祉的統一。這樣的統一必須建立在使兩岸人民利益均霑，且符合文明社會所共同認可的原則之上，舉其犖犖大者如制度化的人權保障、建立競爭性政黨政治、舉辦自由選舉、對私有產權的適度尊重等等，都是兩岸進行統一的先決條件。

兩岸統一的先決條件

就建立競爭性政黨政治而言，中共一向標榜「一黨領導、多黨合作、政治協商、民主監督」，實質上是典型的共黨一黨專政。既不容許台灣的政黨到大陸發展，也不允許大陸人民成立新政黨，至於所謂的「八大民主黨派」則藉著政治協商會議加以羈縻，政協根本上是中共裝點門面的幌子。各「民主黨派」不僅經費由中共資助，連其中央領導幹部也全由中共創辦的「社會主義學院」培訓，至於各「民主黨派」地方領導幹部則索性由中共省委黨校代訓。中國大陸人民已給了中共整整四十二年的時間，但是除了三反、五反、文革、六四……鬥爭不斷，現代化仍遙不可及。中共如果真有爲全體中國人民福祉著想的統一誠意，應及早結束這種所謂「多黨合作制」的騙局，準備將政權開放，接受公平競爭。

此外，另一個尚待跨越的鴻溝便是舉辦自由選舉。迄今中共仍大言不慚，力主「人民代表大會制度是社會主義民主法制的基礎」。實際上在共黨馬列老祖宗的著作裏，從未提到「人民代表大會制」，這種透過區人民代表大會代表的選舉，經縣（市）人大會、省人大會，以至全國人大會的四重間接選舉制，顯然違反近現代民主立憲主義的基本原則——「直接選舉」。事實上，人大四重間接選舉制的整個提名參選作業都牢牢控制在共黨手中，根本上就是爲遂行以中國共產黨爲主導力量的反民主設計。没有自由選舉，就没有民主政治可言，中共應漸次開放各級民意機關的直接選舉，爲統一後的民主體制舖路。

除了上述政治上的開放措施外，經濟上適度尊重私有產權也是一個調和兩岸經濟體制的基本原則。最近，中共（包括江澤民、李鵬在內）也强調要朝調和計畫經濟與市場經濟的方向努力。市場經濟的基本原則在於尊重市場價格機能、保障企業生產單位的自主性，藉以調整供需，以便對總體資源做最合理的配置。政府財經策略介入經濟活動應侷限在市場經濟無法有效運作的盲點上，例如禁止或限制易造成壟斷的托辣斯或卡特爾，加强環境生態保護的措施，以及關係到對農民、勞工、殘障者、退休者、消費者等弱勢團體的社會保障措施。在提倡市場經濟的同時，中共應尊重個體戶在大陸經濟發展中的功能。像目前依舊在政策上貶抑個體戶，實屬不智，中共堅持個體戶在總體經濟活動中的比重不得超過五％。在大幅開放外資、僑資、台資的同時，卻限制本土個體戶的發展，使得個體戶這個中國未來市場經濟的要角，只得游走於計畫經濟的邊緣，社會地位低落，經營方式落伍且夾雜著詐騙，以致無法獲得肯定的社會地位，不僅打壓了國內投資的意願，使個體戶侷限在傳統的服務業，而無法朝向製造業邁進，由於缺乏現代企業經營管理的精神，無法引進優良的制度，遲緩了中國經濟發展的腳步，同時也阻礙了統一的進程。

策略性地運用台獨

上述數個政經上的重大問題，都是兩岸和平統一的過程中所必須面對的。如果中共死守「四個堅持」，不肯在這些問題上努力改進，只知不斷以武力的恫嚇，要脅統一，那麼統一之路恐怕只有更形遙遠了！我們反對爲統一而統一，現階段不急著統一，實在是放眼於中華民族的前途，爲求中國人民可以掙脫貧窮落後，專制極權，而堅持到底。爲謀兩岸同胞的最大福祉，在中共接受這些條件之前，自不宜輕言統一。台灣獨立於中共的有效統治之外是既與的事實，現階段運用「策略性的台獨」，除了可對內保障台灣既有的政治改革與經濟發展成果之外，對中國大陸也留下一個鞭策中共進行改革的有利因素。

基於「原則性的統一、策略性的台獨」，現階段我們可以採行「交戰團體」（belligerent）的概念來規範兩岸的關係。所謂「交戰團體」，在國際法上，意味著某國由於內戰，導致部分國土爲叛亂政權有效控制，在此情形下，合法政府無法保障與其有正式外交關係的國家在淪陷區之利益及其僑民。因此，容許與原合法政權有正式邦交的國家可以承認該叛亂政權爲「交戰團體」，後者可享有部分國際法上之人格，如出、列席國際會議、簽署條約……等。使第三國藉由對淪陷區叛亂政權之直接交涉，達到有效保障本國在該區之利益及僑民的目的。

例如漢城與台北有正式的外交關係，然而我國無法有效保障南韓於中國大陸的利益，只得容忍漢城承認北京政權爲「交戰團體」，藉此南韓可以和北京建立官方關係（縱非全面外交關係），也可在北京正式成立辦事處。反之，華盛頓與北京有正式外交關係，中華人民共和國卻無法保障美國在台灣的利益及其僑民，因此也應容忍美國承認台灣爲「交戰團體」，可以在台北設立官方辦事處。如此不僅符合國際現實，顧及兩岸利益，也不違背「一個中國」的原則，又可兼顧分隔的現實。中共也必須了解，以此模式台灣可在國際舞台上取得一席之地，爲兩岸正常交往及未來進一步的合作架設橋樑。中共若一味堅持在國際社會孤立台灣，企圖壓縮台灣的生存空間，只會激起在台灣全體國民的反彈，助長台獨聲浪，如此一來也不符中共對統一的期待。

環顧國際社會，近五年來瞬息萬變，分合無常。東歐政局由大一統走向四分五裂。先是華沙公約的解體，各個附庸國先後自蘇聯獨立出來，緊接著連蘇聯本身各加盟共和國也紛紛尋求獨立，逼得戈巴契夫只得提出較鬆散的聯邦條約來和緩分裂的危機。反觀西歐諸國，由於兩德統一的完成，除了以單一市場來落實經濟整合外，更積極推動歐洲合衆國（United States of Europe）。表面上，東歐由統一走向分裂，西歐則由分裂走向統一。事實上，過去東歐的統一是建立在蘇共高壓統治之下，由於受到戈氏改革思想的刺激，各國紛紛要求獨立自主。至於西歐則在各國獨立自主的狀況下，發現面對美、日兩國强大的競爭壓力，非整合不足以立足於國際舞台。這個發展值得關心兩岸前途的仁人君子注意：「沒有民主的統一終難持久；兩岸都充分民主化之後，堅不統一也不符全球未來的走向」。

修正政策，彌合差距

在分分合合的國際社會中，兩德統一堪爲範例。西德在第二次世界大戰之後，致力建設一套可以有效保障社會正義的政經體制，在政治方面建立「貫徹社會正義的民主體制」，使政治不復淪爲有錢人操弄的遊戲；在經濟體制上則施行「社會市場經濟制度」，俾能有效兼顧社會正義與經濟發展，德國統一便是發生在此一有效保障社會正義的政經體制之下。

從這個角度觀之，中國統一的遠景應較朝鮮半島來得樂觀。中國大陸自一九七九年經濟改革以來，經濟政策開始向右轉，台灣近五年來社會安全支出增加，社會政策向左轉，雙方在政策上的修正有利彌合彼此的差距。反觀朝鮮半島，雙方雖有外交上試探性的接觸，但是南韓資本主義化愈益加深，貧富差距日增，北韓在世界共產政權崩潰的潮流下，卻愈趨封閉、頑固，兩韓各自朝著不同的極端發展，除了訴諸武力，難見和平統一的契機。台海兩岸相形之下要樂觀得多。尤其今年年初，中共在八五計畫中決議對地方財政的自主權，做更進一步的讓步。此外，廣東、福建、上海等地也大幅調高房租，這兩者對沿海地區的經濟發展無異打了一劑强心針。因爲前者將使地方政府在稅收不必悉數報繳中央後，更能致力於投資及建設，中央對地方人事、財政等自主權的逐步放鬆，對未來聯邦制的推動也有積極的意義；房租政策的調整則可以改善長久以來由中共採取超低價的房租政策，抹煞自購住宅的誘因，使社會剩餘游資無法有效導入營建業，以帶動國內景氣，這兩種政策的調整，實在值得喝采。

在兩岸良性互動中，台灣可以在經濟合作上扮演更積極的角色。大陸目前人民平均所得不足四百美元，如果藉由經濟上的投資、合作，得以使閩、粵、滬一帶的人民平均所得提高到一千五百美元的標準線（意味著基本生活需求的滿足）以上，當可改善當地的資訊流通狀況，帶動服務業的成長，使一切朝向追求合理化的發展。

台灣過去的經驗便可爲借鏡，在一九六八年台灣人民平均所得才不過區區三百零四美元，到一九七八年人民平均所得超越一千五百美元的標準線，其前後十年，相繼發生了中壢事件、美麗島事件等標竿性的政治事件，迫使國民黨不得不因應調整，爲珍惜現有成果而著手進行改革。再者，另一個值得强調的現象是，生活水準的提高，可以降低戰爭的誘因。台灣由於生活優渥，普遍瀰漫著反戰的氣氛。我們將心比心，如果大陸經濟狀況可以獲致改善，以沿海經濟特區爲發展重點，幫助中國大陸擴大特區規模，先讓閩粵致富，這將使得中共不易輕啓戰端，而閩、粵也將成爲台灣的屏障。

以全體中國人的福祉爲終極考量

在剖析兩岸的分分合合問題上，只有一個終極的考量——那便是全體中國人的福祉所在。所有關心中國前途的人，都可以據此原則思索中國的未來，而不必挖空心思，力圖扭曲歷史或鑽營法理來迎合一己的偏見。而在兩岸實際的互動接觸上，更應彼此尊重，由片面地强調我方的主體性，轉而也尊重對方同樣是一個主體。中共固然不應動輒以帝國統治者的態度，意欲宰制台灣未來的發展，台灣在與大陸的接觸中，也不應視之爲財富掠奪的對象，任何貿易、投資的合作都應建立在雙方互惠的條件上。台商如果一味將汚染嚴重的夕陽工業移往大陸，無異是殺雞取卵的作法。雙方在「互爲主體性」(intersubjectivity)的認識上，始能培養良性的互動，建立互信的基礎，經由兩岸正常的交往，和平統一方可期待。

——《工商時報》一九九〇年七月二十六、二十七日

繼續深化改革　奠定統一基礎

——在社科院台研所的講詞

自鴉片戰爭以降，「現代化」一直是中國知識份子苦心探索的課題。從洋務運動、五四運動以至台灣實行資本主義與大陸推動改革開放，中國人百年來嚐盡了辛酸苦難。身爲一個啓蒙於中國傳統文化，接受西方文化洗禮的當代書生——朱高正，思索更多，憂懷更深。一九九三年五月，應北京「中國社會科學院台灣研究所」之邀，朱高正從全球發展趨勢，剖析大陸現況，基本上肯定其改革開放的基調，而對經改之下的缺失，更提出振聾發聵的諍言。

一九八九年以來，歐洲局勢發生前所未有的變化。從柏林圍牆的拆除、華沙公約的解體，以至蘇聯的崩潰，一般由戈巴契夫所帶動的改革開放浪潮由西向東席捲，衝垮了原先的社會主義政權。即使地處東亞的蒙古人民共和國亦未能免於此一歷史洪流。

在社會主義政權相繼垮台之際，不少人幸災樂禍，樂觀地預測這股浪潮將產生骨牌效應，衝擊中共政權。然揆諸事實，天安門事件之後，中共政權非但屹立不搖，反而更加深化改革開放政策。在一九九二年世界經濟一片不景氣聲中，中國大陸更一枝獨秀地創下高達百分之十二點八的經濟成長率，震驚全球。中共政權獨能自外於社會主義政權崩潰的連鎖效應，究其原因，不外下列三點：

中共在農村有堅强的實力

一、中共政權在大陸是經由長期經營，以鄉村包圍城市的戰略，在國民黨貪污腐化、喪失人心之際，發動工農階級鬥爭，逐步建立起來的，這也是當時大陸人民自己的選擇。因而中共在基層，尤其農村，有相當堅强的實力，足以遂行有效的社會控制。反觀東歐社會主義政權，卻是在二次大戰後，迫於國際現實政治，由克里姆林宮直接指派領導階級，空降至各附庸國而建立起來，本非人民自由的選擇，一般民衆對該政權亦敢怒而不敢言。

二、中共政權具有高度獨立自主性格。從一九五七年中俄共發生意識型態的爭執、一九六〇年公開決裂以來，中共就一直是個獨立於俄共領導之外的社會主義政權。大多數社會主義政權，若未取得克里姆林宮的支持，往往難逃一夕之間土崩瓦解的命運，東德的何內克政權就是最好的例子。

三、中共爲最早實施經濟改革的社會主義政權。自一九七八年中共第十一屆三中全會確立經濟改革開放政策以來，中國大陸的生產力獲得大幅解放，人民生活水平持續提昇，經濟上呈現一片欣欣向榮的景象。一般人只曉得在非共世界裡，台灣觀光客的消費能力最强；卻忽略了在原社會主義國家中，來自中國大陸的官員與留學生的消費能力也是最强的。海峽兩岸的中國人分別在兩個對立的世界中，取得令人刮目相看的經濟成就，實在是全體中國人共同的驕傲。

鄧小平的改革開放是原創性的

一九八九年初，戈巴契夫獲頒諾貝爾和平獎。當時筆者即主張，就推動改革開放政策而言，鄧小平實比戈巴契夫更有條件獲得該獎。鄧小平與戈巴契夫固然同樣倡言改革開放，但卻也有三點不同：

一、鄧小平的改革開放是原創性的，無論就深度、廣度而言，都是無與倫比的。一九七八年之前，除極少數的社會主義國家如匈牙利、南斯拉夫曾嘗試過夭折式的經濟改革外，在一個像中國大陸如此大規模的經濟體系內實施改革是前所未見的。其實，中共在一九七八年十一屆三中全會所確立的改革開放政策乃賡續一九五六年「八大」的決議。中國大陸在一九五六年後的二十年間，由於與俄共關係惡化，又歷經「反右」、「三面紅旗」與「文化大革命」……，以致經濟發展停滯、倒退，一直到一九七六年毛澤東逝世，鄧小平復出後，才有機會推動一九五六年「八大」的決議，從事經濟改革。戈巴契夫的改革則是在一九八五年，至少落後鄧小平六年，而且是在中國大陸的改革取得相當成就後才提出的。

鄧小平的改革開放是主動的

二、鄧小平的改革開放政策是主動的，與戈巴契夫被動的改革顯然不同。早在七〇年代末，美國五角大廈的一份戰略分析報告即指出，蘇聯若再不大幅縮減軍費

（包括裁減境外駐軍），則依其經濟結構，最遲到一九八五年，整個經濟體系就會瓦解。但由於一九七九年及一九八〇年相繼發生阿富汗事件與莫三鼻克事件，當時總書記布里茲涅夫騎虎難下，不得不增派境外駐軍，致縮減軍費問題懸而未決。即使在布里茲涅夫去世後，繼任的兩位短命總書記安德羅波夫與契爾年科也分別因爲疾病纏身及年紀老邁，難以有所作爲。直到一九八五年戈巴契夫接任總書記，才開始提倡「新思維」與「重建」。戈氏所推動的改革政策實際上是迫於形勢，情非得已，甚至是在七〇年代早就應該做的，只不過當時的國際情勢不容許罷了。相反地，中國大陸在一九七八年，無論就國內或國際情勢而言，均無非改不可的壓力。其經濟改革是主動進行的，是在長達二十年過份頻仍的政治動亂後，才決定與民休養生息，致力經濟發展。

鄧小平的改革開放是漸進而有步驟的

三、鄧小平的改革開放以實踐爲基礎，是漸進而有步驟的；戈巴契夫則僅停留在傳播改革理念與調整共黨體質的階段。鄧小平掌權後所推動的第一件工作乃是在農村落實承包制，激發了占中國人口百分之八十的農民的積極性。不但改善農民生活，使農村出現一片難得的繁榮景象，更贏得廣大農民羣衆對改革的信心與支持。依常理，經濟改革較易從城市與工商業做起。然而，城市的生活水平原就比農村高，改革也將拉大貧富差距，這正是大多數國家在經濟改革過程中波折不斷的原因所在。鄧小平則先從農村下手，使基層農民對改革的需要感同身受，從而爲進一步的改革打下堅實的羣衆基礎。

「打白條」不利農村的安全

一九八〇年，鄧小平提出「經濟特區」的構想，並選定深圳做爲特區。在當時環境下，經濟特區的構想本將遭遇很大的阻力。尤其是經濟政策向右轉若過於急遽，頗易刺激極左派的反撲，以致改革事業前功盡棄。鄧小平爲避免政策左右搖擺不定，並深化開放改革，藉著香港問題，微妙地利用中國民族主義，高擧祖國統一的大旗，使得極左派對於深圳做爲經濟特區的構想無從反對。亦即爲求及早收回香港，鄧小平提出「一國兩制」的構想——保持香港現行制度五十年不變，並選擇離香港不遠的深圳做爲經濟特區。深圳的經濟若辦得好，自可穩定香港人心，香港回歸祖國的願望當可及早實現。在選擇深圳做爲經濟改革的前進基地後，第二個經濟特區——廈門——繼之成立，最後發展到五個經濟特區，且特區的領域不斷擴大。以廈門爲例，設立特區時不過二點五平方公里，但至今已超過三百平方公里。除了特區外，並開闢十四個開放城市，以至從「沿海」、「沿江」擴展到「沿邊」及「沿路」，並適時引進市場經濟體制，爲經濟改革開放的全方位發展打下堅實的基礎。

戈巴契夫的「重建」忽略「經濟」的重要性

戈巴契夫的「重建」在經濟改革層面一直停留在觀念傳播的階段，不但人民生活絲毫未見改善，且其大部份時間都在從事黨內意見溝通、外交活動與裁減核武談判，未有具體步驟與策略來進行經濟改革，這也正是導致戈巴契夫下台的主因。戈巴契夫雖身爲共產黨員，卻犯了唯心主義的錯誤，過份迷信政治權力，忽略了「經濟」這個「下層建築」的重要性。

戈巴契夫的「重建」失敗了，整個蘇聯大帝國不但瓦解，經濟狀況也更爲吃緊。鄧小平的改革開放卻取得了令人刮目相看的成就，並且在持續深化中。然而，值此改革的關鍵時刻，也面臨了許多嚴峻的挑戰必須速謀對策，及早解決，才能爲進一步深化改革貫注新的動力。

首先是農業問題。在改革開放的大趨勢下，連地方政府也都紛紛投身經濟活動，忙著投資，大搞鄉鎮企業。經濟過熱的結果使得地方政府將編列收購農產品的預算挪作他用，以致農民將農產品交到收購單位後，卻領不到現金，只能拿到收購單位所打的一張字條。這種「打白條」的問題相當普遍而嚴重，農民深受其害。依我國古代的青苗法或當前台灣的農業政策，當春季播種時，農民若無資力購買種子、肥料，政府輒基於體恤農民週轉較爲困難，予其低利甚或無息貸款，迄收成之後再行償還。反觀「打白條」，不但未借貸與農民，反而積欠農民債款，根本是本末倒置，這個問題若未妥善處理，必將對農村的安定產生極不利的影響。

所有制的建立宜早實施

此外，在工業化的過程中，也帶動了農業機械化，使每位農民平均生產力大幅提高；卻也使農村產生大量的剩餘勞動力。若任由這些隱藏性失業人口擁向城市，非但大量增加城市的失業人口，更會造成嚴重的社會問題。這也正是六〇年代末期以來台灣日益嚴重的農業問題的翻版。筆者認爲，唯有創造更多「在鄉轉業」的機會，才能使轉業農民離農不離村，從而促進城鄉均衡發展；同時建立「小地主、大佃農」的制度，以求充分利用機械耕作，擴大耕作規模，並防止農地的兼併與剝削。

隨改革而來的後遺症應儘早解決

其次，經濟改革後產生了大量的個體戶，這些個體戶相當於西方所謂的「自雇者」，由於必須自行負擔生活風險，致某些收益較差的個體戶無法獲得妥適的生活保障。因此，有關個體戶的健康保險與老年生活保障應儘早規劃，以滿足其基本生活需要。在國營企業方面，由於每年逾四百億人民幣的虧損，將來必難逃停、關、轉的命運；若無法妥善安排職工出路，以安頓其生活，勢必造成大量對現實不滿的失業羣衆。此外，在改革開放的過程中，爲帶動改革的全面發展，勢必先讓部份人或部份地區先富有起來，如此一來，難免加深貧富差距，導致城鄉發展失衡，形成社會和諧的一大隱憂。

上述問題若處理不當，可能給極左派創造推翻改革開放政策的機會。其實，鄧小平對極左派的處理態度堪稱高明，不講「反左」，只講「防左」，並未完全封殺極左派的活動空間，以避免重蹈從前冤冤相報、政策搖擺不定的宿命。一、二年內，鄧小平固然有辦法掌握極左派，但是五年、十年之後，還有誰能掌握得住呢？因此，隨改革而來的後遺症，實應儘早解決，以壯大改革開放的聲勢與力量。

最後則是「所有制」與資本市場開放的問題。目前中國大陸商品市場的開放已達百分之九十，原材料市場也已經開放百分之五十，並擬逐步提升至百分之七十，但是資本市場卻尚未開放。以中國大陸的國民平均儲蓄而言，一九七八年以前每人平均約僅四塊人民幣，但至今卻已達兩千塊人民幣。在儲蓄大量累積，購買力大幅提昇，生產力卻無法同步成長的情況下，若無適當投資管道，市場上供不應求，終將導致通貨膨脹。為防止嚴重的通貨膨脹吞噬、毀滅改革開放的成果，所有制的建立與資本市場的開放宜儘早施行。

天安門事件是必要的宣洩

中國大陸自一九四九年之後，八年內沒有內戰，也沒有政治運動，人民得以休養生息。然而，一九五七年之後就陷入長年的政治運動與階級鬥爭中，以致平白浪費整整二十年。自一九七八年鄧小平推動改革開放以來，迄今難得擁有十五年的安定發展期，期間雖曾發生六四天安門不幸事件，但由於民心厭惡動亂，不願重蹈文革覆轍，幸未持續擴大。其實，早在一九八六年，通貨膨脹壓力已相當大，物價飛漲、「官倒」等改革的後遺症引發民衆的不滿，導致一九八七年初一連串的學生運動，當時總書記胡耀邦因而下台。六四天安門事件亦應視爲改革開放過程中的陣痛，是激烈的內部矛盾達到飽和時的必要宣洩。

若從外資與台資的成長來看，一九九二年一年流進中國大陸的外資比一九八〇年至一九九一年十二年的外資累積總額還要多。一九八〇至一九九一年十二年的台資總額依官方統計資料約三十四億美元，但一九九二年一年的台資即高達五十五億美元之多。這種現象説明了過去大家對中國大陸的改革開放政策普遍缺乏信心；畢竟過去的經驗太過慘痛，以致有意前往大陸投資者大多猶豫不前。然而，八九年天安門事件發生之後，改革開放政策非但未曾轉變，反而持續深化。尤其是去年初鄧小平的南巡講話更將整個改革開放推到一個新高點。同年十月，中共「十四大」又進一步確認了建立「具有中國特色的社會主義」的鄧小平路線，徹底揚棄了馬列教條主義與階級鬥爭路線。今年三月份，八屆人大更將「社會主義市場經濟」寫入憲法。這一連串建立在改革開放實踐經驗基礎上總結出來的理論，不但爲進一步的深化改革奠定穩固的基礎，更賦予了「具有中國特色的社會主義」極爲活潑與發展的可能性。

台灣由於過去被日本統治長達五十一年，戰後又深受美國影響，青年學子大多負笈美、日兩國，而且美、日也是台灣最主要的貿易夥伴，以致台灣同胞的世界圖像大多侷限於美、日兩國，對僅一海之隔的大陸，大率不甚瞭解。因此，自開放大陸探親以來，不少同胞常會不自覺地拿中國大陸與台灣、美國或日本相比，從而瞧不起大陸。殊不知在整個地球上，富有國家多集中在西歐、北美、日本、新興的亞洲四小龍及人口稀少的澳、紐，大部份的亞、非、拉丁美洲國家——多達全球人口的百分之七十八——多處於飢餓邊緣。南北資源的分配不均正是資本帝國主義長期對非西方的南方國家掠奪的結果。而中國從鴉片戰爭以來亦備嚐帝國主義的欺壓與掠奪。台灣的割讓日本亦是此不可分割命運的一部份。

應與異議人士和解

對於中國大陸能漸漸擺脫過去的窮困，我們毋寧應抱持樂觀其成的態度，一方面儘量避免以「台獨」刺激中共，俾使其能集中全力推動經濟改革；另一方面更應積極主動地提供我們的發展經驗，以縮短其完成現代化的時程。畢竟，中國大陸的和平與繁榮，對海峽兩岸關係的進展有正面的意義。台灣同胞應勇於走出「二二八事件」的陰影，徹底揚棄將「反國民黨」、「反外省人」與「反中國」畫上等號之過份化約的思考模式。所有政治人物亦不應再濫用國民黨過去四十年來所提倡的反共與恐共教育。筆者以爲，不僅應儘快開放「三通四流」，更不應再以任何形式的政治干涉，阻礙兩岸人民民族感情的自然交流。

對於中共，筆者亦在此呼籲：值此改革開放的關鍵時刻，爲表示改革的決心與和解的誠意，應將在押或滯留海外的異議人士，如魏京生、千家駒、方勵之、嚴家其、劉賓雁、柴玲等人儘速釋放或保證其自由進出中國大陸。如果連喝共產黨奶水長大的知識份子都不願與中共和解，又如何能期待港、澳、台的同胞相信中共有和平統一的誠意呢？

在兩岸交流互動日益頻繁之際，我們必須認清：只有整個中國的安定與繁榮才能確保台灣的進一步發展；唯有兩岸彼此尊重，培養良性的互動，建立互信的基礎，才符合全體中國人民的福祉。因此，我們有責任幫助中國大陸的改革開放，兩岸任何經貿、投資的合作都應建立在雙方互惠的基礎上。只要雙方能在「互爲主體性」的基礎上，增進了解、加强交流，必能在五十年、二十年甚至十年內，找出一個大家都能接受的和平統一模式。如此才是水到渠成的統一，才是有尊嚴、能持久的統一，也才是能爲中國開出新紀元的統一。

展望中國未來統一

——「中華聯邦共和國」的初步構想

從華沙公約組織和蘇聯的崩解，讓我們了解到「沒有民主的統一，終難持久」。所以海峽兩岸的統一，必須能夠落實在充分民主化的前提上，如此方能符合全體中國人民的共同利益。

在此，朱高正延續從自決原則出發，構思聯邦制的理念，以聯邦德國「社會民主體制」及「社會市場經濟制度」爲借鏡，配合當前形勢，爲未來中國的統一提出一個大尺度的參考架構。

要談中國的未來，就要了解我們現在所面臨的問題，以及這個問題的根源。基本上應從一八四〇年鴉片戰爭談起。

我總認爲鴉片戰爭是中國現代史的原點。因爲它代表著一個傳統的、農業的、已經相當穩定的社會政治經濟結構的中國，第一次接觸到經過工業革命洗禮的西方文明，在那一次的衝擊之下，中國人的自尊心與自信心毀於一旦。然而，事實上，從一八四〇年以後，任何有責任感的知識份子在替國家前途找出路的時候，都面臨了兩個嚴肅的課題：

第一，如何能夠有效的解放國民生產力。

第二，如何將國民生產力解放之後所創造的大量社會財富做公平分配。

我想，第一個問題就是工業化的問題，亦即如何讓資本主義在中國發達起來的問題。舉例來說，日本在一八四〇年的時候與中國一樣是三等國家，但今天，日本每個國民的生產力是台灣的三倍，大陸的七十倍，從此點來看，顯然剛才所談到的第一個問題，經過一百五十年後，中國仍未獲致根本的改善。

第二個問題，講到如何公平分配社會財富的問題，這基本上就是社會主義想要解決的問題。但事實上，社會主義在大陸上實施了四十多年，證明其固然可以使大家生活差距不大，但也造成了不少的特權，是社會主義的另一種官僚體制。

以德國爲鏡

從以上所述的角度來看，在探討整個中國的未來時，我個人比較傾向於從現代德國去吸收一點經驗，而我所謂的「現代德國」，是指俾斯麥主政後的德國。

爲什麼要以德國做爲借鏡呢？

事實上，在西歐列强中，工業起步最慢的是德國，但發展最快的也是德國。因爲它起步慢，發展又快，所以在十九世紀下半葉，其社會的矛盾、磨擦與衝突亦最爲激烈，而這也正是主張社會改革最激烈的共產主義會發生在德國的根本原因。

一八八三年，即馬克思逝世那年，亦即俾斯麥推行國家社會主義，以及備受世界頌揚的「社會立法」的那一年。「國家社會主義」（Staatssozialismus）所指的並非由下而上、經由社會主義勞工運動而來的改革，而是透過國家以社會立法的方式，主動地改善經濟上或社會上弱者的生活，與一般的社會主義，尤其十九世紀的社會主義有著根本上的不同。

孫中山先生一八九七年倫敦蒙難後，由華僑資助在英國進修，認識了一八八三年到一八九〇年俾斯麥主政時代的國家社會主義，故而有人說，「如果沒有倫敦蒙難，就沒有『三民主義』，而只有『一民主義』。」因爲孫中山先生所說的「民生主義就是社會主義」其實是指「國家社會主義」。

有人將「民生主義就是社會主義」詮釋爲孫中山先生爲因應國共合作所提的一種權宜性說法，是錯誤的。民生主義的基本主張，諸如「發達國家資本，節制私人資本」、土地漲價歸公、照價收買、採用累進稅率、員工分紅入股……等，全在當年俾斯麥所推行的社會政策之中。

從遠期來說，孫中山先生採用了當時世界上最進步的制度期以解決中國的問題。而從現在的角度來看，也許是歷史的巧合，現在的德國，提供了我們另外一個借鏡。

什麼借鏡呢？

東、西德的統一，在政治方面是統一於社會民主體制下；在經濟方面則是統一於社會市場經濟制度之下。

所謂社會民主體制，要求的非僅民主政治，而是必須有效貫徹社會正義的民主體制。沒有社會正義的民主體制，將使得民主政治變成只有有錢人才玩得起的把戲，那不叫做全民政治（Democracy），而叫做財閥政治（Plutocracy）。

社會市場經濟體制與自由市場經濟體制也不一樣，依自由市場經濟體制來看，國家經濟政策的目標應兼顧經濟成長與物價穩定。而社會市場經濟體制基本上也尊重市場價格機制，因爲價格機制可使總體經濟資源獲致最有效的配置。對國家經濟政策而言，除重視經濟成長和物價穩定之外，也應達成其他兩個同樣重要的目標，即充分就業以及社會正義的維護。充分就業之所以重要，實因在工業社會中，有工作才有所得，而工作所得實爲個人財富的主要來源，這與農業社會中以土地做爲財富的主要內涵，是完全不一樣的。也就是說，在工業社會中，一個人有工作才能生存，也才能發展其人格。

西德之所以可統一東德，實乃因爲二次大戰以後，西德的國家經濟政策建立於社會市場經濟體制上之故。

先落實民主，中國才有前途

現在在台灣討論中國前途的問題，就不期然而然將統獨放到檯面上來談，我個人的看法認爲這是非常遺憾的。此外，民進黨也非常可惜，其於七〇年代即提出

「住民自決原則」，後來亦放進民進黨的黨綱中，即「台灣的前途應由台灣全體住民共同決定」，我認爲這在文明的國家是可以被認可的，但是很遺憾，這麼一個有彈性的主張，卻被窄化爲狹隘的「台獨條款」！

就我個人來說，早在一九八七年立法院第七十九會期，我就公開提出「台灣的前途應由台灣全體住民來共同決定」，在大陸政策上，我也同樣要求「中國大陸的前途應由大陸十億住民來共同決定」，這就代表了海峽兩岸應先落實充分民主化。

其實，「台獨」，以最廣義的方面來解釋，就是「不願意接受中共統治」；而最狹隘的解釋則爲「台灣人不是中國人，而須建立一個自外於中國歷史傳統文化的台灣共和國」。民進黨爲了遂行盲目的抗爭，爲反對而反對，竟把自己逼入死胡同去！在討論國家統一的前景時，我認爲這是缺乏深謀遠慮的做法。

在我個人的基本構思中，目前無論是以和平或武力的方式統一，對兩岸人民都没有好處。

如果現在台灣被大陸以武力統一了，可以預見未來的三、五年內，必遭軍事管制，而這種連毛澤東都無法完成的「豐功偉業」如果達成，顯然三、五年內，大陸當局對已施行四十餘年的社會主義政策是不會改變的，希望大陸進一步改革，無異緣木求魚。反之，若武力統一沒有成功，或一個月內無法攻下台灣，必定使其內部矛盾惡化，造成軍閥割據，情況更糟。易言之，武力統一不論成敗，對兩岸人民均無好處。

若說要和平統一，台灣客觀上是沒有這種條件的，而就中國大陸來說，就算台灣接受一國兩制，但就長期來看，兩個地區有兩種生活水平，必將產生相當多的問題。

所以，我認爲若要爲整個中國的前途找出路，基本上並不是在「現在的」台灣和「現在的」大陸之間找出「最大公約數」，而應試圖在二十年甚至五十年後的台灣和大陸之間，找出一個大家都能接受的「最大公約數」。

無論對於統、獨兩者之間來說，在未來的二十年甚至五十年之內，都有足夠的調適空間，而那個「最大公約數」，值得海峽兩岸共同努力達成，同時其設定也應符合整個世界未來的走向與潮流，也就是我所講的，社會民主體制和社會市場經濟制度。

就這一點而言，海峽兩岸之間的條件要比朝鮮半島的局勢好得多。大陸自一九七九年以後實施經濟改革，意味著他們的經濟政策開始向右轉，而台灣在最近五年來的民主化，使得社會上的弱勢團體，如婦女、勞工、原住民等的地位漸受重視，即意味著台灣在社會政策上開始向左轉，如此也表示二者比較可能「匯合」（Convergence）。朝鮮半島就不一樣了，北韓是共產主義世界中最封閉、保守、頑固的，到現在連黑市都不容許，而南韓則在大企業加速形成的情況下使得貧富差距愈拉愈大，也就是說：左者愈左，右者愈右。由此狀況來看，朝鮮半島若想統一，勢必透過武力。

台灣和大陸之間的情況，與朝鮮半島不太一樣，而且近兩年來，歐洲局勢的巨變，也可提供我們一些寶貴的經驗。

先以東西歐的對比來看：

東歐最近這兩年來，從華沙公約組織的瓦解到蘇聯大帝國的解體，確使我們學到寶貴的教訓——「沒有民主的統一終難持久」，即使如克里姆林宮這樣沒有民主、不尊重自主權的強權也一樣。這項舉證，對海峽兩岸或中國大陸內部而言都是相同的。亦即是說，如果沒有民主的統一，還是會有分裂的一天。就以現在中國大陸是統一的局面來說，他們這種沒有民主的統一能支持多久，都是不可知的變數。大家想想看：整個社會主義政權，西起波羅的海，東至蒙古大草原，全被翻光了，按照地圖來看，下一個就輪到中共了，誰敢說他們能支持多久？

反觀西歐，隨著東西德的統一，一九九三年元月，歐洲共同體的單一市場即將出現，顯示其已完成了經濟整合，現在他們尚要更進一步，邁向政治整合，亦即籌組歐洲合衆國。從西歐的演變，我們可以得到一個寶貴的教訓——充分民主化之後，若仍然堅不統一，也不符合各成員國的共同利益。爲什麼？大家想想看，如果西歐不統一，他們如何在國際經濟舞台上與日本、美國相抗衡？以此對照於海峽兩岸的狀況，如果在海峽兩岸都充分民主化之後還有人主張堅不統一的話，這也不符合全體中國人民的共同利益。

從這個角度來看，我們大家的確可以好好構思一下，未來中國統一的模式。要談這個問題之前，有個觀念，我想先澄清一下。

很多人擔心統一，也有人主張台獨只能做不能說，其主要理由，一則是怕中共，一則是憂慮統一之後生活水準會下降很多，這都是基於經濟或生活水平的理由拒絕統一，我也在此提出幾點看法給大衆參考。

台灣會是另一個波多黎各？

一九六五年，波多黎各是美國的加工區，當時國民平均所得是美金九百九十元，而那時的日本只有七百六十美元。經過二十五年後，日本已突破二萬四千美元，而波多黎各卻只有六千美元。日本與波多黎各同屬海島型國家，自然資源同樣貧瘠，爲何有如此大的差別，研究的結果顯示其原因是：一、日本有重工業基礎；二、日本非常重視R＆D，即研究發展方面的投資，約爲其GNP的三・三％。

這個例子不禁令人想起台灣，大家現在以台灣國民平均所得八千餘美元而沾沾自喜，但事實上，在研究經濟發展的領域中，很多人已在預測，台灣是否會成爲另一個波多黎各。爲什麼？因爲，第一，台灣沒有重工業基礎，大家都有目共睹；而在R＆D方面，即使以最新的統計資料，也勉勉强强只達GNP的〇・七％而已。

再以R＆D來談，在二次大戰以前，研究國際經濟的學界認爲，一個最小的獨立經濟體，人口應在兩千萬人以上；而在二次大戰以後（或說是歐洲戰後復興以來），即六〇年代開始，一般公認要五千萬人口才是最合適的經濟規模。依日本最新的研究指出，自二十一世紀起，要八千萬人口，這大概與東、西德統一有關，因其統一後就有八千萬人。也就是說，一個獨立經濟體，需要有這麼多的人口，亦即要有這麼大的內需市場來支撐其從事國際競爭。大家不要忘記了，台灣只有兩千萬人。

我們以歐洲最近這十年來的幾項重要航太科技的投資上可以看得出來，如 Tornado 旋風式戰鬥機是德、法、義、西合作開發；再如亞力安號（Aryan）火箭、空中巴士（Airbus），都是由好幾個國家聯合開發。

也就是說，新的研究開發投資，當其人口規模沒有到達一定程度的時候，它就形同泡沫，溶解於無形，完全不符合投資的效益。

從這個角度來看我們經濟的長程發展，不統一的話，台灣的經濟發展前景不太樂觀。再看台灣這兩年來投資的銳減，以及經濟成長所呈現的疲軟狀態，我想就長遠的立場來看，統一是個不可迴避的問題。

國民黨往自己臉上貼金

不過我認爲國民黨提出的「國家統一綱領」是一廂情願、往自己臉上貼金的做法，他們所提出的這個「國家統一綱領」，有一個基本假定，即國民黨在台灣所做所爲全部都是對的，而大陸當局在大陸的所做所爲則一無可取，其只不過未把三民主義統一中國拿出來講而已，我想這個心態是不對的。

因爲既然要以和平的方式解決海峽兩岸的問題，就必須走上談判桌，要談判的先決條件，就必須要適度的肯定對方存在的價值。若以國民黨認爲自己都對而對方都不對，就是要大陸完全放棄他們那一套，來接受台灣這一套囉？這是行不通的，就像我們也不可能完全放棄我們的一切而接受大陸那一套一樣。

我認爲，目前兩岸的政治、社會、經濟制度南轅北轍，要找到一個雙方都能接受的方式，事實上是有困難的，但若以歷史的長鏡頭來看，即以發展的眼光來看，將它拉長二十年甚至五十年出來的話，是否有可能找到二十年後或五十年後，雙方都能接受，而事實上現在雙方都有可能朝那個方向和平轉變的目標呢？

我想台灣這幾年來，也在和平轉變，我一直在努力促成這方面的轉變，我打破了很多人認爲「台灣必須以武力革命，推翻國民黨才能改革」的迷信，至少我在立法院透過肢體語言使國會全面改選。雖然是亂了一點，但至少沒有流血嘛！

要談統一，先行聯邦制

所以在這裏，我對中共反對和平轉變的態度要表示一點意見。中國大陸現在甚至大肆批評和平演變，我認爲實在幼稚可笑，而且自相矛盾。因以其唯物辯證的理論來看，只要存在於時間內的，都會變；拒絕變，就是違反辯證法！

那麼應該怎麼來統一呢？

我在四年前即已公開提出「聯邦制」的構想。

這裏所謂的「聯邦制」，並非台灣與大陸聯邦，而是有個先決條件——中國大陸要先實施聯邦。也就是說，中國大陸必須先改變現有的中央集權狀況。先分權到地方來，當各省或自治市有足夠的自主權之後，台灣再加入這個聯邦，如此台灣才能多一層保障。

有沒有可能呢?我認爲無論從中國的歷史傳統或中國大陸自身的利益來看，聯邦制都勢在必行。

就歷史傳統而言，中國人有落葉歸根的觀念，總認爲人老的時候，應回到他從小生長且熟悉的地方，主要是因爲中國各省均有其不同的語言、風俗、習慣，而這正替聯邦制提供了客觀的條件。

再就中國本身的需求來說，依錢賓四先生的說法，中國歷代制度中，中央與地方關係最合理的是漢朝，當時郡有太守，大縣有縣令，小縣有縣長，無論太守、縣令或縣長，對當地的掾吏均有人事的任免權，尤其太守若調回朝廷則位當九卿，這顯示地方官的權力非常之大。地方權大，尤其人事權及財政權大，對整個政權的穩定有很大的幫助。因爲人才可以留在地方，地方的問題在地方即可解決，不會像中央集權，凡事必須推向中央，以致容易延誤時機。

再者，採用聯邦制亦符合民主政治的原則。民主政治講的是制衡，三權分立是橫的制衡關係，即立法、司法、行政三權的相互制衡；而國父所說的均衡主義事實上就是聯邦制度的一種，它是屬於縱的制衡關係，既非中央集權亦非地方分權。

此外，採取聯邦制也比較能夠達到人盡其才。不要把人才都集中到中央去坐冷板凳，像目前台灣和中國大陸都是這樣，把人才集中到中央去坐冷板凳，有人才不會用，比沒有人才還糟糕。

基於上述理由，我才主張採取聯邦制。中國實在太大了，各省有其不同的風俗、語言、習慣，的確需要採取聯邦制，才能將國民的活力解放出來。

那麼該如何做，才能達到聯邦制的理想？

「交戰團體」不違統一

我想可以將之分爲近程、中程、遠程來談。

現階段，我認爲可借用「交戰團體」的概念，使海峽兩岸的關係至少不要惡化，亦即必須確認海峽兩岸四十多年來分隔的事實，任何一方既然無法去兼併或消滅對方，則應在不違背一個中國的架構下，使雙方可依和平、對等、務實的原則來交流，以緩和雙方的敵意，降低雙方武力衝突的可能。

所謂「交戰團體」是國際法的一個概念，即當叛軍持久性地占領某個地區，合法的政權無法於淪陷區內行使其統治權，在此情形下，合法的政權，只好容許與其有邦交的第三國可以承認淪陷區內的政權爲合法政權的交戰團體。舉例來說，在台灣的中華民國與大韓民國有正式的邦交關係，但中華民國無法行使其統治權於中國大陸，照理來說韓國與中華民國有邦交而其也承認只有一個中國，但其僑民與利益在中國大陸卻無法受到中華民國之保障，在此情況下，我們只好容許漢城承認北京爲台北的交戰團體，那麼這個交戰團體就享有部分國際法上的人格，他可以列席、出席國際會議，亦可簽約，也可以和與合法政權有外交關係的國家建立官方關係。

亦即雙方互相容忍與自己一方有正式外交關係的國家承認對方是己方的交戰團體，並可以容許第三國與對方建立正式的官方關係。

所以，在此情況下，我呼籲中共當局，今後少提不排除以武力解決台灣問題的可能性，少提就有進步了，久而久之就不提了，這不是更務實嗎？

我認爲雙方應在一個中國的原則之下，對主權的歸屬保留解釋彈性。這樣至少可確保雙方在國際社會的生存權，不作惡性競爭，才可使雙方在平衡心態下正常交往，從文化、學術、體育、經貿各方面增進了解、加强交流，漸漸形成「利益與命運共同體」（Interesse－und Schicksalsgemeinschaft）。

終極目標——「中華聯邦共和國」

中程目標方面，我認爲應放在建立政黨政治。事實上政黨政治就是民主政治的樞紐，而因爲政黨政治的推行就會涉及選擧、思想言論自由……等問題，故而主張分五個階段來建立政黨政治在全中國推行。

第一階段，一九九七年以後，中共應同意台灣政黨到港澳公開活動。

第二階段，中共應同意來自台灣和港澳的政黨到中國大陸公開從事政治活動。

第三階段，中共應容許中國大陸的人民自行組織政黨從事政治活動。

第四階段，台灣同意來自大陸及港澳地區的非共政黨到台灣從事政治活動。

第五階段，台灣同意中共到台灣地區從事政治活動。

此外，各政黨在各地區活動，應遵守該地區的法律，但應擁有公平運用大衆傳播媒體，並公開招募黨員的權利。

最後是遠程目標，也就是說，在全面性落實自由公平競爭的政黨政治之後，我們主張兩岸人民得依其共同意願與共同利益，由各個省（邦）透過自由選舉，推選制憲代表，制定新憲法，建立「中華聯邦共和國」。

——《中國男人》第二八、二九期，一九九二年二月、三月

建構性的衝突觀

——狂想曲的曲義

四十年來在國民黨戒嚴高壓體制下，一般台灣民衆已習於非黑即白的僵化思考模式，導致政治立場上經常的兩極對立。朱高正在文中解析衝突的建構性意義，說明衝突只是一種過程，應該有其方向性、階段性與發展性，而不是截然對立停滯不變的關係。

朱高正希望透過本文打開統獨之爭的僵局，俾能有更富彈性的空間來思考此一問題。本文雖作於一九八八年，但直至今日仍具有高度的現實意義。

自民進黨成立後，國內政治改革的腳步愈益加快。雖然，許多過去屬於禁忌的話題已逐一走出陰暗，攤開在陽光下公開來談。但是，由於近四十年來的戒嚴體制，對政治思想採行强制鎮壓，已形成一種過份簡化的、非黑即白的思考模式，導致在政治立場上經常是兩極對立，非友即敵。在這種「戒嚴文化」所塑造出的不成熟的思考模式氣氛中，做爲一個踏實的知識份子，極難扮演一個折衝仲裁的角色。在對立的兩極中，擁有公權力的一方，固有其政策上的考量，然而在威權統治下，其政策往往由極少數人（甚至是統治者個人）來決定，鮮有讓異議者有公開辯論、質疑的機會。因此，在絕大多數的被統治者中，難免會產生一批積極的異議者，對統治者的政策，基於道德勇氣，不計個人利害地進行公開挑戰，結果自然往往是遭逮捕、拘禁，偶能經一形式的、公開的審判程序者已屬難能可貴。類此種種受迫害的異議者，在在博取了有良知的知識份子和廣大人民羣衆的同情。

基於人權的關懷並不一定等於贊同異議份子所持的政治見解，但其間的差異頗令旁人難以分辨。這是解嚴後，任何關心國內政治輿論市場的人皆須正視的課題。今天，輿論市場已隨報禁的解除而大開，各種言論、主張已然呈現一定程度的競爭關係，亦即是過去由國民黨專賣的局面已日薄西山。如今正是所有關心臺灣政治走向的人應當調整心態，面對嶄新未來的時刻了。

在以往戒嚴時期，國民黨統治當局爲確保其權勢，壟斷經濟利益，一意孤行，而反國民黨者也僅限於理念的提出，以近幾殉道、自殘的方式來突顯其理念及道德形象，四十年如一日，雙方仍在原地踏步。這樣的朝野對立，如何能謀政治之進步？（亦即使人權獲更多保障、議會政治落實、回歸民主憲政、司法獨立、建立多黨體制……）只有導致更尖銳的衝突，因而使地下黨、秘密組織型的革命夢魘始終揮之不去，基本上皆違反了「任何一政治社會應以和平、非暴力的方式來解決內部紛爭」的理性要求。自從民進黨衝破種種束縛，國民黨亦難得地適時發揮了應有的歷史智慧，終於在一種危懼懸疑的氣氛中誕生了第一個真正的反對黨。朝野間自此展開了一定程度的互動，使得正反間的對立不再是純破壞性的，臺灣的政治於焉有所改變。

任何衝突皆應預設目標

站在一個民主政治啓蒙運動家的立場，筆者必須提出，政治並非僵滯的絕對，任何一種政治現象都只是現實與理想不斷「對立」、「衝突」、「整合」的整個辯證過程中的一個階段而已。借用黑格爾（Hegel）的辯證法來詮釋，即「存有」（being）及其對立面的「非存有」（nothing），此正反二命題相激盪後所得之綜合命題，即「變化」（becoming）。經由黑格爾這種著名的辯證模式，我們可以清楚地詮釋「政治衝突」。以國民黨而言，其向來在臺的統治爲一既與的事實，此即「存有」，其一切所做所爲皆在致力維護現有社會經濟條件與法政秩序，以便保護其既得利益。而政治異議者尤其是民進黨所代表的，正是一種對現存社經條件與法政秩序的高度不滿（就其極端而言，甚至是全盤否定），而另以某種理想總括其政治立場，其所代表的理想非現實中所存在者，即「非存有」。前者爲正命題，後者爲反命題，一正一反，然而若此種對立不能得「合」，則此對立爲無意義，甚至是破壞性的。

筆者時以和平改革者自許，其意義即在：衝突只在能促使「現實」與「理想」間之差距縮短，也就是持續地逼使國民黨做一定程度的讓步，而民進黨也當漸次揚棄空談主義，力求踏實，如此的衝突才具備建構性的意義。換言之，衝突本身爲中性的，僅僅在符合某些條件時，才具正面意義，在某些條件下則反之，另外有些衝突則屬無法避免的。所以任何和平改革者皆須抱持「打有限戰爭」的原則，任何衝突皆應當預設目標，（目標設定的適當與否，則取決於當事人對整體政治局勢的判斷力），只有在這個預設下進行的衝突，才是一種有方向感，可以掌握的「鬧」，而不致演爲「胡鬧」。因此，一個和平改革主義者必得隨時與社會脈動同步，適時正確地做出決定，他們的每一個做爲都是有機的、連續的，一步步皆爲階段性的、動態的、發展的。對敵我關係之衡量調整亦然，絕非截然對立的、跳躍的、靜態的或停滯的。筆者向來處理國民黨與民進黨間的衝突皆秉於此，更認爲臺灣與中國大陸的關係亦應做如是觀。

自決原則大有彈性空間

在過去，最爲國民黨所忌諱的莫過於對其統治權的正當性加以質疑，這種心態正反映在國民黨激烈的「反共」與「反臺獨」的政策上。因此，任何關於中國統一的論調均被扣上共產匪徒的帽子，而主張臺灣永久由中國分離出來以建立新的主權國家者則被打爲臺獨份子。由於海峽兩岸近百年來的長期分隔，臺獨的思想向來最爲國民黨所忌，主張臺獨者所遭到的迫害也最悲慘。在過去兩極化的思維方式下，兼以國民黨的威權統治不得民心，結果是，國民黨鎮壓臺獨，所以主張臺獨就是反國民黨，要反國民黨就應該贊同臺獨。這種簡單而情緒化的思維模式在解嚴後的今天卻深深地阻撓我們以更踏實的眼光來冷靜而全面地思考所謂的臺灣前途問題。現在瀰漫在民進黨內部的所謂「統獨論爭」，說穿了毋寧是一定程度地反映著民進黨階段性的體質。民進黨如果只自甘於做一個單純抗議性的政治團體，大可停留於此；如若民進黨希望成為一個讓大家信任它是有責任、有前瞻性、有執政能力的政黨，則不能僅僅只會說「不」（不要執政黨的政策），應進一步說自己「要」什麼。

站在筆者的立場，如果只就個人利益考量，實不必在黨內正為統獨問題紛爭不休的這個節骨眼上，提出最近分別刊載於《自立早報》（九月二十四到二十六日）與《臺灣時報》（九月二十六與二十八日）的文章：〈從自決原則談聯邦制的可行性——一個和平改革主義者的狂想曲〉。筆者希望透過此文讓大家了解民進黨綱所主張之「自決原則」原有如此廣大的彈性空間，亦希望藉此文，提出以辯證的過程、建構性的衝突觀來踏實處理兩岸關係問題的思考方式，方不至於使統獨論爭仍遙遙脫落於制訂大陸政策的時間表外。

——《台灣時報》一九八八年九月

邁入「世俗化」的政治

——從榮星弊案談起

一九八九年初，榮星弊案爆發，由於此案涉及數位向以「打特權」自我標榜的民進黨籍議員，因而引起社會的矚目。朱高正認爲在政治上期待一個絕對道德的政黨就如期待聖君賢相一樣地不切實際，我們應自道德統治的迷夢中醒來，體認到在眞實的世界中，藉著政黨間的制衡來建立一個良好政治環境的重要性。當人們一手撕下國民黨僞善的面具後，不應期待再把它掛到民進黨頭上。

開春以來國內最具震撼性的頭條政治新聞恐非榮星案莫屬，此案一經曝光引起社會各界廣泛的物議，尤其有數位向以標榜「打特權」的民進黨員涉入，更於民進黨內部引發極大的衝擊，迅提壯士斷腕之議，要求開除涉案從政黨員者有之，力主籌組道德重整委員會者有之，意欲藉此事件進行奪權鬥爭者有之，一時間景象紛亂，頗予人以茫然不知所措的感覺。無論是社會輿論也好，或是民進黨內部的忙於自清也罷，這些因榮星弊案所致的衝擊與忙亂在在均顯出我國現階段的政治文化仍極膚淺而幼稚。

政權的取得不外「搶」與「騙」

筆者早於去年（一九八八年）八月在〈一個啓蒙運動家的自白〉一文中即已指出，若以較爲戲劇化的口吻來形容，古往今來政權的取得不外「搶」與「騙」二途：「搶」是武力革命，「騙」則意味以宣傳、說理爭取民衆的支持，也就是所謂的「鼓動風潮，造成時勢」。民進黨既以民主政黨自我期許，就擺脫不了此一歷史命定的窠臼，亦即不能用「搶」的，那只好用「騙」的。筆者即諷喻政黨政治爲「大騙子與小騙子之爭」，國民黨是「大騙子」，民進黨是「小騙子」，就如同國民黨一般，民進黨絕非天使神仙的組合，它一樣是由具有七情六慾的凡人相與組合而成。在民進黨前身的黨外時期，由於長期處於國民黨的專斷蠻橫的絕對壓力之下，其所能據以與無所不能的「利維坦」（Liviathan）相抗衡者莫過於發自人性深處的道德訴求。久而久之，在如此不合理的現實架構中，支持反對勢力和支持正義、支持道德就被劃上等號。然而民主化在今日已有飛速進展，朝野兩黨互動隱約形成，一個適合健全的政黨政治發展的環境已然在望，身爲民進黨的一員就不應再耽於以受迫害形象爲訴求的鬥爭策略，而應以持平務實的心態從事政治活動。

也許有人會問，既然同爲「騙子」，何以要支持民進黨？只因爲民進黨在今日已漸成氣候，更值得我們支持。其理由在於僅有一個「大騙子」的國家，「大騙子」將爲所欲爲，肆無忌憚，如果旁邊還有個「小騙子」，唯恐遭「小騙子」揭其瘡疤，固然大權在握亦不敢濫權太過，此即多元社會中政黨間相互制衡的精義所在。試想如果没有部分民進黨籍市議員牽扯其中，榮星弊案雖於現實上發生了，卻不能公諸於世，因經由國民黨片面的黨政協調，一切將如行船過水，了無痕跡，宛若没有發生一般。今天幸而我們的社會已有一力足以制衡國民黨的反對黨存在，也正因此，榮星弊案始得赤裸裸地公諸全民面前，筆者並不悲觀地認爲此案將對民進黨產生不良影響，站在符合全民利益的觀點，國民黨爲了制衡、打擊民進黨，不得不狠下心整頓久已腐化的官場積習，此於整飭國民黨一黨獨大所長期累積的腐敗作風，確有振奮人心之效。於此，政黨競爭，相互制衡的正面意義已可見一斑。

在榮星弊案洶湧的波濤之下，最令筆者引以爲憂的是社會大衆和民進黨一般的反應，莫不嘖嘖稱奇，且對一向標榜反特權的民進黨語多指責。筆者固然對此案亦深覺痛心，但是類此的社會反應實爲一極端不成熟的政治判斷，它所透露的是一套極權主義的政治哲學思想，亦即對所謂的道德統治的信仰。古往今來，道德總是最具普遍性與說服性的訴求，尤其在道德隳壞，人心墮落的時代，更易引致共鳴，正因此，道德亦往往成爲野心家與極權統治者的藉口。君不見國民黨即使在它極權專制，施行暴虐統治的時期，亦不曾放棄過以中國傳統文化的道統自居，其統治者輒以「作之君」、「作之師」自許。回想二十年前一高中教師僅僅因爲言及當時的蔣介石總統娶了三個老婆，就被判以十二年的牢獄之罪，而在蔣介石名下的子嗣，經國、緯國非同母所出，蔣夫人宋美齡又未生育，此爲衆所週知的事實，憑常識即可作成「蔣氏有三位夫人」之判斷，統治者不僅掌握了政治上最高的權力，亦企圖在道德教化上扮演一代師表，終致成爲貽笑大方的僞善者。

「道德」、「道德」，多少罪惡假汝之名以行

回顧近代歐洲政治史，對上述僞善現象最可一針見血地戳穿虛構於人性深處所求之「應然面」，而將現實政治之「實然面」赤裸裸地呈現出者，莫過於馬基亞維利。他之所以被推爲近代政治學之父，實與其於文藝復興時代代表著敏銳的知識份子，將文藝復興的基本精神運用於現實政治的解析中，從而將長期把持於教會手中的政治徹底「世俗化」，有密不可分的關係。他的名著《君王論》廣爲人所傳誦，甚至由於他的坦率，招致惡評，被指爲「純權力論」者。實則在歐洲文化史上長達千年的黑暗時代，向來廣爲流傳著「君權神授」的政治迷思，任何統治者登基時必由教皇加冕並授予權杖，以象徵此統治者代表上帝在凡間行使統治權，藉此而將權柄神格化。然而有趣的是，馬基亞維利目睹弗羅倫斯的統治者全憑己力，縱橫捭闔建立侯國，雖未得教皇加冕，但對其統治權的確立卻無絲毫影響。反觀向來又有多少僞善者，僭稱君王並擄脅教皇爲之加冕，以求獲得「正統」！馬基亞維利目睹這種光怪陸離的現象，便著意於探討國家建立的基礎，而不欲再沈浸於神化的迷思之中，此即「世俗化」政治的由來。就如一八〇一年拿破崙在巴黎聖母院自封爲法蘭

西帝國的皇帝時，教皇亦因受其要脅而爲之加冕，甚至有爲違抗僭君的裹脅遭軟禁達十年之久的亦非少數，這在在都暴露了神格化的政治的虛矯與僞善。

馬基亞維利對政治現象的分析與研究，戳破了「應然面」而抖露出「實然面」為其在政治文化上鉅大的獻禮，也許國人長久以來對馬基亞維利一直抱持著成見，筆者願引述近代最偉大的哲學家之一的康德所言以爲佐證。康德被尊爲哥尼斯堡的孔子，學者亦一致推崇康德的道德哲學與儒家思想多有相互爲用之處，他銜接霍布士的思想，將「國家」定義爲「一羣人生活在法律規範下的共同體」，人有傾向——即不斷擴充自己的利益，甚至侵害他人的利益、犧牲他人以達到擴充己利亦在所不惜。康德認爲此種傾向根源於人自衛的本能，霍布士亦持有類似的看法，只要力有所逮的話，極難想像人們有機會擴張己利而不爲的。「國家」，在康德戲劇性的比喻裏，爲一羣惡魔的結合，每一個惡魔均欲無限地擴張自己的利益，即或犧牲其他惡魔的利益亦在所不惜。然而國家的結合既是法律規範下的共同體，不管人內心的立意爲何，至少外部的行爲須受到法律的規制，如此也使得人類的行爲，由外象上乍視之，似乎自始即無侵犯他人之意一般，此即康德國家哲學思想的基礎所在。

因此，過份强調「應然面」以致對政治之「實然面」產生錯覺，此即當今社會的政治文化染患幼稚病的根源所在。孰不知道德之爲善?然而「道德」、「道德」，多少罪惡假汝之名以行!儒家思想爲統治者所誤用，即假「道德」之名以行專制統治之實。道德不是掛在嘴邊而應存於心中，不是用以責人，而應反求諸己。蘇格拉底以全希臘的教育者自居，由於其直率指出大家的無知，得罪權貴，終致落得飲鴆自盡。耶穌抨擊僞善的法利賽人，而引起假道學的猶太經師的共憤，終而被釘死於十字架。儒家道統中，孟子亦因其自由思辯、藐視權威，爲歷代統治者所不喜而予刻意貶抑。

自道德統治的迷夢中醒來

筆者自學成返國，一再倡言思想之再啓蒙運動頗思有以貢獻鄉土，所謂思想再啓蒙運動的根本精神，就在於鼓勵每一個人有勇氣公開地運用自己的理性，將內心的想法勇敢地表達出來，以便旁人有機會針對吾人的想法予以評論，而吾人又可以就此評論再作評論以形成一個公開討論的環境，此即理性社會之所求：不在於每個人所言之真確性如何，而在於主體性之受到重視，縱有錯誤的言論亦無妨，真理只存在於不斷辯證的過程中，不斷地超越。中國人向有一錯誤觀念，總看待小孩子爲全然懵懂無知者，待其成年，則苛求其一夕之間通情達理。實則對小孩正當的教育方式，應是對其心智能力不斷地、動態地予以誘導啓發。同樣的，一個健全的社會中，個人的意見無論爲是爲非，皆應受到尊重，而非求其每次判斷皆中規中矩，誤以爲在現世中有所謂放諸四海而皆準的真理，因爲真理乃存在於一不斷追逐與不斷超越的歷程中，所謂「終極真理」在現實世界中是不曾也未能存在的，向來極權統治者皆稱其主張、政策乃「無可置疑」之真理，以爲其專横統治合理化之藉口。

社會各界長久以來對國民黨政府的腐化充滿無力與絕望，在備受壓抑的情形下，極易移情於新興的民進黨，期望在民進黨身上重塑道德的理想形象。但是政黨既是由凡夫俗子所相與組成的，無論哪一個政黨皆無法求其無過，思想再啓蒙運動所彰顯的具有理性的主體，就是要將我們由遙不可及的對未經辯證的道德與真理的信仰中，拉回現實來，在政治上期待一個絕對道德的政黨就如期待聖君賢相一樣地不切實際，我們應該自「道德統治的迷夢」中醒來，體認到在真實的世界中，藉著政黨間的制衡原理建立一個健康的政治環境的重要。當人們一手撕下了國民黨僞善的面具後，不應期望再把它掛到民進黨頭上，而應鞭策民進黨除了道德的訴求外，亦須日趨務實，擺脫極權主義政治哲學的陰影，邁向「世俗化」的政治。

——《台灣時報》一九八九年二月二十六日

朱高正怎麽說「政治是高明的騙術」

朱高正在與來自大陸的民運領袖嚴家其對話時，曾提及「政治是高明的騙術」，經報導後，引起不少議論。其實，朱高正早自一九八八年以來，即不止一次發表過類似言論，這裡特別蒐集朱高正針對這個問題的重要發言，供讀者參考。由這些摘錄，可看出朱高正的見解是何其的深刻與獨到，然而在政治文化水平低落的台灣，反而遭致誤解與指責，誠令識者浩歎！

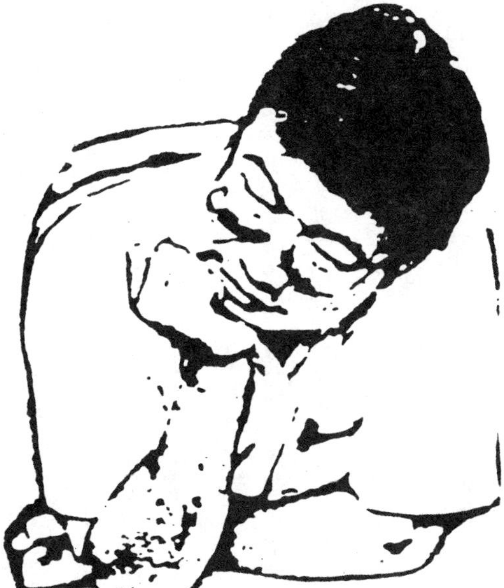

之一

政治與道德的關係也要有個正確的了解。否則，民主政治就很難建立。中國向來受到「德治」（道德統治）思想影響很深。其實，「道德統治」的觀念是一切專制政治的根源。「政治」說穿了就是權力鬥爭，向來在政權的更迭中抓到權力的人不是用搶的（搞武力革命），就是用騙的（以說理取悅於選民的認同與支持）。國民黨與共產黨都是用「搶」的，且搶到手之後就用騙的來維持政權，民進黨不便「搶」，只好用「騙」的。有人會認爲，那民進黨和國共兩黨豈不是一樣壞。我說不一樣就是不一樣，因爲過去只有國民黨一個大騙子，可以爲所欲爲。現在除了國民黨大騙子之外，還有一個小騙子——民進黨。大騙子如果騙得太粗魯、太過份，以前無人敢揭發它，現在則有一個小騙子在拆它的台。如此一來，擁有統治權力的政黨就要小心多了。這就是執政黨與反對黨的制衡關係。這就是何以現在台灣比大陸政治進步多多的根本原因所在，我們絕不能輕信執政黨的善意、誠意。民主政治的精華就在於當執政黨越軌時，反對黨可以代替人民及時批判、制止它。

——《民衆日報》一九八八年七月二十一日

之二

馬基亞維利對政治現象的分析與研究，戳破了「應然面」而抖露出「實然面」爲其在政治文化上鉅大的獻禮。也許國人長久以來對馬基亞維利一直抱持著成見，筆著願引述近代最偉大的哲學家之一的康德所言以爲佐證。康德被尊爲哥尼斯堡的孔子，學者亦一致推崇康德的道德哲學與儒家思想多有相互爲用之處。他銜接霍布士的思想，將「國家」定義爲「一羣人生活在法律規範下的共同體」。人有不斷擴充自己利益的傾向，甚至侵害他人的利益、犧牲他人以達到擴充己利的目的亦在所不惜。康德認爲此種傾向根源於人自衛的本能，霍布士亦持有類似的看法，只要力有所逮的話，極難想像人們有機會擴張己利而不爲的。「國家」，在康德戲劇性的比喻裏，爲一羣惡魔的結合，每一個惡魔均欲無限制地擴張自己的利益，即或犧牲其他惡魔的利益亦在所不惜。然而國家的結合既是法律規範下的共同體，不管人內心的立意爲何，至少外部的行爲須受到法律的規制，如此也使得人類的行爲，由外象上乍視之，似乎自始即無侵犯他人之意一般，此即康德國家哲學思想的基礎所在。

因此，過份强調「應然面」以致對政治之「實然面」產生錯覺，此即當今社會的政治文化染患幼稚病的根源所在。孰不知「道德」之爲善？然而「道德」、「道德」，多少罪惡假汝之名以行！儒家思想爲統治者所誤用，即假「道德」之名以行專制統治之實。道德不是掛在嘴邊而應存於心中，不是用以責人，而應反求諸己。蘇格拉底以全希臘的教育者自居，由於其直率指出大家的無知，得罪權貴，終致落得飲鴆自盡。耶穌抨擊僞善的法利賽人，而引起假道學的猶太經師的共憤，終而被釘死於十字架。儒家道統中，孟子亦因其自由思辯、藐視權威，爲歷代統治者所不喜而予以刻意貶抑。

——《台灣時報》一九八九年二月二十六日

之三

我向嚴家其提及「政治是高明的騙術」，除了是要提倡法治的民主精神之外，主要的用意是要提醒老百姓「害人之心不可有，防人之心不可無」，對政治人物尤應作如是觀。全體選民都應以此心態，來分析政局，檢驗政治人物，絕不是鼓勵大家以此心態參與政治。

中國古代傳統政治學說，多是推崇「德治」、貶低「法治」。連孔子所說的

「道之以政、齊之以刑，民免而無恥。道之以德、齊之以禮，有恥且格」，應該是屬於「教化」範圍的話，亦被引以爲「政治」之用。

西方國家也有「道德統治」（moral rule）和「法治」（rule of law）的名詞，但學者認爲前者往往成爲一切極權統治之溫床，後者則爲民主政治之實踐。「法治」之精神，基本上是不論個人內心想法如何，只要盡其守法義務，至少在外觀上，不會去侵犯他人權益。同時政府亦應嚴格遵守法律規定，法律又依據民意制訂，因此符合民意政治的理想。

德國大哲學家，有「哥尼斯堡孔子」之稱的康德說過：「國家就是一羣人生活在法律規範之下的共同體。」又說：「人有自衛的本能，但又因此自衛本能而有不斷擴大自己利益的傾向，擁有愈多利益代表存活率愈高，只要力有所逮，即使侵害別人利益也在所不惜。」康德將國家設想爲一羣惡魔的組合，每個惡魔均想無限制地擴張自己的利益，即使侵犯其他的惡魔亦在所不惜；然而其外部行爲卻又不得違背法律。由其「行爲」觀之，似乎每個惡魔自始即不曾存有侵犯他人之「意」。

所有的獨裁者，像是馬可仕、蔣介石、李登輝，無不希望人民相信他，但是人民並沒有理由相信統治者的善意，而須仰賴制度、法治予以約束。因此，愈是能接受我所說「政治是高明的騙術」這句話的人，就愈遠離「道德統治」而愈接近「法治」。至於有些人爲此大驚小怪，只是代表他們對民主政治瞭解的淺薄罷了。

——《聯合報》一九九〇年五月三十一日

之四

筆者曾倡言：「政治是高明的騙術」，引起不少的誤解。其實，「騙」在古代乃扁馬之術，並無太多貶意，何況筆者刻意強調要騙得「高明」，這就是要經由精心設計的謀略，以最少的犧牲，獲致最大的效果，豈是不學無「術」之徒所能理解！

談到「謀略」，一般人就想到克勞塞維茨的《戰爭論》或李達哈特的《戰略論》，其實這兩部軍事經典所討論的只是狹義的軍事戰略。反觀《孫子兵法》並不侷限於戰略，而擴展至政略。他如《老子》、《韓非子》、《戰國策》、《說苑》、《增廣智囊補》等，其適用範圍大至逐鹿中原、小至處理人際關係，自修身、齊家、以至治國、平天下，無所不包。可見我國傳統文化中，有關謀略的研究可謂源遠流長，絕非泰西諸國所能望其項背。只可惜，自董仲舒以降，獨尊儒術，先秦的兵家、法家、縱橫家、陰陽家、雜家等等，均漸漸與新興的士族階級絕緣。尤其自隋唐開科取士以來，士子不是沈湎於詩詞歌賦，就是陷入宋明理學所刻意凸顯的「尊德性」與「道問學」的「泛道德主義」的泥淖中。傳道授業由於採用過分化約的二分法，窮義利之辨，極善惡之分，殊不知「現實世界」與「觀念世界」截然不同。人固然需要觀念世界的指引，但卻不能脫離現實世界，人只能使現實世界逐步接近觀念世界所揭櫫的理想而已。偏執的泛道德主義只會使人更加憤世嫉俗，造成過份强調目標與理想的正當性，從而忽略了手段與過程的重要性。無怪乎自古文人相輕，因爲空談理想，當然難有交集。

儘管如此，所幸中國歷史悠久，幅員廣大，經驗傳承既久，後人可繼受前人的著述，稍補「謀略」在正統教育中長期被忽略的弊端。何況在歷史上，仍有不少有心人，諸如顧炎武、曾國藩，致力於經世濟民之學，强調通經致用，以史爲鑑。其實，「謀略」並不探討目的，而是研究如何達成目標的方法論，亦即 know how 的問題。用英文來解釋，「謀略」屬於 prudence（聰慧機智）的範疇，而非 wisdom（智慧、無私的直觀）。謀略之所以易於遭到批評、甚至蔑視，無非是謀略常常被奸人宵小作爲逞其私慾的工具。然而替天行道者不也同樣可以運用謀略來作爲實踐正義的工具嗎？正如一把刀，爲善爲惡端視持刀者的意念而定，刀本身並無善惡可言。我們不會因爲有好訟者濫用法律知識而禁絕法學教育，也不會因爲秦始皇、隋煬帝濫興土木工程而廢棄土木工程技術。因此，有愛心而正直的人毋寧更需要「謀略」，才能使善意得到善果。譬如諸葛亮滿腹韜略，自「隆中對」初定三分天下，及其治理蜀國，雖說「儒表法裏」，但無損於一代良相。同樣，一代英主唐太宗爲秦王時，置天策府、文學館，招賢納士，網羅各路豪傑爲其效命，終有「貞觀之治」。

——摘錄自〈正視謀略〉，台灣版《謀略叢書》序，一九九三年

現實的挑戰冷卻了統一的熱情

——談東西德統一所面臨的問題

東西德已經結束了長達四十餘年的國家分裂狀態。然而隨著國家統一迎面而來的諸多問題，如經濟制度的差異、政黨之間的歧見、法律體系的整合、生活水平的落差以及統一後德國在國際社會角色的重新定位等，都亟待解決。

此文寫於德國統一前夕，朱高正以其深刻的德國經驗，對於德國統一後所將面臨的問題，及其對歐洲局勢的影響，提出精闢的論點，至今仍可供台海兩岸關係的未來發展借鏡。

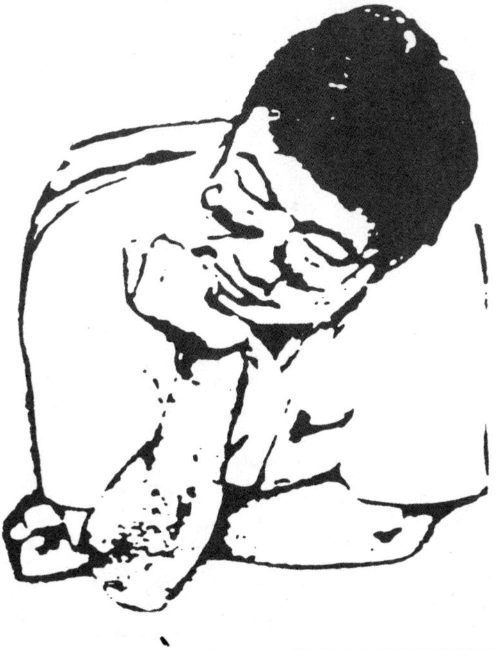

歐洲樞紐漸往東移

最近西德評論家葛林斯基（Gerhard von Glinski）認爲「歐洲的樞紐將由西往東移，可能移往柏林」，依據地緣政治學的基本法則，「俄羅斯的式微意謂德意志的興起」（a fall of Russia means the rise of Germany）。而事實上，當東西德問題尚千頭萬緒、盤根錯結之時，波昂政府已委託哥德研究所（Goethe Institut）代爲培訓一千名俄語人才，準備日後前往蘇聯、波蘭、捷克、羅馬尼亞等國家從事德語教學，並傳播德國文化。顯然，一個東歐的强權已在積極醞釀中，不論站在國際政治的角度，或者站在汲取兩德統一的經驗上，均在在值得吾人深切關注。

在論及東西德統一的問題之前，我們先來看一下歷史上德國分合的情形：德國在一八七〇年普法戰爭結束，一八七一年俾斯麥建立德意志第二帝國之前，一直是處於封建、鬆散、大小邦各自爲政的狀態。可是即使在俾斯麥所建立的大一統局面之下，境內的巴伐利亞、巴登等邦仍保有高度的自治權，一九一八年巴伐利亞甚至一度發生革命，成立民主政府。一九一九年威瑪共和肇建，直到一九三三年希特勒掌權，巴伐利亞才真正併入爲德國的一個邦。直到今日，開車由高速公路進入巴伐利亞，仍會看到這樣的標示——「歡迎進入自由的國家：巴伐利亞」。

戰後擺脫納粹陰影

一九四五年二次大戰結束後，德國被戰勝的蘇、美、英、法四强占領。一九四九年，盟軍之間達成兩個協議：一、非納粹化（Entnazisierung），亦即將德國從納粹的餘孽中解放出來；二、民主化（Demokratisierung）。蘇聯與其他三强在「非納粹化」上觀點一致，但是一涉及民主化問題，雙方就立場各異了。蘇聯認爲西方的代議民主制是「資產階級的民主」，而不是「全民民主」，惟有「工農兵蘇維埃體制的民主」才是「真民主」。就這樣，英、美、法三强將三個占領區聯合，成立「德意志聯邦共和國」，蘇聯則在其占領區成立「德意志民主共和國」，也就是今日的西德和東德。雙方的分立從貨幣分離開始，分爲西德馬克和東德馬克（現在東西德統一也是從貨幣統一開始談起）。

東西德各有自己的憲法、自己的國會。東德由ＳＥＤ（德意志社會主義統一黨，亦即東德共產黨）一黨專政；西德則分別出現了幾個主要的政黨，其中最悠久的是SPD（社會民主黨，從共產黨分裂出來的較溫和的左派黨），威瑪時期的中央黨則改組爲CDU（基督教民主黨）和CSU（基督教社會黨），另外有FDP（自由民主黨）等小黨。一九四九年西德開放選擧的時候，總計有一百八十三個黨參選，現在則合併成上述四個主要政黨以及一九八三年始出現的綠黨。西德選擧法中的「百分之五限制條款」（得票率未超過五％不得參與國會席次的分配），實質上限制了小黨的存在。

哈爾斯坦原則掛帥

西德在這四十年來，始終認爲東德是蘇聯的附庸政權，根本不能代表東德人民的意願，西德一位負責外交政策的總理幕僚哈爾斯坦（Walter Hallstein）曾經提出一個「不承認主義」，認爲只有德意志聯邦共和國才有資格代表全部德意志人民的意願，絕不承認東德政權。「哈爾斯坦原則」一直持續到六〇年代的中葉。

事實上，「哈爾斯坦原則」的出現與當時的國際政治環境息息相關。一九五〇年代，國際政治進入冷戰的時期，西德的艾德諾總理把西德相繼帶入北約和歐洲共同市場，與蘇聯所代表的霸權自然形成對峙的局面。直到一九六六年整個情勢才有所改變，一九六六年到六九年間，ＣＤＵ／ＣＳＵ以及ＳＰＤ三個大黨組成了一個大聯合內閣，掌有國會席次九〇％以上。ＳＰＤ這時已放棄階級政黨的屬性，成爲全民政黨。由於ＳＰＤ在內閣中的表現甚得人心，一九六九年後，它捨棄了ＣＤＵ／ＣＳＵ，改與ＦＤＰ組成新的聯合內閣。一九六九年到一九八二年九月三十日止，ＳＰＤ和ＦＤＰ所組成的聯合內閣爲西德開啓了另一階段的政策取向。

一九六九年，布朗德出任西德總理，開始採取「東進政策」——認爲東德對西德而言，是一個「主權國家」（sovereign state），但不是「外國」（foreign state），亦即「一個民族兩個國家」的政策。因此，一九六九年之後，東西德開始出現「和解」——緊接著就是雙方探親，以及郵電、鐵路的互通。東德的高速公路也由西德承包興建。即使保守的右派領袖史特勞斯（Franz Strauss）也開始貸款給東德。到一九八四年—八五年間，爲了易北河污染整治的問題，雙方主管環保的官員甚至同船出巡，勘察易北河，之後西德並且撥出巨款整治。東西德的實質關係就這樣不斷增長，西德主張東德是德國的一部分，歐市中關稅優惠的利益也兼顧到東德。

圍牆拆除，統一有望

柏林圍牆在一九八九年十月九日戲劇性地拆除了，東西德的統一開始進入倒數計時。柏林圍牆的拆除，一方面是整個東歐的劇變以及蘇聯戈巴契夫開放政策的連鎖反應，另一方面也因爲經由匈牙利逃往西德的東德人民實在太多了，平均一天兩千人，爲了顧及國家顏面，倒不如把圍牆拆除，雙方自由出入。

一九九〇年三月十八日，東德首度舉辦自由選舉。執政的ＳＥＤ因爲惡名昭彰，改名爲ＤＳＰ（民主社會黨）參選，但是已難挽頹勢，從過去的獨占九八％以上選票，遽降爲一六％。另外ＳＰＤ拿到二一・六％，ＣＤＵ拿到四〇・九％，綠黨拿到二％。其結果與西德的選民結構非常接近。

這一次的選舉，統一的問題是爭論的焦點，也是保守黨最大的本錢。西德各政黨的要人紛紛跑到東德去爲姊妹黨候選人助講，統一所將面臨的問題也一一上了檯面。

我以下將分三方面來分析統一所面臨的問題，也希望可供將來考慮到大陸政策時做參考：

德意志坐大對蘇聯是潛在威脅

㈠從國際情勢來看

列强的態度首先要考慮在內，就蘇聯而言，蘇聯因爲在第二次世界大戰中被德軍殺了九百萬人，餘悸猶存，一個强盛的德國對蘇聯即是潛在的威脅。因此，基於安全的考慮，堅決要求，德國若要統一，一定要在軍事中立的前提之下，因此蘇聯堅持德國統一後一定要退出北約，成爲中立國。但是蘇聯的企圖可能難以如願。因爲，華沙公約組織集會，蘇聯希望各會員國共同做成決議，要求統一後的德國退出北約，但是波蘭與捷克同表反對，波、捷兩國名爲尊重各國自主權，實則希望德國留在北約，如此兩國就能成爲緩衝國，而不必繼續當蘇聯的附庸國了。

美國對德國的統一則較抱著樂觀其成的態度，一方面在美國的德裔人口僅次於英裔，另一方面美國的外交政策重心也漸轉移到德國，德國可謂是歐洲的心臟地帶，美國與德國的外交關係又一向良好，德國統一後，美國的外交網絡可望透過德國直達中歐。

就英國的立場而言，佘契爾夫人傾向於接受一個保守黨獲勝之後的統一德國，三月三十日，在她與西德總理柯爾長達兩天的會談後，接受「鏡報」訪問時，更說出這樣的話：「我們在歐洲必須接納一個遠强於其他盟邦的國家，我們每個人都必須接受一個更强大的德國。」佘契爾夫人並明告柯爾統一後的德國仍留在北約，並接受北約核子傘的保護。

至於法國，由於二次大戰後，法、德關係非常良好，因此法國官方基本上是抱著贊同的態度。另外一個必須考慮在內的是波蘭，波蘭由於三度被瓜分，與德國之間有邊界領土的問題尚未解決，柯爾又爲了討好國內極右派，而說出在兩德統一後要與波蘭重定邊界條約的話，更是引起波蘭的恐慌。因此德、波邊界的問題，在兩德統一的過程中恐怕還有待釐清。

除了四强與波蘭之外，另外一個對德國統一有意見的是歐洲共同市場。因爲德國對兩德統一的興趣遠甚於對一九九二年歐市單一化的興趣，在歐幣統一之前，德國要先統一東西馬克。西德在歐市的競爭力本來就强，而東德在東歐又是重工業最發達的國家，東歐各國包括蘇聯在內，其重工業設備與零組件早已與東德建立密不可分的供需關係。一旦西德的經濟優勢與東德結合，則整個東歐市場藉由東德所建立的供需關係，德國將可輕而易舉地吃下。如今「歐寶」（Opel）已到東德投資設大汽車廠，年產量十五萬輛，「福斯」（Volkswagen）汽車公司也已在東德投資三十億馬克，德國欲以經濟力獨霸歐洲的野心已昭然若揭。

此外，一個由歐洲三十五個國家所組成的國際組織「歐洲安全合作委員會」（ＫＳＺＥ）則對兩德統一後是否退出「北約」的問題非常關切，因此要求在討論兩德統一問題時，保留一個席位給ＫＳＺＥ。

東德知識份子反對讓西德兼併

(二)從國內的情勢來看

就東德保守黨的立場，是希望統一愈快愈好，甚至爲求統一，無所不用其極。東德的ＤＳＰ（原來的共產黨）則反對操之過急地進行統一，認爲兩德統一必須循序漸進。東德知識份子的意見也值得重視，他們反對東德讓西德兼併，而應以建立一個新的國家爲目標，而此刻正與保守黨商組聯合內閣的ＳＰＤ則要求應先確認德波疆界，並保證東德境內社會安全制度的落實。

在西德方面，執政黨當然希望愈快統一愈好，好大喜功的柯爾夢想成爲第二個俾斯麥，統一德國，建立「德意志第四帝國」，爲此他先說服布希政府，東德大選後又成功地説服佘契爾夫人，國際聲望日隆。最近，他放出風聲擬在明年舉辦全德大選，早日促成德國統一，其心情之急切可想而知。至於第一大反對黨SPD則主張要慎重其事，就反對黨的立場而言，我們可以理解，因爲太早統一的話，執政黨搶盡了鋒頭，反對黨要分杯羹恐怕都有所困難。綠黨則主張雙方先加强合作，再談統一問題。

統一有兩條途徑

其實東西德統一並没有想像中的容易，除了上述政黨之間的歧見之外，經濟制度的差異更是一個必須面對的難題，西德是自由市場經濟，東德則是計劃經濟；西德承認私有財產，東德否認私有財產；光是財產的發放、分配就非常難以處理。因此統一首先要面臨的就是經濟制度如何融合的問題。其次，財政上包括稅制、金融制度、證券制度、幣值等差異，專賣、國有財產、如何核計資產、外債等問題都千頭萬緒，不易處理。再則，法律制度的差異、社會制度的差異在將來都可能會引起很大的爭端。

就統一的程序而言，按照西德的基本法只有兩條途徑：第一是按照基本法第二十三條，該條除明確列舉基本法的適用的邦名之外，最後提到「德國其他部分在其加入聯邦之後亦生效」，就東德名稱而言，它們可能不願接受，因爲一旦加入聯邦，就等於是被西德兼併。第二個途徑是西德基本法最後一條，即第一百四十六條：「本基本法自全德意志人民在自由決定之下通過的新憲法施行之日起失效。」站在東德的立場，比較能夠接受的是採用第一百四十六條的途徑，如此在討論的過程當中也比較能夠確保雙方權益的平等，也比較能引起大家對新憲法的感情和共識。

㈢就個人問題來看

㈠物價問題：一公斤的麵包，在東德是〇．六馬克，在西德則至少要三馬克，再加上黑市西馬克兌東馬克的五倍價格，一公斤的麵包，其價差就有二十幾倍。一瓶啤酒在東德是〇．三馬克，西德是三馬克，加上黑市的價差，西德一瓶啤酒的價錢是東德的五十幾倍。

㈡房租問題：東德房租占家庭每月收入的五%左右，西德則約占該家庭每月收入的二〇%至三〇%。

㈢退休金問題：東德月退休俸是每月四百七十馬克，西德則平均每月一千六百馬克。雙方生活水平的差異將造成極嚴重的社會問題。

依據統計，要重建東德，使東德達到西德的水準，必須花費三千億馬克，但是民意測驗顯示，西德政界和商界領袖有七七%反對增稅。可見西德對於輸血重建東德，並不是那麼慷慨樂意。再加上最近由於東德人大量擁入西德所造成的房荒、失業率增高以及就學率降低等問題都可能引起社會的危機。

基本上，東西德人民都渴望德國早日統一：東德是爲了避免經濟崩潰，西德則希望統一後，東德人不再大量向西德擁入。依我看，東西德統一後，馬克會迅速下跌，可是德國人才不虞缺乏，五年、十年之後，德國的建設必然相當可觀，居時馬克的價位會大幅上揚。

兩德經驗可供兩岸參考

西德的人口是東德的三倍以上，西德的土地是東德的二倍半，兩德的統一就已經有那麼龐雜的問題了；何況中共的土地是台灣的近三百倍，人口是我們的五十五倍，要統一更是談何容易？當「統一」還是一個遙不可及的理念時，也許有人會迫不及待；但當「統一」變成現實的挑戰時，顯然有一大堆嚴峻的問題需要我們冷靜的思考，更有賴於豐富的學識與行政專才來協助雙方面的人民相互適應，彼此接納，並共同面對一個全新的未來。

——《中國時報》一九九〇年四月六日、七日

兩岸三地的良性互動

化經貿實力爲外交戰略能力

——規劃我國中長期外交戰略芻議

朱高正從政以來，除了在立法院辛勤問政外，每於休會期間積極奔走歐洲、美國、香港等地，拜會各國對亞太事務具決策權的人士，致力拓展台灣的外交關係。本文是朱高正在國際關係發生結構性轉變時，從現實主義出發，針對台灣如何利用現有經貿實力，作爲拓展外交的後援，以突破外交困局的一個戰略規劃。

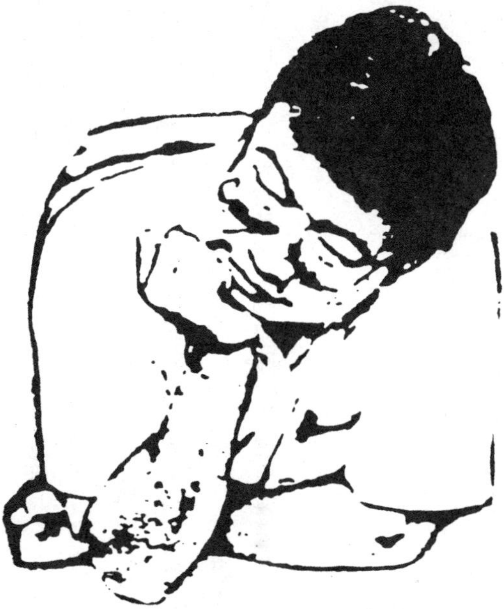

筆者於春節走訪美國，與該國政府部門、政黨、智庫及傳播界人士多所接觸，計舉辦會談十七場，其中有三場屬於較具規模的座談會，分別在美國在台協會（AIT）、傳統基金會（The Heritage Foundation）及國會研究服務中心（CRS）舉行。參加者多爲研究亞洲國際情勢的學者專家或制訂對華關係的重要幕僚，而討論的範圍也以亞洲國際情勢的發展及台灣海峽兩岸諸問題爲核心。筆者除了對台灣近年來的民主化過程詳加說明外，也就台灣未來國際關係的展望與美方人士深入交換意見。

以談判代替對抗

最近幾年不但台灣面臨著「全方位」的轉變，整個國際情勢也正在脫胎換骨。蘇聯領袖戈巴契夫（Mikhail Gorbachev）一九八五年三月掌權後的「改造」及「開放」，使蘇聯的外交政策更具彈性。另一方面，今年一月甫就任的美國總統布希（George Bush），也提出「兩黨政治」和調整戰略佈署的外交新作爲。這在在顯示二十世紀的最末十年，全球戰略將會大幅度的調整。尤其在「以談判代替對抗」成爲國際關係的主流思想後，國際貿易勢將在全球戰略中，扮演不低於以純粹軍事武力爲考慮的外交構想。

面對國際關係結構性轉變的同時，今後如何擬定我國中長期的外交戰略，將是當務之急。以我國昔日所持的外交觀念及作爲，處此變幻莫測的國際情勢，若不主動積極改弦更張，規劃中長期的外交戰略，以爲短期的外交策略之張本，必然會導致外交策略再度捉襟見肘，甚至相互矛盾！

目前欲規劃我國中長期全盤外交戰略，應充份掌握美蘇兩國全球戰略的基本構想。以美國而言，就如季辛吉（尼克森總統之國家安全顧問及國務卿，共和黨員）和范錫（卡特總統之國務卿，民主黨員）共同在去年夏季號的《外交事務季刊》中〈兩黨外交政策之目標〉一文所言：美國的國民生產毛額在全球所佔比例將降至百分之三十二以下。由於西歐及日本工業强國的經濟力量，以及台灣、南韓、香港及新加坡等新興工業國家在國際市場的競爭，美國勢將失去支配國際經濟的能力。因此，季辛吉和范錫强調，如要維持美國的聲望和影響力，不能再用傳統的方式，而要把全球各地區的防衛責任移交給各地區的新興强權。這種新形勢代表二次戰後，美國作爲世界警察的角色必須調整——從支配者調整爲協調者。由此可見，美國如何在經濟力量式微的情形下，調整與新興國家間的關係，且維持其原有的影響力，將是布希政府外交政策的基線。

戈巴契夫大力推動「改造」及「開放」的原因在於，蘇聯長期施行社會主義導致教育及科學研究進步有限。尤其從七十年代以後，高科技發展日新月異，而原來蘇聯科學發展所賴的猶太人日漸凋零，年輕一代青黃不接，所以比起西方國家顯出嚴重落伍。另一方面蘇聯卻仍要維持龐大軍費支出，形成財政的重大負擔，凡此都是戈巴契夫急於解決的課題。因此，戈巴契夫的務實路線，是以經濟改革爲重心，以取得發展經濟所需的資金及技術，這可說是蘇聯外交政策今後的主軸，也是二次戰後最大幅度的調整。

美蘇全球戰略佈署的轉變約略如上所述。台灣位處亞洲太平洋地區，正處美蘇勢力的交接地帶。我國的中長期戰略構想，雖不宜牴觸美蘇戰略佈署的核心概念。但以台灣本身的優裕條件而言，並非完全不能動搖美蘇在西太平洋邊緣地帶的佈局！

規劃中長期外交戰略

在規劃我國中長期外交戰略之前，除美蘇而外，我們亦應注意到亞太地區的區域性霸權：中共、印度及日本。蘇聯將如約在今年二月中完全撤離阿富汗，同時也將撤離外蒙古的大部份武力。元月六日越南宣稱將在九月六日前完全撤離高棉；同月十四日越南副外長Dinh Nho Liem赴北京與中共副外長劉述卿會談；二十五日泰國總理Chatichai Choohavan與高棉總理Hun Sen在曼谷會談，高棉問題不久可望解決。印度總理拉吉夫甘地（Rajiv Gandhi）及巴基斯坦總理班娜姬布托（Benazir Bhutto）在日前分別訪問北京，並互相會談，顯示印度半島局勢漸趨緩和。對中共而言，西藏的主權及西南邊界問題可次第解決。中共解決了鄰國的窺伺後，對台的領土統一要求將被列爲優先目標。然而，中共也面臨蘇聯類似的困境，必須吸收外在資源以從事經濟改革。

日本經貿實力雄厚，可以預見美國將會要求日本分攤美國在東南亞地區的防衛負擔。然而日本至今仍背負著二次大戰期間侵略者的包袱，短期內要取信於東南亞諸國，有其事實上的困難。我們可以預期，日本要改善與東南亞國家的關係，除了大力從事經濟援助之外，對於區域防衛或區域合作問題將繼續保持低姿態，不敢過於積極、主動。

這種形勢對於我國規劃中長期的外交政策頗有助益。我國對外貿易數額已擠入世界排名第十三位，一般人可能不容易了解其中所含意義，筆者願提出一個類比説明：台灣有三十萬陸軍或三百萬陸軍，在國際戰略地圖上所顯示出來的意義相差無幾。但是如果台灣擁有一支迷你戰略空軍，或迷你戰略海軍，其後援補給及有效作戰半徑可達一千五百浬的話，則其戰略影響力遠超過三百萬的陸軍部隊，畢竟陸軍之力量使不出台灣島也。同樣地，台灣的經濟總產值無論如何龐大，若僅及島內，則無多大影響力。但是台灣目前的對外貿易數額卻令世人刮目相看，從全球戰略來説，極具影響力。尤其處此「以談判代替對抗」時代，戰爭的可能性相對降低，經貿實力在全球戰略的比重逐漸增加。因此，我們規劃中長期外交戰略，首須考慮如何將經貿實力轉變爲外交戰略能力！

猶記去年暑假筆者訪問歐洲時，西德總統顧問昆哈特博士（Dr. Kuehnhardt）及總理府經濟社會事務主管Dr. Schmidt一再向筆者詢及亞太經濟共同體的問題。當時筆者以爲亞太地區新興國家彼此經貿往來有限，且其對外貿易關係亦相互競爭，要成立一經濟共同體不太可能。但是事實上，如果歐洲以低姿態來減低美日兩國抵制，而如期實現單一市場，則一九九二年以後歐洲勢將成爲世界第一大市場。亞洲新興強權在歐洲單一市場的刺激之下，區域競爭意識必然高漲，因勢利導，亞太經濟共同體實不無可能。

經貿實力突破外交孤立

台灣能否在亞太經濟共同體中扮演主導的角色，是本世紀最大的外交挑戰。過去中共企圖在國際舞台上孤立台灣，但我們卻能以吾人活潑旺盛的經貿實力突破外交上的孤立。倘使在亞太經濟共同體成立之際，吾人被排除於外，則對我國之打擊則非區區外交孤立所能相提並論，有識之士不能不早爲防範！

去年七國高峯會議開會首日，便有人抱怨如果台灣、南韓、香港及新加坡沒有參加，恐怕成就有限。可見我們的經貿實力令人無法忽視！如何有效地運用全球貿易影響力，以改善外交關係，極爲重要。例如已經定案的「海外經濟合作發展基金」，以長期貿易盈餘經援第三世界國家，回饋國際社會，，便是一項新的突破。另外，加强對歐貿易以分散市場，免除大量貿易順差所生的副作用，也是當前首務。

我國在國際社會，尤其是在亞太地區的經貿活動，與中共接觸乃勢所難免。按正式統計，一九八七年兩岸間接貿易達十二億美元，一九八八年則倍增爲二十五億美元。但據筆者所悉，有更多的走私貨物其貲不在少數，其中且有某些農漁產品已經造成國內市場價格混亂。而衆所關切的赴大陸投資設廠問題迄無法律規範，實在令人擔憂！在這方面，政府的決策人士實應走出陰影，開放進取。大家都知道與中共接觸談判是遲早的事，接觸談判並不可怕，重要的是如何在過程中維持台灣的主體性，如何因應對我有利的國際因素，以迫使中共退讓。對此筆者曾在去年提出「以聯邦制來解決海峽兩岸對立的可能性」的意見（《自立早報》一九八八年九月二十四日—二十六日，《台灣時報》一九八八年九月二十六日—二十八日，並載《立法院議案關係文書》一九八八年十月一日），中共要與台灣和平談判的前提是先在大陸實施聯邦制，否則與台灣便無談判基礎。而香港在此問題上舉足輕重；如何使中共信守承諾，維持香港的和平繁榮，無疑對中共是一大考驗。如果中共具備這種誠意，便可邀集中共、香港及台灣的民意代表到西歐國家舉行「三邊會談」，討論問題。筆者建議選擇西歐國家爲會談地點，乃著眼於歐洲獨特的政治傳統。歐洲共同市場的十二個會員國所組成的歐洲議會，有四項基本宗旨：一、保障基本人權，二、尊重自決原則，三、實施代議民主政治，四、尊重自由市場經濟體制，這些都是「三邊會談」可資參考的討論原則。而且，在歐洲舉行類似的會談，也較能引起廣泛的國際性人道支持。

主動出擊轉守爲攻

「三邊會談」之所以不考慮在美國或日本舉行，是因爲日本與海峽兩岸有歷史性的牽扯，而美國則與海峽兩岸皆有現實的瓜葛。有趣的是西德的基民黨和奧地利的國民黨，都樂見其事，並且歡迎這歷史性的「三邊會談」能在該國率先舉行。日前報載我國多名增額立委與中共人大代表將擇第三國舉行「促進兩岸和平座談會」，筆者極表歡迎。因爲這類會談與筆者所提議的「三邊會談」多有相通之處，而參與的成員都具備了一定程度的代表性，非完全民間性質，頗可循此漸進，建立一種兼顧兩岸歷史面及現實面的溝通模式。

結論

總之，面對中共蠻橫的孤立攻勢，數十年來節節敗退的我國外交，當此國際形勢大變，台灣本身內部政經情勢亦大步進展之際，實應作一徹底的檢討，規劃出一套中長程的外交戰略，不論是在對美國貿易交涉上自主性的確立，對歐洲關係的加强，在東南亞地區局部優勢的發揮，以及和平、互利、維護主體性地與大陸接觸談判等等，我們都不必妄自菲薄。唯有掌握國際政治、經濟的脈動，瞭解本身特有的條件，積極因應形勢，運用籌碼，主動出擊，才能使我國的外交轉守爲攻，使我國在國際政治舞台上的角色能跟在經貿舞台上的角色相稱。

——《中國時報》一九八九年五月

論台灣前途

——從亞太經濟秩序的重組談起

台灣前途問題不是單純的內政問題，而是在台灣的中國人如何盱衡世局，以確立國家發展總目標的問題，絕不可自限於狹隘的統獨之爭。朱高正在文中指出，我們應迅速重新確立國家總目標，將台灣前途定位在未來亞太經濟共同體的主導者，掌握機先，爲台灣邁入二十一世紀做好準備工作。

近年來亞太地區經濟發展一日千里，亞太各國亦紛紛擘畫本國的發展戰略並提出亞太地區經濟合作的構想，最近更有亞太自由貿易區的倡議，世局的變化，在在證明了朱高正當年從區域經貿聯盟角度超越統獨情緒之爭的遠見。

近年來由於民主化的快速推展，原有的政治禁忌、敏感話題一一被披露出來公開討論，而其中最饒富意義且攸關國家目標的議題莫過於台灣前途的討論。在歷經三十九年戒嚴之後，純軍事意義的反攻大陸口號顯然已隨著兩岸接觸的日漸頻仍而徒成笑柄。但隨著舊有對內團結國人、對外抗拒共黨政權的政治號召的土崩瓦解，也的的確確給國人造成很大的衝擊。大家不禁要問，住在台、澎、金、馬的兩千萬民衆就總體目標而言是爲何奮鬥？面對著北京政權一再宣稱擁有對台主權，我們又當如何自處？這些都是值得關心台灣未來政治命運的人士予以深思的。

重新規劃國家總目標

在這舊有的政治號召已無法有效維繫人心而新的國家總目標尚未確立之際，各種主張便紛紛出籠。我們看到少數失敗主義者將他們面對龐然「祖國」的無力感轉化成無條件投降式的統一論調。另一方面，我們也看到在反對陣營中，也有部分人士將他們對國民黨政權的積憤轉化爲教條主義式的台獨主張，統獨論爭於焉產生！這種統獨論爭其實只不過是解嚴後老問題的枱面化，在本質上仍然掙脫不出「祖國情結」或「大陸情結」，它毋寧是國民黨式反攻大陸政策的產物罷了。

筆者認爲，在探討台灣前途這麼一個嚴肅的問題時，如果不能站在現實的基礎上來審視，將不可避免地再度掉進毫無建構性意義的統獨之爭。四十年來，台、澎、金、馬地區固然時時面臨著中共武力進犯的威脅，但我們也的確著手建立了一套與中國大陸迥然有別的社經體系，沒有人能否認台、澎、金、馬地區在事實上（de facto）是一政治實體，尤其，這兩年多來在政治民主化上的努力更大幅地提高了整個政權結構的穩定性和正當性。如果大家認清，我國一九八八年的國民總生產毛額在全世界排行第十八位，相對於十一億人口的中國大陸，其國民總生產毛額也才只第十三位，而台灣的進出口總額已擠進全世界第十三位，更非中國大陸所能望其項背。因之，我們應有恢弘的志氣、深邃的歷史眼光，盱衡整個國際大勢，站在現實的基礎上來重新規劃我們國家的總目標。

自七〇年代以來，整個國際環境發生前所未有的丕變。原本由七個主要工業國家（美、加、英、法、西德、義大利及日本）所組成的經濟高峯會談，對整個國際收支的平衡尚能發揮主導作用，故其對於整個國際金融秩序的穩定具有不可磨滅的貢獻。然而，從八〇年代開始，墨西哥、巴西等第三世界國家，在久經工業國家長期剝削之後，已債台高築，到了連償息能力都發生問題的地步，因而，建立國際經濟新秩序的呼聲響徹雲霄，這在在使得高峯會談的影響力大打折扣。

區域競爭形勢隱然浮現

反觀，位處東亞的四隻小老虎（台、港、星及南韓）則自一九八〇年以來，對外貿易快速成長，積累了爲數可觀的貿易盈餘。以一九八八年爲例，這四隻小老虎的進出口總額佔全世界總額分別爲：台灣，百分之一點九；香港，百分之二；新加坡，百分之一點七；南韓，百分之二點一。四者對外貿易的總額約略與日本的百分之八不相上下。易言之，這四隻小老虎加上日本的貿易總額爲全世界的百分之十五點七，剛好是世界第一大貿易國美國對外貿易的總量，一個僅次於美國和西歐的東亞市場已然隱隱浮現。

在美國本身備受財政及貿易赤字困擾不已而導致美元頻頻貶值的情形下，一九八八年的七國高峯會談對處理國際經濟問題上，已顯得力不從心。在這次會議舉行的第一天，就已有人要求，應一併邀請亞洲新興工業國家參加會議，方能有效解決日益嚴重的國際收支平衡問題。爲因應新的國際經濟情勢，去年歐洲共同市場十二國決議，將在一九九二年完成歐洲單一市場。居時，在共同市場國家之間，資金、商品與勞務將可無關稅地自由流通，各國護照也將被歐洲護照（Europass）所取代。甚至自一九九二年起，除英國外，將採用統一的歐幣（ECU）。預估經由單一市場的建立，共同市場國家將增加二百五十萬個就業機會，國民生產毛額也將增加百分之五。因此，歐洲單一市場的出現，將標示出世界經濟舞臺上的競爭，將由過去國與國的競爭層次提昇爲區域對區域的競爭。

軍事經濟兩強合作

至於美國，由於雙赤字的壓力及長年高額的國防經費負擔，逼使美國特別成立貿易代表署（USTR），作爲與各主要貿易國家從事經貿談判的專責機構，藉以減輕其貿易赤字。另一方面，則要求各主要盟邦分擔區域性的防衛任務，以減輕其軍事支出。今年一月底，日本首相竹下登訪美京華盛頓時，與新上任的布希總統舉行會談，他們提到一個新的觀念，即兩强合作（Group of Two，軍事强權與經濟强權的合作），雙方就全球性合作達成協議。美國原本希望將亞洲地區的防衛負擔移轉給日本；日本的國防經費雖一直被限制在其國民生產總毛額的百分之一以內，但由於日本經濟力量的大幅成長，自一九八八年起，日本的國防經費已躍居全世界第三位，僅次於美、蘇兩強，這個變化引起東南亞國家普遍的恐慌。由於這些國家對第二次世界大戰日本侵略者陰影的餘悸猶存，也使得日本當局對於分擔美國在亞洲的防衛任務有所顧忌。因此，竹下登與布希乃達成協議，由美軍繼續擔任亞洲的防務，所需的經費則由日本來分擔（例如美軍若繼續使用菲律賓的蘇比克灣基地，勢必提供菲律賓相當之經濟援助以爲補償，此可由日本來分擔）。這一兩强合作協議的意義在於這種軍事與經濟的合作關係並不僅限於亞洲，此將對整個國際局勢的發展產生深遠的影響。

今年布希就任美國總統之後的第一次出國訪問，便打破了以往必先從加拿大、西歐開始的慣例，首先橫越太平洋，藉著參加日皇喪禮之後，順道訪問中國大陸和南韓，這意味著東亞對美國的重要性已倍蓰往昔。新上任的日本明仁天皇，也迫不及待地準備年中訪問中國大陸和南韓，顯示日本方面正努力降低中共及南韓對日本的敵意，以利日本今後在亞洲地區更進一步的作爲。五月中，戈巴契夫即將訪問北京，中（共）蘇關係亦將解凍。面對國際間這一連串接觸頻仍的外交活動，在探討台灣未來出路的問題上，足供我們作前瞻性的思索。

推動亞太經濟共同體

綜觀亞洲地區經濟生態圈，雖說日本再加上四隻小老虎的貿易總額與美國相當，但兩者卻有一根本上的差異，即日本和四小虎皆嚴重缺乏資源，而在東亞地區能提供豐富資源的就只有中國大陸及東南亞諸國了。尤其到一九九二年，歐洲單一市場成立之後，亞洲地區的國家勢必須發展出更緊密的合作關係，方能確保在國際經濟市場上的競爭能力。我們如何在這個亞太經濟共同體中扮演一不可或缺的角色，並與亞太地區的國家建立起互助互補、共存共榮的合作關係，將是台灣未來十年內最大的挑戰。筆者不敏，在此僅提議一些粗略的構想以供關心台灣前途的各界人士參考。

首先，我們應與香港和新加坡建立密切合作的鐵三角關係，然後再以此星、港、台的鐵三角作爲推動亞太經濟共同體的主力。因爲不論是日本、南韓或中國大陸，均難以帶動此一區域之合作關係，理由在於：日本雖爲經濟大國，但其侵略者的歷史包袱尚在，東亞地區的其他國家對這個新興强權的疑慮，短期內恐難消除。南韓朝鮮民族雖然活力旺盛，惜韓文不夠普遍，難以成爲主流。中國大陸雖然深具潛力，但在現階段而言，發展仍嫌落後，國民所得過低，經濟改革問題重重，自身難保。星、港、台三地則同文同種，且均採自由市場經濟，年平均國民所得又不相上下，故合作最易。香港是中國大陸資金和技術的主要入口，足可影響整個中國大陸市場。新加坡是世界重要的轉運港，地控資源運輸要道的麻六甲海峽，又是東南亞公約組織的會員國之一，可直接影響整個東南亞市場。惟新加坡爲一城邦國家，香港則面臨九七大限，故此三角關係宜由台灣來推動。再就整個東亞地區而言，台灣曾是日本第一個殖民地，被日本人統治長達五十一年，對日本瞭解最深，年長一輩仍多通曉日語，要吸收日本的技術，台灣最佔優勢。台灣與南韓之間自韓戰以來一直保持友好關係，二者皆歷經共黨威脅、國土分裂、軍事强人的獨裁統治，復以皆曾受美國支援，自戰火中站立起來，故彼此亦甚能相互瞭解。對中國大陸，只要我們的大陸政策運用得宜，則化被動爲主動，促進整個中國大陸的政經改革，亦是事在人爲。至於東南亞，尚有散佈各地爲數近三千萬的華僑，不少人仍通閩南語，這些華僑掌控各地經濟勢力，在文化情感上亦心向包括台灣在內的廣義的中國。凡此在在足以顯示台灣推動未來亞太地區合作的雄厚本錢！

台灣前途問題即國際關係問題

在此，筆者以爲我們或可從下列方式著手：

㈠加速培養東南亞地區的外交人才乃刻不容緩，可即在各大學院校成立東南亞語言學系與東南亞區域研究機構。

㈡提供東南亞地區非華裔青年大量獎學金助其來台求學，爲未來經貿、文化學術交流奠定雄厚人脈資源。

㈢積極運用海外經濟合作發展基金於東南亞諸國，促進經濟合作關係。

㈣組織曾受日本教育的老一代菁英，研究日人長處，發展與日關係，莫再使年輕人只沈迷於新宿町的膚淺文化。

㈤定期舉行國際會議，邀請對中國大陸提供經援國家的學者專家參加研討，將台灣經驗間接由這些國家嬗遞予中國大陸。

㈥將類似太平洋盆地經濟合作會議的國際會議，由民間層次提昇至半官方，甚至官方層次。

最後，筆者必須强調，台灣前途問題絕不是單純的內政問題；是我們如何盱衡世局，以確立國家發展總目標的問題，絕不可僅自限於區區的統獨之爭！筆者以為台灣未來對外發展的重點有三處：即東南亞、歐洲及中國大陸。我們應迅速重新確立國家總目標，此目標宜先定位在未來亞太經濟共同體主導者的立場，然後遠交近攻，掌握機先，以為台灣邁入二十一世紀做好準備工作。台灣不僅將成為自己的主人，更有機會成為區域的領導者。台灣前途在哪？實值我國人深思。

中國跨世紀的全球戰略芻議

——港、台、大陸經濟圈形成之後

一九九四年三月二日，朱高正應邀赴北京中國社會科學院向八個研究所聯合舉辦首次跨所學術報告會，提出本文。文中以中國爲主軸來分析跨世紀全球戰略的觀點，同時回應美國哈佛大學杭廷頓教授以英美觀點所提出的全球戰略構想。朱高正以宏觀的視野，剖析多元共存的國際政經舞台，主張兩岸共存共榮，積極參與世界新秩序的形成，以使中國能在全球政治經濟體系中扮演更重要的角色。如此中國才能走出屈辱的陰影，迎向光明的未來。

從〈化經貿實力爲外交戰略能力——規劃我國中長期外交戰略芻議〉到〈論台灣前途——從亞太經濟秩序的重組談起〉，再到〈中國跨世紀的全球戰略芻議〉，朱高正一貫以全局性、前瞻性的角度，站在兩岸三地全體中國人民的立場，爲未來中國前途勾勒出理想的藍圖。

一九七八年大陸農村實施「家庭聯產承包責任制」，調動農民生產的積極性，大幅提高農民所得。該年底中共十一屆三中全會更進一步推動對外開放、對內改革的政策。歷經十多年的摸索與努力，終於由鄧小平提出建設「具有中國特色的社會主義」，化解了長期令人困擾的姓資或姓社的理論爭議，從而確立「社會主義市場經濟制度」，並決定引進「現代企業制度」，銳意進行在經濟領域內全方位與國際接軌。

發揚蹈厲的十五年

回顧過去十五年，是發揚蹈厲的十五年，也是險象環生的十五年。在這十五年中，八五年的通膨壓力，八七年的上海學運，八九年的六四民運，及緊接柏林圍牆倒塌後的骨牌效應等等，都未曾改變改革開放的既定政策。大陸各級領導幹部早已揚棄「多做多錯，少做少錯，不做不錯」的心態，勇於任事。其間雖也曾經濟過熱，導致通貨膨脹及公共投資的重疊與浪費。而工業部門每年以百分之十五以上的快速成長，相對於農業部門不及百分之一的低度成長，也顯示出工農發展失衡、城鄉差距與所得分配等問題的日趨嚴重。至於大中型國有企業的結構調整、鄉鎮企業的管理水平、教育及科研經費與公教人員待遇偏低等問題，更不在話下。然而去年實施宏觀調控、引進新會計制度、根除打白條問題，並在今年廢除外匯券，確立中央與地方分稅制度，卻也證明整個改革並未失控。

這個輝煌的改革成就已令世人刮目相看。德國一九九三年首度出現百分之二的負成長，而與中國大陸的貿易成長卻高達百分之二十。日本經團連所屬的大財團自九三年以來，其投資與增資計劃莫不與開發大陸市場有關。世界銀行與國際貨幣基金會先後預測中國在本世紀結束前將是坐二望一的經濟大國，這雖使得中國今後在國際社會爭取大筆優惠貸款形成困擾，但卻也肯定了中國經濟發展的巨大潛力。

中國將與美國、德國鼎足而立

相對於九二年全球經濟零成長、九三年僅只百分之一的低度成長，中國維持二位數的高速成長，可謂一枝獨秀。依據關稅暨貿易總協定公佈的資料，近五年來，香港、台灣與大陸彼此間的貿易、投資額是全球成長最快速與最密集的地區，一個新經濟圈已自然形成。港、台、大陸的對外貿易總額扣除三地間的內部貿易額，已高達四千九百七十億美元，已晉升爲全球第四位，僅次於美、德、日三國。預計在一九九五年中國（港、台、大陸）將取代日本成爲第三貿易大國。

此外，一九九二年中國（港、台、大陸）的國民生產毛額占全球百分之三，排名第七位。只要依此速度繼續努力，在本世紀結束前，可擠進前三名。一個新的經濟大國已隱然浮現在亞洲，不是日本，而是中國。中國將與美國及歐洲的德國鼎足而立。這是自鴉片戰爭以來，所僅見的千載良機，所有關心國家前途的人士絕不能自外於這個嶄新的局勢。中國即將以經濟大國出現在國際社會，這對西方國家而言，是一件不太容易被接受的事實。畢竟近現代的世界史一直由西方主導慣了，面對一個歷史傳統文化比它們悠久而獨特的新中國，終難釋懷。因此，「中國威脅論」、「新黃禍論」最近相繼出籠，充份反應出西方國家即將失落優勢的惶恐。

海峽兩岸應速化解歧見

不容諱言地，近二十年的全球經濟深受「經濟合作發展組織」（OECD）與七國高峯會議（G—7）的影響，尤其是外貿總額佔全球百分之三十以上的美、德、日三國最具發言權。至於全球政治，在蘇聯解體之後，聯合國安全理事會則由美、英、法三國來主導。中國雖是安理會常任理事國，但由於葉爾欽承襲戈爾巴喬夫的親西方路線，相對地較爲孤立。總而言之，今天中國在全球政治與經濟上的發言權是極其有限的。然而經濟與政治是一體兩面、相輔相成的。西方國家一再藉其全球政治影響力，來確保其經濟利益，再以經濟實力厚植其全球政治影響力，這也正是德、日兩國亟於爭取聯合國安理會常任理事國席次的原因。

爲了確保我們進一步的發展，國民生產毛額居全球第七位，對外貿易總額居全球第四位的中國（港、台、大陸）應短期內在七國高峯會有發言權。海峽兩岸政權應儘速化解歧見，莫再在國際社會從事親痛仇快的外交角力。中國大陸除了堅持「和平共處五原則」外，也須進一步策定跨世紀的全球戰略，以確保另一個十五年的和平發展期。我們要致力於將國民生產毛額在「十年規劃」期間，亦即本世紀結束前，提升至全球的百分之八，以厚植綜合國力。我們要努力使中國在二〇一〇年國民生產毛額在全球的比重可以與其人口在全球的比重相稱，俾爲建立公平的世界新秩序邁出關鍵的一步。

文化衝突取代兩極對立

衆所週知，自八九年柏林圍牆倒塌以來，促成了德國統一、華沙公約組織及蘇聯相繼土崩瓦解，牽引了全球戰略形勢的劇變。以冷戰時期「三分世界」的架構已無法詮釋近年來的國際衝突，連波斯灣形勢在「沙漠風暴」後，也有微妙的變化。冷戰時代雖已結束，但不同文化系統間的衝突取代了美蘇的兩極對立。亦即因宗教信仰（如基督教、東正教、回教、印度教、儒教等）不同而形成各個文化系統間的衝突，將成爲國際衝突的主要形式，美國哈佛大學國際政治學教授杭廷頓（Samuel P. Huntington）稱之爲「文明的衝突」（Clash of Civilizations）。他認爲自新航路發現以來五百年的全球衝突，無論殖民帝國主義的爭霸，乃至冷戰時期意識型態的對立，都只是「西方世界的內戰」。隨著冷戰時代的結束，國際政治的焦點將是「西方」與「非西方」文化的衝突，而在此等非西方國家中對西方世界威脅最大者莫過於中國的儒家文明與回教世界。杭廷頓甚至毫不避諱地爲西方國家借箸代籌，提出西方世界在這場與非西方文明系統對決中的全球戰略基本構想：

㈠强化西方國家內部的團結與合作；

㈡將原來對第三世界的經濟援助優先提供給東歐及拉丁美洲；

㈢拉攏日本與俄羅斯；

㈣減緩裁軍速度；

㈤慎防精確的飛彈導引系統與精密的電子偵蒐設備落入回教世界或中國手中；

㈥在東南亞繼續維持軍事優勢；

㈦防阻儒、回進一步聯手對抗西方，並培養儒、回內部親西方的勢力。

非西方的文化主體意識日漸覺醒

杭廷頓的看法頗值注意。波斯尼亞戰爭就是起因於佔人口百分之三十七的塞爾維亞東正教徒不願接受佔人口百分之四十四的回教徒統治，因而反對波斯尼亞自南斯拉夫聯邦中獨立出來。屬前蘇聯的亞塞拜疆退出獨立國協（CIS），而加入同屬突厥族的回教國家組織——中亞經濟合作組織，以對抗信基督教的亞美尼亞。北京爭取主辦二〇〇〇年奧運會，在國際奧委會投票過程中，西方國家圍堵中國，是政治干預體育的鮮活教材。至於俄羅斯與烏克蘭對於黑海艦隊與撤除核武設施雖有歧見，但因同屬東正教，終能和平落幕。因此，冷戰結束後，全球戰略形勢已發生根本的改變。而非西方的知識份子與中產階級多已從盲目的西化中覺醒，重新認同本身的傳統文化。日本有人高喊「再亞洲化」，阿拉伯國家則有「再回教化」的呼聲，印度則有「印度教復興運動」，諸如此類的「文化主體意識」的覺醒正不斷在滋長中。

雖踞東亞的中國逐步從軍事大國晉升爲經濟大國，更使其成爲這場文化系統對決的要角。中國本爲東亞獨强，但自一八四〇年鴉片戰爭以來一百五十餘年，內亂層出不窮，外患紛至沓來，一直無法完成現代化事業。自鄧小平復出後，揚棄極左路線，銳意改革開放，對傳統文化的態度亦由文革時期的踐踏與破壞，轉爲珍惜與發揚。這種自信的態度固然與近幾年經濟上的卓越成就有關，卻也與非西方世界的潮流若合符節。

回教世界重新崛起

回教國家這兩世紀經歷了與中國類似的命運。回教自七世紀崛起以來，快速擴展，東至印度，西入歐洲，勢力棋跨歐、亞、非三洲，曾有極輝煌的歷史與文化成就。十一到十三世紀的十字軍東征即意味回教與基督教的拉鋸戰。十四世紀阿提拉建立橫跨歐亞的大帝國，到十七世紀達於鼎盛，並曾兩度圍攻維也納。但嗣後工業革命爲西歐國家帶來領先的技術與鉅大的財富，回教世界終於遭工業資本帝國主義蠶食鯨吞。二次世界大戰後，趁著英法等殖民帝國的沒落，回教世界重新崛起；尤其是阿拉伯半島蘊藏了全球百分之七十的石油儲量，更使其地位益形重要。而阿爾及利亞、利比亞、伊拉克、伊朗與巴基斯坦均擁有核武設施，其幕後供應國正是中國。回教世界不僅是中國與西方衝突的緩衝地帶，更有與中國聯手抗衡西方之勢。

在國際事務上，我們必須密切注視各主要國家政經情勢及全球戰略形勢的轉變，擬定對各主要國家與集團的外交戰略，以確保國家政經發展的順利推動。事實上，西方世界早已透過各種手段防止非西方世界力量的壯大。在軍事方面，透過國際公約的訂定，禁止核子武器的擴散與試爆。在經濟上，透過關稅暨貿易總協定（GATT）與世界貿易組織（WTO）壓縮發展中與低度開發國家的發展空間。以經濟壓力，如最惠國待遇與出口配額限制，脅迫非西方國家就範。其他如過於嚴苛的生態保護與智慧財產權保障，無一不對非西方世界的發展與壯大產生劇烈衝擊。

人權帝國主義不願中國統一壯大

近年來，更有「民主布里茲涅夫主義」的興起。所謂「布里茲涅夫主義」乃是指一個社會主義國家有權挽救另一個社會主義國家，使其免於世界帝國主義的危害，以維護社會主義體系的完整性。過去蘇聯正是藉此理論，將干涉東歐各國的行爲合理化。今日西方國家動輒以人權問題作爲干涉他國內政的藉口，不啻爲「布里茲涅夫主義」的翻版，更是「人權帝國主義」的霸道作風。所謂「人權」、「民主」絕非一蹴可幾，而是在特定的歷史、政治、經濟、社會因素下漸次發展而成。以美國而言，建國之初，黑奴亦無法擁有人權。西方國家豈可以其歷經數百年發展而成的人權標準苛求非西方世界？最近的香港問題就是一個極爲明顯的例子，若非美國撐腰，英國當不致如此。美、英等國意圖藉香港問題（就像六四問題一樣）打擊中國的國際形象與威信，以壓低中國全球政治影響力，俾西方國家得以繼續主導全球政治。相同地，美、日兩國也不願見到中國的統一與壯大，海峽兩岸政權均應高度警覺，以免成爲歷史與民族的罪人。

在後冷戰時代這場不同文化系統的對決中，非西方國家近兩百年來首次擁有機會可以自主地開創屬於自己的未來。冷戰時代的結束並非意味美國成爲超强，更非代表西方全面獲勝，而是預告國際政治多元發展時期的來臨。中國必然也應該在全球政治經濟體系中扮演更重要的角色，不僅自立自强，更應協助其他非西方國家自主發展，以建構一更合理的世界新秩序。唯有以前瞻而恢宏的心胸，兼顧全球化與當地化（Glocalization），充份掌握資訊，有方向，有重點地規劃中國跨世紀的全球戰略，才是對歷史負責的態度。

未來十五年是脫胎換骨的關鍵

中國大陸過去十五年已爲更進一步改革開放奠定了良好的基礎，展望未來十五年——新舊世紀之交的十五年——將是中國民族脫胎換骨的關鍵時刻。配合建設「具有中國特色的社會主義」，中共應實施可以有效提升綜合國力、增進人民福祉，並廣爲人民羣衆所接受的政策。加速社會主義法制的立法工作，俾爲社會主義市場經濟制度建立更完備的法律框架，以全面地規範新中國的經濟與社會生活秩序。儘速引進現代企業制度，改善經濟效益，並提高國家生產力。建立與經濟發展成就相稱的社會保障體系，以實現財富公平分配與確保人人機會均等的理想。讓在中國走出來的道路成爲未來世界的楷模，讓非西方國家也能與中國一起躍出落後與貧窮。爲了實現這個目標，我們必須確保未來十五年的安定與和平，才能全速發展，再締佳績。任何的動亂與分離主義均是對歷史不負責的行爲，中國是全體中國人的中國，任何有益國家、人民的意見均應以適當方式提出。海峽兩岸政權也均應廣納言路，拿出誠意與最大耐心對待異議份子，以爭取更多海內外知識份子投入建設現代化新中國的行列，讓中國真正成爲全體中國人的中國。

中國應積極參與世界新秩序的形成

在國際社會上，中國應擔負更多的國際責任。大陸當局一向稟持「相互尊重主權與領土完整」、「互不侵犯」、「互不干涉內政」、「平等互利」、「和平共處」等五原則處理外交事務，最近也積極改善並加强與鄰邦的友好關係。今後應更進一步參與國際事務（諸如要求列席七國高峯會議，調整聯合國安理會結構等問題），積極投入世界新秩序的形成，策定全球戰略——尤其對俄羅斯、東協、日本與歐美的外交戰略——才能很有尊嚴地立足於國際社會，從而促成全球資源公平地重新分配。

俄羅斯聯邦在去（九三）年底國會改選，反西方的激進俄羅斯民族主義崛起，逼使葉爾欽大幅調整自戈爾巴喬夫以來的親西方路線，不論是經濟政策或國際政治均走向溫和的俄羅斯化，這對於國際政治的多元發展頗有助益，使其在波斯尼亞問題上的立場與中國不謀而合。但是中國大陸開放邊界貿易間接助長西伯利亞獨立運動的氣勢，對俄羅斯形成相當的困擾。中國應避免介入西伯利亞獨立問題，也應愼防西方國家利用西伯利亞問題製造中、俄兩國間的矛盾。

大陸應與台灣互助共榮

菲律賓、泰國、馬來西亞、新加坡、印尼與汶萊等六國於一九六七年爲防止共黨滲透並免遭越戰波及，在美國協助下組成東南亞國協。但近年來隨著越戰落幕，越南也實施開放改革，東協六國對美軍駐守已不像往常的支持，而且其對中、越、柬、寮、朝、緬等國的政策也在調整中。今年七月在曼谷舉行的首居亞洲區域論壇（ARF）將有十八個國家或地區與會，中、俄兩國同時應邀參加，美國、日本與歐體也將與會。由於美國仍希望維持在東南亞的軍事優勢，而日本侵略者的陰影仍籠罩東南亞國家，東協六國絕不願淪爲國際強權的棋子。大陸若能與台灣的「南向政策」相呼應，在經濟上予以大力提攜，以互助共榮爲號召，並與華商在東南亞的影響力相結合，必能促成東南亞早日的繁榮發展。

日本對我向來深具戒心，尤其在中國（港、台、大陸）即將取代其成爲全球第三貿易大國之際，一方面緊縮對中國的貸款，另一方面則積極推動海外派兵，建造兩艘戰車登陸艦（英國《詹氏軍事年鑑》指稱該型戰車登陸艦係日本建造航空母艦的中間性策略），並有意發展戰術核武，在外交上則緊隨美國。然而日本與其他工業先進國家矛盾日益尖銳。九二年七個主要工業國家之中，除了法國有十億美元的外貿順差、日本一千二百六十億美元順差外，其餘五國均有巨額逆差（美國五百八十億美元、德國二百六十億美元），合計高達一千五百億美元，日本呈現出獨贏的局面。今後日本將很難抗拒來自歐美的壓力，除透過貿易談判外，也要求日本調低每週勞動工時，並建立與其經濟發展水平相稱的社會保障制度，以削弱日本的國際競爭能力。

國際政治將多元發展

至於歐洲方面，我們應積極與法、德兩國發展更密切的合作關係。二次大戰以後，法國在戴高樂領導下，一直有獨立自主的外交政策，法、美兩國經常在國際事務上立場相左。德國自從統一後，也不願再滿足於「經濟巨人，政治侏儒」的角色。尤其隨著全球經濟不景氣，美國與其歐洲盟邦之間的經濟矛盾勢將更爲尖銳。而法、德兩國在經營全球政治方面遠較美國起步早，自有其一貫的全球戰略，今後美國將更難駕御它們。且擁有高科技的法、德兩國與我們並無直接的戰略利益衝突，其壯大對國際政治的多元發展顯有助益。

面對後冷戰時代的文化衝突，擁有悠久歷史文化傳統的中國，有責任在從軍事大國晉升爲經濟大國之際，與其他非西方國家攜手合作，並重新調整與各主要國家或集團間的關係，以走出屈辱的陰影，迎向光明的未來。海峽兩岸的中國人更應具有共識：未來兩岸問題，唯有在不牴觸中國跨世紀的全球戰略目標下，謀求解決，才是對歷史、對民族負責的態度。我們揹負著跨世紀的使命，要加速引進西方的工藝科技，重建文化主體意識，並尊重其他的文化系統。不但要使中國跨出貧窮與落後，跨出一百五十年來的屈辱，更要跨進一個嶄新的時代，讓中國有尊嚴地與其他文化系統對等交流，從而也豐富了後工業文明的內涵。

台灣對江八點應有的因應之道

一九九五年農曆除夕，中共總書記江澤民發表八點對台重要政策談話，在海內外引起熱烈討論。朱高正特為此文，建議在兩岸展開正式政治協商前，應以兩岸民意代表為主體，定期諮商，以預留彈性空間。

作者並强調為因應後鄧時期大陸局勢可能出現的變局，台灣應增强對大陸的瞭解，凝聚內部共識，並改採積極主動的大陸政策，才能在未來兩岸關係的發展中真正落實「台灣優先」的理想。

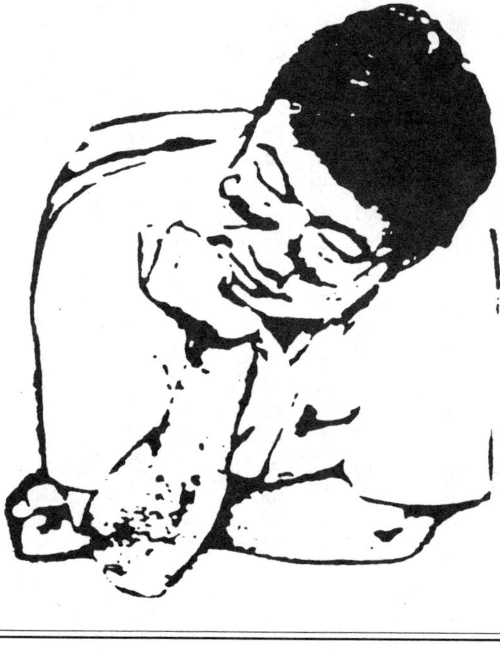

中共國家主席江澤民於農曆除夕發表八點重要對台談話，除重申「和平統一、一國兩制」的既定對台政策外，尚呼籲兩岸領導人互訪，以傳統文化作為統一的基礎，進行兩岸和平統一談判等。江澤民這番談話，在台灣島內引起各界熱烈的討論，官方也急欲尋求回應之道。其實，「江八點」在本質上乃是對中共歷次重要對台談話的重新確認，以及為後鄧時期的對台政策定基調。

一九七八年中共十一屆三中全會確定「對外開放，對內改革」的政策，旋即與美國建交，翌年元旦由人大常委會發表「告台灣同胞書」，爾後觀諸中共領導人的歷次對台重要談話，都離不開「和平統一、一國兩制」這個論調，即便是「江八點」亦然。

台灣自一九九三年全面推動加入聯合國運動，引起中共強烈的疑慮，旋即發表「台灣問題白皮書」，透露出對台灣當局的不滿。加上千島湖事件、李登輝與司馬遼太郎的談話，對已日漸惡化的兩岸關係，無疑是雪上加霜。

省市長大選過後，國民黨高層人事更迭，其中最令外界矚目的是原經建會主委蕭萬長接掌陸委會，替代形象保守頑固的黃昆輝。同時行政院長連戰亦宣示兩岸關係將以經貿為主軸的政策。對中共而言，這是台灣當局有意改善目前兩岸低盪關係的表現，「江八點」在這個節骨眼提出，意義就格外受人矚目。

當我們在思考如何因應「江八點」時，後鄧時期中國大陸內部情勢的變化是國人所不能不密切注意的，因爲這不僅將影響中共開放改革政策能否持續，中國大陸社會是否穩定，更將嚴重影響台灣的安全。總括來說，影響後鄧時期大陸情勢的因素有以下幾個方面：

首先，經過十多年的開放改革後，大陸發達地區與欠發達地區之間的區域差異日漸擴大。與工商部門百分之十六的年經濟成長率相較，大陸農業的發展有趨於停滯的現象，致使在改革初期受益最大的農民階級社會地位直線下降，產生普遍的不滿，前二年由於「打白條」而引發的農民抗議正是一例。而每年從內陸農村湧入沿海地區和大城市謀生的民工和盲流更造成嚴重的社會問題。

其次，以往作爲社會主義計畫經濟體制主體的國有企業，在面臨經營機制轉換、破產法實施及非國有經濟競爭壓力的挑戰下，面臨了嚴峻的經營困境。加上中共十四屆三中全會確立「社會主義市場經濟體制」，國有企業也須按市場經濟規律辦事，造成了國有企業職工鐵飯碗不保；而在惡化的通貨膨脹下，工資未見增加，生活品質下降，使得工人怨聲載道，怠工抗議時有所聞。

第三，開放改革後中共與所有鄰國均逐步達成和解，在這種情勢下，軍方地位一落千丈。十四大雖確定軍隊爲開放改革保駕護航的角色，但在改革過程中卻逐漸失去既有的特權，自然增加軍人心中的不滿。

此外，鄧小平在一九八八年以後，便一再强調「防左但不反左」，不過從經濟特區設立起，左派便對開放改革心存芥蒂，加上引進市場經濟，更讓左派不滿。在鄧大去之後，左派若將中共建國礎石的工、農、兵結合起來，勢將造成開放改革的巨大逆轉，台海局勢亦將大幅振盪，相信這是兩岸人民絕不願見到的情形。

面對後鄧時期大陸內部局勢可能出現的變化，我們既然要以經貿爲主軸來推動兩岸關係，今後台灣應揚棄被動的大陸政策，改採主動積極介入的態度。如是否應審慎研究鼓勵上市公司參與經營大陸中小型國有企業，協助其引進現代企業制度，並訂定辦法鼓勵中小企業、各級農會或農企業參與投資大陸欠發達地區的鄉鎮企業，必要時可給予優先融資。

這種積極的大陸政策，不僅對大陸有利，對台灣未來的安全也有重大的意義。倘將台灣企業的現代化經營理念引進大陸，則可協助改善大陸國有企業的體質，提升職工待遇；而在農村則可增加農民在鄉轉業的機會，改善農業產銷結構，並增加產品的附加價值。這將有助於大陸社會的持續穩定，同時更可大大强化台灣對大陸政經發展的影響力，確保台灣的安全。

「江八點」裡面有特別提及兩岸領導人會晤互訪一事，平心而論，在可預見的未來，並没有這個條件。自古以來兩軍長久對峙之後，就算要和談，從來没有主帥先上的道理。今兩岸連部級的對口單位尚未「接觸」，如何談得上領導人的會面。在邏輯上，當然是先由底下的人員先把一切相關問題理順之後，才有最高行政首長的接觸。俟最高領導人會晤時，意謂著所有的問題已拍板就緒，領導人的會晤只是儀式上鄭重其事而已。

現階段兩岸的談判，往往涉及「國」、「政府」等與主權有關的身份定位的敏感問題。其實，可先由台灣關心兩岸事務的立委、國代以及大陸人大常委、全國政協委員等爲主體，再邀各界具代表性的人士，每三個月舉行一次諮商會議。這就迴避掉「國對國」或「政府對政府」談判的問題，而且這種會議也不是「官方」性質的，但也不純然是「非官方」的；因爲兩岸的民意代表對各自的行政部門是有影響力的。談妥的，可交由行政部門去執行；談不妥的可以繼續談，或先行擱置。如此一來，雙方既可避開尷尬的敏感話題又可落實已達成共識的協議，實可稱得上是一項饒富彈性的設計。

今在中共已與所有鄰國達成和解下，只剩台海仍爲軍事對峙的局面。對於共軍來說，唯有戰爭才有可能提高地位，爲了避免共軍有動武的藉口，朝野宜有共識，避開台獨問題。

而中共一再强調「在一個中國的原則下，正式結束兩岸敵對關係」，台灣方面不僅不能拒絕一個中國的原則，更應以「中華民國才是中國唯一合法政府」自居。而兩岸間談判也應堅持一個中國的原則，但對主權歸屬的認定應彼此尊重對方的解釋權。

最後，筆者要强調的是只有我們增强對中國大陸各方面（特別是社經、政治方面）如實的瞭解，從而凝聚台灣內部的共識，才是真正因應江八點之道，也才能在未來兩岸關係的發展中真正落實「台灣優先」的理想。

堅持一個中國　培養良性互動

——前瞻「江八點」後的兩岸關係

繼〈台灣對江八點應有的因應之道〉一文後，朱高正復與牟宗三、吳大猷兩位大師撰述此文，以宏觀的視野，對兩岸關係的發展提出前瞻而富建設性的主張。文中愷切地呼籲海峽兩岸能彼此尊重，培養良性互動，擴大互信基礎，用最大的智慧和耐心面對問題，找出能爲中國開創新紀元的統一模式，以達成中國全方位現代化的國家目標。本文定稿之後，牟先生旋因病去世，本文可視爲牟先生對中國前途的最後見解。

一八四〇年的鴉片戰爭是中國現代史的原點。傳統的、農業的中國面臨經過工業革命洗禮的西方帝國主義的强力挑戰。自此之後，內憂外患紛沓而來，中華民族蒙受了前所未有的屈辱與苦難。

任何有心爲中國前途找出路的有識之士皆無法迴避兩大嚴肅課題：一、是如何有效解放國民生產力，即如何在中國發達資本主義，完成工業化的問題；二、是國民生產力解放之後，如何公平分配社會財富，此即社會主義亟欲解決的問題。這兩個問題乃是中國完成全方位現代化的核心課題。

一九四九年以後，台灣實施有限度的市場經濟，重要工農業部門、原材料及土地資源仍掌握在官僚體系和大財團手中，只在中小企業層面適用市場法則，開放競爭，終能締造台灣八〇年代的經濟奇蹟。

反觀大陸自一九四九年逐步採行計劃經濟，一九五八年以後，隨著一連串政治運動的開展，極左的激進共產主義，竟然在中國大陸推行人類有史以來的最大實驗，終以文革悲劇收場。直至一九七八年中共十一屆三中全會通過「對外開放，對內改革」的政策，逐步揚棄極左意識形態的束縛，改採「以實踐爲檢驗真理的唯一標準」的務實態度。一九九二年中共十四大更引進「社會主義市場經濟體制」，將改革開放推向另一高峯，從而創造了舉世矚目的經改奇蹟。

相對地，一九八六年台灣的黨外人士突破國民黨禁令，毅然建立民主進步黨。此後黨禁、報禁相繼開放、解除戒嚴、開放民衆赴大陸探親、改造萬年國會、宣告終止動員戡亂時期，一連串的民主改革措施，綻放出台灣的政改奇蹟。

我們認爲，大陸自一九七八年開始的經濟改革與台灣自一九八六年以來的政治改革，都是中國現代史上最具革命性的現代化成果。台灣的政改打破了中國人不適合實行民主政治的迷思，而大陸的改革開放，尤其是一九九二年以來所建立的「社會主義市場經濟體制」更可視爲自商鞅變法之後，另一次變法成功的典範。這些輝煌的成就，足令全體中國人同感驕傲，這也是中國走出苦難與屈辱的契機。

然而，就在兩岸中國人創造出傲人成就的同時，兩岸之間卻仍橫亙著重重心結，軍事對峙與台獨問題，剪不斷，理還亂。我們認爲，台獨問題的產生有著複雜的經濟、政治、社會、歷史、文化等背景，台獨份子也是中國人，我們應予以同情地理解，並以最大的耐心和智慧來化解，切莫一味地予以打壓，就像大陸在改革開放的過程中對左的勢力也是採取「防左而不反左」一樣。此外，中國大陸也不應迴避政治改革的問題。若大陸能推行政改成功，不僅可確保經改的成果，對化解台獨問題也將會有莫大的助益。

今年農曆除夕，中共總書記江澤民發表對台八點政策主張，引起台灣方面廣泛的注意。爲了兩岸全體中國人民的福祉，站在謀求中國全方位現代化的立場，我們認爲，在兩岸政權皆無法輕易以武力併吞對方之際，若捨棄和平統一，而以武力相向，則台灣的政經成就可能毀於一旦，而且也將打亂大陸的經改佈局，本世紀結束前要達成「翻兩番」與小康的目標恐將化爲烏有。

我們以爲要促成兩岸和平統一，一個中國的原則實不容置疑。但是一個中國的內涵，雙方則宜尊重彼此的解釋權。畢竟一九四九年在大陸，中共是以武力的手段、而非透過民主選舉取得政權。在法理上，中華民國仍不失爲中國合法的政府。況且七〇年代東西德一起加入聯合國，並不影響一九九〇年的德國統一，國際上亦未聞「西德併吞東德是侵佔他國的行爲」。因此，大陸當局實不必貿然將台灣爭取擴大國際生存空間的努力與台獨畫上等號。

在邁入二十一世紀的前夕，兩岸簽署停戰協議，逐步邁向和平統一的條件已日趨成熟。我們愷切的呼籲，兩岸應增加對彼此如實的了解，努力增進共識，俾爲和平統一創造有利的氛圍。

我們建議，在兩岸展開正式的政治協商之前，應儘速建立順暢的溝通渠道，以兩岸中央民意代表（大陸的人大常委和全國政協常委、台灣的立法委員和國大代表）爲主體，並廣納各界具代表性人士，定期舉行會談。如此既可迴避「國對國」或「政府對政府」談判的敏感話題，雖不是官方的接觸，但卻具有官方會談的效果，因爲兩岸民意代表對各自的行政部門均具有相當的影響力，又可落實已達成共識的協議。這種以兩岸中央民意代表爲主體的定期會談，在當今的局勢，實不失爲一項饒富創意的設計。

在後冷戰時期的國際政治經濟環境中，我們肩負著跨世紀的使命，要讓中國跨出貧窮落後，走出一百五十年來的屈辱，達成全方位現代化的國家目標。而兩岸的彼此尊重、培養良性互動、擴大互信基礎，則是此跨世紀使命完成的前提。只要雙方以最大的耐心和智慧面對問題，我們有優秀的五千年傳統文化庇蔭著，終能找出全體中國人民都能接受、能爲中國開創新紀元的和平統一模式！

一個啓蒙運動家的自白

——朱高正與大陸學者暢談民主改革經驗

一九八八年七月二十一日，朱高正在西德應邀出席一場來自海峽兩岸及香港的學者與留學生約四十餘人參加的座談會。會中朱高正暢述其學成返台後推動民主改革的經驗，與會學者反應熱烈，至深夜才散去。

投入台灣反對運動

朱：「我的祖籍是福建龍溪，二百多年前遷到台灣，我於一九五四年出生于台灣南部，在台灣大學法律系畢業後，于一九八〇年來到波昂，在波昂大學攻讀哲學和憲法學。

一九八五年結束學業，九月回到台灣——不到兩個月，即協助黨外監察委員尤清先生競選台北縣縣長。尤清落選後，我開始協助尤清在台北縣組織地方反對勢力。一年後，台灣舉行增額立法委員改選，我受到朋友的鼓勵，在一無經費，二無關係的情況下回南部競選。由於長年在外，在家鄉認識的人屈指可數，必須在十週的時間內，讓七十多個鄉鎮城市的居民了解我。因此，舉辦了數以百計的羣衆性集會，終能以十三萬票的最高票數當選爲第四選區的立法委員。

我的著作《走在理性的鋼索上》（已整編爲《和平革命一九八六》），在台灣是第一本由採企業經營方式的出版社公開出版的反對派政治運動家的著作，內容包括了四個方面：

一、建立反對黨文化。

二、被架空的憲法，提出「憲法的本質規定」，作爲批判國民黨違憲的依據。

三、重建「自由主義」，這裡的「自由主義」我稱之爲「人格主義的自由主義」。

最後是一些雜文。

提倡啓蒙運動

一九八六年我們選擇了一個適當的時機，成立台灣有史以來的第一個民主政黨，我以爲反對黨就是爲反對而反對，而不是所謂「理性的反對」，這是我與胡平的區別。

（宣讀《走在理性的鋼索上》有關辨證邏輯與民主政治部份）。

這就說：平時執政黨「爲贊成而贊成」，反對黨「爲反對而反對」；選舉時才由選民作出理性的判斷，決定執政機會的歸屬。在台灣，只允許執政黨爲贊成而贊成，卻不容許反對黨爲反對而反對。因此，這種政黨競爭是不公平的，民意也得不到充份的反映，以致無法建立活力政治。這就是以往台灣在政治上不能進步的主要原因。

下面談談我這兩年在台灣所做的事情。

當我一九八五年打算回台灣時，國民黨讓人傳話給我，勸我不要回台灣，反正他們不願讓我在大學教書。但我想重要的是，自己要不要回去，與國民黨歡不歡迎無關。於是我抱著一個啓蒙運動家的基本信念回到了台灣。基本上我是一個康德的信徒，以爲我們必須有勇氣將我們的理性運用到所有的公共事務上去，而且是公開地運用。

所謂「啓蒙運動」，按照康德的說法，就是要從那種歸咎於自己的未成年狀態中走出來的意思。所謂「未成年狀態」是指要是沒有第三者的從旁指導，就沒有辦法運用自己的理性的狀態。就好比父母帶小孩去買玩具，常常有待父母親提供意見，小孩才能作成決定。假使這種狀態並不是由於行爲者心智能力尚未成熟，而是由於缺乏勇氣，那我們就稱這種未成年狀態是「歸咎於自己」的。啓蒙運動的真精神，就是鼓勵大家勇敢公開運用自己的理性到公共事務上，任何獨裁政權可以容忍其人民竊竊私語，褒貶國政，卻不能容忍大家公開發牢騷，評論時事，因後者可能演變成對統治當局的直接批評，而削弱了其統治權威，更進一步而瓦解那建立在盲目威權主義的獨裁政權！

鼓勵人們公開發表意見

回到台灣後，我發現人們不習慣公開發表意見，形成不了輿論和反對力量，所以我一直鼓勵人們要公開地將自己的理性運用到公共事務上去。這樣做的意義在於：我把我的看法公開講出來，同時也準備讓別人就我的看法公開予以評論。要有寬容和欣賞異見的精神，討論就自然而然地形成了。我回台灣後的第一個信念，就是要鼓勵大家把話講出來，現在，我以爲我已做到了這一步。

我一再强調，大衆傳播媒介對我有很多誤解，但這並不一定是故意的。我總不能要求他們全都贊成我，瞭解我。對一個啓蒙運動家來說，如果不被醜化、議論，那他們引進的觀念或思維方式顯然就不夠新。

按我們的推理習慣，常是「若Ａ則Ｂ」，我鼓勵，如果Ａ，就要先追問何以命題Ａ可以成立，絕不盲目接受既有的條件（Ａ），這就是理性的批判精神。所以對一切現狀或傳統遺留下來的東西，均有重新反省其價值的必要，這就是思維的新方向。

在台灣，相信沒有一個人能像我這樣，經歷了國民黨這麼多次的圍剿仍能生存下來，並且在輿論上贏得了勝利。只有具備啓蒙運動家的精神，才能砸爛傳統的舊權威。

到立法院去說「理」

我去立法院開會，就是要去說「理」，不論是「正理」還是「歪理」，只要能自圓其說就行，啓蒙運動的要求就是要建立講理論理、公開辯論的風氣。因此，到底是「正理」亦或是「歪理」並不重要。（何況何者爲「正理」，何者爲「歪理」，根本是極爲主觀的）

現在我要向你們說說，關於「朱高正大鬧立法院」是怎麼一回事。以今年四月七日爲例，那一次會議的內容是討論政府預算案。按憲法第一六四條規定，教育、科學和文化的預算比例在中央政府不能低於百分之十五。但當時國民黨政府提出的這一項預算比例只有十三點七的百分點。對此，我一再提出質疑，要求他們尊重憲法，修改預算。但他們仗著人多勢衆，企圖强行通過該違憲預算案，就是在這樣忍無可忍的情況下，我跳上了主席台，制止國民黨違憲强行表決。此後的五個禮拜內，我在全台舉辦了四十場「護憲說明會」，聽衆達五十萬人次以上，這是破紀錄的。我舉這個例子，是想說明應以憲法作爲爭論的依據。跳上主席台充其量只違反議事規則而已，與國民黨公然幹違憲勾當豈非天淵之別？更何況違反議事規則是爲了制止違憲而來，於法於理均無不可！

「三字經」風波

現在我再向大家談談「三字經風波」。

去年三月，輪到我向行政院院長提出質詢，我問了十五分鐘，可是他全都答非所問。我就說，反正院長不願答，那我就問林副院長好了。林副院長是台灣人，我就用台灣話提問，故意讓院長聽不懂、刺激他。結果遭到老委員的辱罵，我用台灣話回罵了一句，結果他們火了。我就問，既然你聽不懂台灣話，怎麼我罵你就聽懂了。更何況平常老委員發言都鄉音奇重無比，我們都忍了。何以我講幾句台灣話就不得了啦！其實這就是老委員妄自尊大的傲慢心態，我故意用語言問題殺殺這些四十年來養尊處優的老委員的銳氣，把他們的氣燄壓了下去。以後，學生說方言不再受到處罰，台語歌也准許在電視台播放多一點。

這一年多來，我一直努力在許多方面創造、經營更合理的政治改革，諸如在預算上減少國防開支、增列社會福利、改善環境、縮小城鄉差距等。

以下進入討論。

問：有人說，你在民主政治中搞暴力，你對暴力革命究竟怎麼看？邱垂亮在「中國之春」上，指稱你有「新暴君」傾向，對此你如何解釋？

答：我的基本信念是，「人是有理性的動物」，在暴力與理性之間存在著矛盾關係。邱垂亮對台灣的瞭解相當有限，他以爲我是「新政治强人」，此不值得予以反駁。我有革命幹勁，我以爲真正的勇氣是不怕被打，不怕犧牲。五二〇那天在城中分局前，我被二十幾個便衣憲兵與著制服的警察打得昏倒在地。爲受寃的百姓吃點苦，算得了什麼？我預計，如果明年國民黨不進行國會全面改選，將會引起激進勢力的急劇抬頭，捲起空前的革命風暴。須知統治權的正當性是建立在被統治者過半數授權之上的。國會如未全面改選，將會有更多的人同情、支援體制外的力量。

問：國民黨在國會佔絕對多數，民進黨得票率雖高，但席位並不多，原因是否在四十多年前大陸選舉的結果上？

答：有一個委員的兒子對我說，當年要當選立法委員並不簡單，光是爲其老爸蓋選票，就蓋了三天三夜。這算那門子的選舉？一九四八年選出的七六〇位代表中，現在只剩下二百多人，平均年齡高達八十四歲，在台灣，在國民黨十三全的黨代表也有百分之五十三的人認爲應進行國會全面改選。

改革優先於革命

問：暴力革命是否會影響政局和人民？倘若大陸方面允許，你是否願意去大陸成立反對黨？請談談你對台灣自決的看法。

答：我先談對革命的了解。政治要講策略。如果反對黨一開始就公開宣稱反對黨鼓勵人民搞革命，就會被看扁。另外，反對黨從事反對運動也有不同層次，有「議會外反對」和「議會內反對」。其實，在我個人的信仰中，我對一切革命的主張均持反對態度，即使對孫文先生領導的辛亥革命亦如是。我對革命的看法，可以引用康德「何謂啓蒙運動」一書中的有關論斷。從現實方面來看，要讓天下亂容易，要重新建立新秩序則困難重重。改革一定優先於革命。以台灣爲例，如果革命，不外出現三種情況：第一、失敗——之後又是四十年的軍政府；第二、成功——穩定下來——實行民主政治或開始另一個獨裁政權；第三、不成功也不失敗，打混仗——這是最可怕的。所以，我談革命主要是在警告國民黨。此外，如果中國大陸開放，允許組織反對黨，我願意抱著學習的心理，去了解大陸的情況。只要中國共產黨能容忍反對黨，大概大陸很快就會出現反對黨，那時，我會很樂意去與他們交流鬥爭經驗。

自決不等於獨立

現在談談自決問題，蔣經國死後，我應「九十年代」之約寫了一篇文章，其中對「自決」作出了擴大解釋，希望能使民進黨的大陸政策更具彈性。所謂「自決」，即是一個社會全體成員在自由意志之下決定這個「利益與命運的共同體」的政治前途和經濟體制。只有在海峽兩岸都實行自決，才會有正常的交流。如果我們要讓人民按其自由的意願來作出決定，我們就要保障言論、出版、集會和結社的自由，讓大家充份發表意見，並相與結合，組成政黨。因此，自決不應只侷限於台灣，而是海峽兩岸都要充份地民主化。我堅決反對「自決等於獨立」這個論點。我主張海峽兩岸和平共處，進行多元交流，多認識和了解對方，希望大家充份尊重現實，讓台灣繁榮一點亦無妨。自決基本上是民主制度的一個基本原則，導自「國民主權思想」。

問：台灣民進黨是在什麼條件下成立的？

答：這三十多年來，台灣一直有人希望組織反對黨，但歷來均受國民黨的阻撓。雷震爲了組黨，被關押八年，同時也殃及了許多人，還有高雄的「美麗島事件」也是因企圖組黨而慘遭整肅。民進黨的組成是在一九八六年九月二十八日。在九月十九日舉行的黨外公政會內部會議上，我就主張應利用當時強大的政治活動衝力，在十月四日前組黨（按許信良擬於該日在美國休士頓成立「台灣民主黨」。）

主張馬上成立反對黨

在九月二十八日圓山大飯店的黨外中央後援會提名大會中，上午推選完畢，下午則討論籌組「組黨籌備會」。當時我反對說，黨外民主運動已經發展到這個階段，還搞什麼籌備會，主張馬上成立反對黨，建議以上午被推選參加年底中央民意代表選舉的四十一位候選人作爲新黨發起人。倘若國民黨在選舉前，膽敢逮捕任何一人，則其他四十人即共同聲明退出選舉，而中央後援會也不再推舉任何人參選。讓國民黨因黨外組黨，而抓人，而造成黨外全面杯葛中央民代選舉成爲國際上頭條政治事件，看國民黨敢不敢抓人。大家覺得很可一試，新黨就這樣成立了。

問：你與胡平的區別在那裡？

答：胡平時常强調客觀、理性、不要操之過急。我告訴他：大陸政府就是認爲你不夠客觀、不夠理性才取消你的護照的。我以爲理性是由選民來決定的，而不是執政當局。任何統治者總是討厭反對人士的批評而指爲不理性、不客觀。

問：反對黨爲反對而反對，這與理性的反對不一樣。二者在本質上的區別何在？與道德的要求能契合嗎？

大小騙子的制衡

答：「爲反對而反對」是「民主政治」落實在「政黨政治」上的基本設計，這不僅是策略上的考慮，更是制度上的必然要求。在策略上，要爲反對而反對到底，這是反對黨的職責。至於「理性的反對」，那絕不是反對黨的職責，那是超然於黨派之事，以持史家之筆自許的大衆傳播媒體的職責。因爲既然執政黨在人性上必不可免地會濫用權力，則執政黨會「爲贊成而贊成到底」乃極自然之事。相對地，我們就必須承認，甚至維護反對黨也可以「爲反對而反對到底」，方屬公允。

其次，政治與道德的關係也要有個正確的了解。否則，民主政治就很難建立。

中國向來受到「德治」（道德統治）思想影響很深。其實，「道德統治」的觀念是一切專制政治的根源。「政治」說穿了就是權力鬥爭，向來在政權的更迭中抓到權力的人不是用搶的（搞武力革命），就是用騙的（以說理取悅於選民的認同與支持。）國民黨與共產黨都是用「搶」的，且搶到手之後就用騙的來維持政權，民進黨不便「搶」，只好用「騙」的。有人會認爲，那民進黨和國共兩黨豈不是一樣壞。我說不一樣就是不一樣，因爲過去只有國民黨一個大騙子，可以爲所欲爲。現在除了國民黨大騙子之外，還有一個小騙子——民進黨。大騙子如果騙得太粗魯、太過份，以前無人敢揭發它，現在則有一個小騙子在拆它的台。如此一來，擁有統治權力的政黨就要小心多了。這就是執政黨與反對黨的制衡關係。這就是何以現在台灣比大陸政治進步多多的根本原因所在，我們絕不能輕信執政黨的善意、誠意。民主政治的精華就在於當執政黨越軌時，反對黨可以代替人民及時批判、制止它。

問：說到理性的反對，我以爲大陸與台灣的情況並不一樣，大陸在一九四九年以來經歷了許多次革命，如果現在再來一次革命，恐怕老百姓很難接受，因爲人們對此已感到厭倦。

大陸建立民主的條件

答：在這方面，我以爲大陸起步慢於台灣。昨天我參觀了西德基督教民主聯盟政策研究中心，覺得很慚愧，因爲我們的努力還不如人家。「爲反對而反對」之所以對中國大陸形成問題，是因爲大陸還無法將反對活動制度化。我以爲要在大陸建立民主制度，必須具備下列條件：

1.充份尊重人權（言論、出版、寫作、講學、集會、結社、秘密通訊等自由），並必須有制度化的有效保障。

2.確立國民主權原則，即統治者的權力來自被統治者的授權。

3.（最致命的一點）尊重權力分立和制衡，必須要有一個可以制衡行政機關的國會。

4.政府一定要向國會負責的原則。

5.依法行政原則，任何公權力的行使一定要有「法律」依據。

6.司法獨立原則。這一點最爲重要，在制度上能提供各種不同意見者一個機會，接受公平獨立的審判。

7.多黨的政治體系，各個黨的機會均等，可以在和平競爭下，輪流地上台執政。

問：西德的司法似乎並不是完全獨立的，這是否和黨派有關係？

法官必須獨立審判

答：我認爲這種說法很有問題。但是，司法獨立是民主體制的基本原則，法官要獨立審判，這是一種制度上的設計，你能告訴我比西德更好的方式嗎？（聽衆答：美國就更好。）美國的黨派運作也介入最高法院法官人選的決定上。在美國，只是政黨介入司法的方式不同而已。法官產生縱然難脫政黨影響，但只要一被任命爲法官就有周密的制度來保障法官可以獨立行使審判權。

問：「騙」的問題，是否一種鬥爭的策略？或者，反對黨提出的一套騙取政權的辦法，一旦轉到他們執政就變成另外一回事。你提出的有關大陸建立民主制度的七個條件，我很贊同，但大陸人民的教育水準是普遍偏低的，而所謂的爲反對而反對，在中國也只是剛開始。但在西方，卻已經歷很長的時間。我個人以爲，中國應重視現實，不能操之過急。有人提出，如果不能成立反對黨，那麼，是否可以允許黨内有反對派？我的問題是——在中國目前的情況下，你以爲反對黨和反對派有何不同？對這些人的觀點你怎樣看？

制度保障最重要

答：如果這就代表了大陸知識份子的觀點，我以爲很悲觀，我們過去沒有努力，以後該加倍努力才是，而且我們有的是潛力。要公開幹，不要偷偷幹。民主政治就是要按照制度公開幹。比如說黨内反對派的權力怎樣才能得到保障呢？來自制度的保障最重要。由當權派鼓勵出來的反對派不是真正的反對派。我相信，任何鬥爭，只要不使用武力、軍隊，即使沒有制度的保障，仍然是可以幹的。如果以爲與外國差距太遠而不「操之過急」，那是沒有希望的。

問：台灣民進黨成立的所屬基礎是什麼？

答：是中產階級的擴大和人民在意識上的醒覺。反對黨能成立的理由是：第一、教育的普及，第二、經濟上相當穩定，人們不是想革命，只是希望社會上能有更合理的秩序。中產階級不喜歡國民黨，是因爲國民黨在稅務和經濟上對他們的干擾太大。

要有耐心智慧魄力

問：民進黨的成立，是否有美國政府及海外台籍人士的支持？

答：有的，海外台籍人士給予熱烈支持，但是立場並不完全一樣。我們曾經試圖爭取美國的支持，但在我們組黨時，美國並沒有表態公開支持。我個人以爲，外國的支持基本上是次要的。關鍵是在國內，台灣民衆對我們是非常支持的。在大陸如果要推行民主，一定要有反對黨，但也不是一開始就是爲反對而反對，因爲這需要一段發展時間。當然，在台灣也有很多困難。故此，我們使用了很多策略。策略是很重要的，推動民主政治一定要考慮社會條件。從事民主政治要有耐心、智慧與魄力。

問：有一種普遍的看法以爲，經濟的穩定使台灣產生變革，而在大陸卻相反。大陸的經濟發展水平較低，所以人們主張先搞教育經濟，再搞政治，這是普通善良人的願望，對此你怎麼看？

答：退一步想，一百年前的英國，國民教育法尚未立法，一般的教育水準比現在的大陸還差，但中產階級也搞得起民主政治。所以，我以爲不是所有的政治變革都要同經濟水平結合起來的，也絕不能先等經濟改革成功以後才來搞政治改革。

問：爲什麼？

經濟不能決定是否民主化

答：看看中國大陸的情況，政治問題解決了，經濟問題就出現，待經濟好了，政治問題又出現。一個現代化的國家，一定要保障少數人的意見能經合法渠道發表，而不致影響他們的合法身份，在推動民主化過程中，絕不能以經濟來作爲決定性的因素。

問：不知民進黨內是怎樣實行民主的，能否透露一下這個秘密。

答：這也不是什麼秘密，民進黨太民主了，民主得不像樣了。比如主席一任一年，不能連任。這樣，主席幹了六七個月，就無心再幹了。所以在今年四月十六至十七日的第二次代表大會臨時會上，修改了這一條，由不能連任改爲可連任一次。

問：我以爲，在民主運動的發展中，政治及經濟條件都很重要。今天你們成立了民進黨，你是個幸運兒，因爲台灣具備了成熟的政治及經濟條件。如果你在十年前跳出來，情形會如何？一個民主運動的發展，直至有反對派的出現，與其政治及經濟究竟有何關係？你對自己能夠成功有什麼看法？

答：如果你們以爲我是個幸運兒，那你們對國民黨還是缺乏了解，不過在事後，你們以爲我是幸運兒，這種事後孔明的想法也不足爲奇。如果我被捉去關了起來，你們可能不會這樣想。事實上，在每一個決策的過程中，都要預先精打細算。政治與經濟是互相影響著的，影響到什麼程度，在學術上也說不清。你如何能說經濟一定影響政治呢？我討厭在政治上講理論。在大陸，不能因爲欠缺了經濟條件，就避免政治民主化。比如印度，外國對它的影響很有限，政治及經濟狀況也比中國差，但爲什麼它又能實現政治民主化呢？再如巴拉圭，經濟情況並不好，但也曾出現過三十多年的民主政治。所以，我們不能高估政治與經濟間的依存關係，也不能說二者之間，那一個是因，那一個是果，而是互爲因果。民進黨的成立，對台灣的整個政治及經濟的發展有積極意義。

問：即使你以爲印度及巴拉圭等國有了真正的民主，但沒有經濟條件，對國家又有什麼好處呢？

民主可防許多事變壞

答：民主是一種價值，也不見得民主是否對經濟有好處，但問題是，今天的好並不代表明天，民主並不能使許多事物變得更好。但至少可以防止許多事務變得更壞。你顯然不了解印度和巴拉圭的具體情況，印度的聯邦制度是一種起碼的民主制度。

問：當今世界上有很多政治模型，你崇拜那一種？

答：其實民主政治沒有什麼可崇拜的模型，關鍵是要能夠建立在老百姓的積極認同基礎上，符合國情設計，成爲客觀的價值體系。所以，我以爲還是不要迷信那一種最好，而是應該去觀察某一制度產生的歷史背景，從而設計出一套適合我們自己來用的制度，也不要將民主體制講複雜了。要抓住它的根本精神，比如人權保障、統治者的權力應該由被統治者賦予，權力之間應有制衡等等。

西德選舉制度可借鏡

問：你以爲那一種選舉制度比較好？

答：聯邦德國（西德）的選舉制度。

問：你這次來聯邦德國的目的是什麼？

答：完成論文出版的修正工作。

問：你以爲民進黨當前存在著什麼問題，它的發展趨勢如何？

答：黨的基層不夠踏實，台獨問題變成了很重要的問題，這其實是很抽象的，對台灣現行體系的認同亦太過薄弱，甚至有人不承認中華民國憲法，不能現實地看問題。我常說，還停留在一種單純的反對階段。只說不好，但說不出到底要什麼，這種單純的反對態度建立在這個看法上：以爲民進黨執政尚早。

——《民衆日報》一九八八年八月十八—二十日

邁出落實大陸政策的第一步

——從香港問題談起

香港民主政制的建立不但有助於台灣的民主，也保障台灣的安全，更能進而影響中國大陸的改革。一九八八年朱高正走訪香江，拜會香港政要並積極支持港人爭取民主自由，一改國民黨引人反感的口號政治，刮起了一陣「朱高正旋風」。此行不但以具體的行動拓展了台灣的對外關係，更爲解決海峽兩岸衝突跨出了歷史性的一步。

一九八八年歲末之際，二十一世紀基金會和時報文教基金會合辦了一個「大陸政策往何處去」的大型研討會，與會的海內外學者熱烈地討論，這種對目前仍在黑盒子中制訂、「猶抱琵琶半遮面」的大陸政策的公開、理性的探討，毋寧是一可喜可賀之事。在此之前，筆者到香港訪問了一週，香港人說筆者給他們帶來一陣旋風，我希望這陣旋風除了能給香港民主人士一點鼓舞外，也能吹開目前保守、封閉的大陸政策。

香港問題是和平解決中台問題的契機

在台灣，有多少人關心香港問題？大家覺得那是香港人的事情，跟我們沒什麼關係。有的只是以隔岸觀火的心情，或者藉機再罵一次讓港人沒有信心的共產黨，或者了不起給予九七後即將「淪陷」的香港人一點同情。國民黨政府對香港問題，雖然在一九八四年九月二十六日，中（共）英草簽香港前途協議後，行政院長俞國華即發表了代表政府的嚴正聲明，且宣稱將積極支持港人爭取民主自由，但一直是口惠而實不至，除了那些所謂「忠貞愛國」的僑胞外，大概一般的香港人感受不到台灣方面的任何實質幫助。國民黨對香港，可說毫無政策。徒設一個行政院港澳小組，除蒙藏委員會外，八部二會的首長爲當然成員，且以行政院副院長爲召集人，可謂層級甚高。可是這個小組做了什麼？有什麼積極作爲和具體成果呢？既然國民黨政府不做，那麼我來做。筆者以一個反對黨國會議員的身分前去香港，表達台灣人民對香港問題應有的關切，一方面督促政府當局以更積極的態度面對香港問題，一方面正告中共好好處理香港基本法，因爲鄧小平早就說過，搞香港特別行政區是爲了給「和平統一，一國兩制」的政策做個樣板，長遠的目標是針對台灣。所以，香港的前途在相當的程度實取決於台灣的態度。今天，我們越關心香港，中共就越不致於爲所欲爲，至少也得弄得像樣一點。

香港未來民不民主，跟我們有什麼關係呢？從戰略觀點來看，香港的民主不但對台灣的民主有利，而且對未來台灣的安全也是另一層保障。再進一步說，如果香港的民主政制得以建立，自由經濟得以確保，在九七以後，當香港併入中國境內，發揮她帶動鄰近地區的變革，從而影響整個中國大陸的改革政策，那才是和平解決中國問題、中台問題的最好契機。

香港和台灣同樣面對中共，在未來命運上，實有唇齒相依的關係。如果在九七年後，香港能確立民主制度，維持自由經濟，那等於是在海峽的對岸建立了一個民主自由制度的根據地，對面臨中共威脅下發展的台灣民主自是一種保障。這還只是消極的想法，如果能藉著香港問題，促使中共進一步下放權力給地方，逐漸改變中央集權的惡劣制度，那對未來兩岸問題的解決將更有意義。

聯邦制因地制宜

筆者在今年九月底發表了一篇〈從自決原則談聯邦制的可行性——一個和平改革主義者的狂想曲〉，文中即指出，中國大陸除了保障在九七年以後香港最少可維持現狀五十年之外，也應該在九七之前把中央緊握著的權限漸漸下放，讓各個省按照自己的特色，重新規劃，讓各個省有更大的自主權……，那麼，對香港的壓力，相信就會大大減少。同時，中共對香港住民九七年以後的五十年繁榮保證，如果沒有配以具體行動，是無法取信香港人的！這次在香港，很多人（包括大陸方面的人士）問我對「一國兩制」的看法，我直接了當地告訴他們，「一國兩制」在實際上是行不通的，因爲兩種根本上相對立、相矛盾的制度在同一個國家中，是不可能長期並存的。如果一定要保障香港資本主義制度不變，就必須在這兩種黑白分明的制度之間，建立一大片灰色地帶，就像光譜一樣，讓中國大陸從沿海開放地區的資本主義自由經濟地帶漸進到內陸較貧窮地區的社會主義計劃經濟地帶，如此，不但有益於中國大陸的經濟改革，也避免了尖銳的對立。

所以，我主張「一國兩制」不如「一國多制」，其方法是中共將中央的權力進一步下放至地方，讓各地區因地制宜地發展適合該地區的制度，中央只要掌握國防、外交與金融等必要的權限，其他讓各個地方自己去做。也就是說，中國大陸應引進聯邦制，這樣，不但可使整個國家人力資源獲得充分運用，也可避免中央集權，維持整個政治系統的穩定。所以，暫且拋開大陸與台灣、香港的關係不論，單單以中國大陸本身未來的發展而言，中國大陸就應該引進聯邦制。再以中國的歷史經驗來看，漢朝的郡縣制度，郡太守一年的俸祿跟中央的三公九卿一樣，同爲二千石，入則在朝爲中央官吏，出則在地方爲行政首長，在等級上，平起平坐。並且，在地方上，大縣爲令，小縣爲長，皆有其獨立的人事任命權。史學大師錢賓四也認爲這種類似聯邦的制度適合中國這樣廣土衆民的國家。唐代破壞了這種制度，才導致藩鎮割據的亂局。筆者在香港努力鼓吹這樣的觀念，已引起港人的迴響。

跨出歷史性的一步

此外，筆者於數月前提出的「三邊會談」構想，在這次訪港之行中，也有了決定性的進展。衡諸國際政治發展的大趨勢，以談判代替對抗是將來解決台海兩岸關係問題無可避免的走向，筆者倡議先由台灣、香港、大陸三方面具有一定程度代表性的民意代表在第三地接觸、溝通，最好以後每年定期舉行會談，逐步形成和平解決問題的共識。既然官方有所顧慮，那麼就先由「半官方」的民意代表先來接觸，接觸地點也可由西歐較無重大利害的第三地區漸次轉移到東亞。我相信這是和平、漸進地解決問題的最好方式。

一個負責任的政黨或政治人物，必定要以長遠的眼光和符合人民利益的做法理性地規劃未來發展的策略，我抱著這樣的態度從事政治活動，對台海兩岸未來關係的處理是如此，對香港問題的立場也是如此。所以，我不計譭譽地推動這個構想。今天，台灣的外交受制於中共，台灣的國防預算偏高而影響到其他方面各種社會政策的落實也導因於台海的情勢，台灣欲建立一個正常的憲政體制，其中的一大阻礙也來自國家的定位問題。歸根究底，這一切都因為台灣與中國大陸的關係未能得到合理的處理而懸宕難解。也就是說，台灣與中國大陸的關係深深影響著台灣島上兩千萬居民的利益和幸福。而要解決兩岸關係這樣複雜的問題，絕不是空喊口號或情緒性地發洩所能解決的。很高興見到最近各方面對於具體大陸政策的探討正方興未艾，我們現在不但需要冷靜地研究，更重要的是，逐步、實際地去做。

筆者希望大家要瞭解到：關心香港就是關心我們台灣自己，因爲香港正是長遠而積極的大陸政策最好的落腳點，也是處理未來兩岸關係最貼近的試金石。這次香港之行，我踏出了構思中的大陸政策的第一步，也可能是解決海峽兩岸衝突的歷史性一步。

香港應走向政黨政治

——政治就是不斷衝突和妥協的藝術

香港發展政黨政治，不僅爲了港人本身的自治，也對中國大陸未來引進政黨政治舖路。朱高正除了致力於推動台灣的民主改革，更願以一己之力協助香港走向政黨政治，近幾年來，香港已初具政黨政治的雛型，印證了朱高正當年的眞知灼見。

就跟所有的華人地區一樣，大多數香港人也是儘量避談政治，視政治爲洪水猛獸，能別管就別管，這真是華人最大的悲哀。因爲中國專制壓迫的歷史太長了，每一代的父母都會很自然地告誡他們的下一代少管政治，碰政治只會惹禍上身。培養這種恐懼政治的心理正與統治者的目的相符，因爲這種心理正是專制政治發展的溫床。社會的大多數越沈默，專制者越好治理，大多數不管政治，只好就任少數人去管。筆者告訴香港人，只要大家越關心政治，搞政治的人就越不敢爲所欲爲，這個觀念對九七前的香港人而言，格外重要。

連政治都不關心，當然更不用說政黨了。香港人對政黨這個東西非常敏感，甚至包括民主派人士。根據一位立法局議員的分析，香港人看到中國自辛亥革命以後，國民黨、共產黨互相惡鬥，搞得中國幾無寧日。國民黨在大陸時貪污腐敗，解放後，共產黨又成天搞政治運動，香港人在旁目睹這一切，看得心驚膽顫，所以難怪只要提起「黨」，就特別敏感。認爲政黨會導致社會動亂，不利於香港的穩定繁榮。所以，即使香港現在已經成立許多政治團體，民主派的也好，保守派的也好，他們寧可叫「會」，也不願變成「黨」。據悉，前幾年已有組黨的呼聲，也因爲社會大衆無法熱烈響應和中共的警告而作罷。因爲，中共希望香港維持現狀，不要有劇烈變革，以便順利接收，所以不希望香港有政黨出現。

傳播現代政黨觀念

儘管有許多不利的因素限制香港成立政黨，但是，除非香港不要民主，不發展代議政制，否則，政黨政治將是香港未來必然的發展趨勢。尤其，緊接而來的區議會、市政局選舉，和九一年的立法局開放直選議席，都必然會促使目前的政治團體朝向組織更嚴密、政見訴求更具利益代表性的雛型政黨發展，以爭取選戰的勝利。那時，各利益階層的民選議員開始要真正面對羣衆，面對他們的選民，香港的政黨政治將面臨初步的考驗。

筆者以民主進步黨組黨的經驗告訴港人，在沒有組黨之前，也幾乎沒有人敢相信黨真的組得起來。當然，台灣和香港的政治、社會背景不同，不能照樣翻版。不過，民進黨的成立多少對香港民主派有些激勵作用，而我們的經驗也可作爲他們的參考。香港大多數人目前還不能接受政黨競爭的觀念，可先舉辦各種針對政黨政治、政黨發展史的學術討論會，慢慢向社會大衆傳播現代政黨的觀念，配合幾年後的選舉，自可水到渠成。

香港人對筆者所主張「反對黨是爲反對而反對」的觀念起初也不能接受，認爲政治應以和爲貴，不應劇烈對抗，導致社會不安。其實，爲人處世當然不應該「爲反對而反對」，但政黨，尤其是作爲政黨競爭中的反對黨，卻一定要爲反對而反對。因爲，執政黨爲了替自己的政策辯護，必不可免地會爲贊成而贊成到底，作爲競爭對手的反對黨自然便要爲反對而反對到底，最後才由選民以選票來作理性的裁判，這便是政黨政治設計的原理。執政黨做得對的，反對黨了不起不說就是了，怎麼可能去讚美支持它？那還要反對黨做什麼？若要以和爲貴，那最好是都聽它的，那就最「和」了。這種爲反對而反對的政黨競爭觀念，經過這樣的說明後，他們也都能接受了。筆者並告訴香港人說，政治就是不斷衝突和妥協的藝術，在該妥協的時候不妥協這叫「死硬派」。反之，在還可以多爭取一點的時候便妥協，這叫「放水派」，而像查良鏞那樣，身爲港人，卻投合中共，根本就是未戰先降。

筆者必須强調，香港發展政黨，不但是爲了本身的自治，學習自己管理香港的事務，也對中國大陸未來的政黨發展別具意義。中共目前還沒有胸襟容忍有組織的反對勢力在其境內發展，若是香港的政黨政治能發展成功，在九七以後成爲中國的一部分後，對中國大陸內部的組黨運動必有刺激的作用。今天，中國大陸民主化的最大障礙就是沒有制衡力量的出現，沒有制衡就一定極權專政，權力集中就一定腐化，這是古今中外皆然的現象。所以，筆者不但向中共呼籲，若有誠意讓港人自治，便應允許港人組黨。甚至，也提出了以政黨政治來完成「和平統一」的構想，這可分爲五個階段：

一、九七年後，台灣各政黨可公開在港活動。

二、數年後，容許台灣政黨在大陸活動。

三、容許中國大陸人民自行組黨。

四、台灣容許大陸非共政黨到台活動。

五、最後，容許中國共產黨到台活動。

當然，大家都必須遵守當地的現行體制，且絕不搞革命黨或地下黨，這個構想不但是和平的、漸進的，也是現實上大家都較能接受的。大陸大，台灣小，中共應有肚量讓台灣先到大陸發展。中共究竟有沒有誠意和平統一，就看他能不能接受了，如果一味以大吃小，就怪不得台灣爲了維護自由民主的生活方式，而自求多福了。

關係大陸民主化希望

姑先不論統一問題，僅就民主政治的推展而言，香港政黨政治的發展成功與否，不僅關係到香港本身的前途命運，也關係到中國大陸民主化的希望。在環境條件尚未成熟時，應該掌握趨勢，逐步醞釀。筆者不但樂見其成，也願意在以港人爲主體的前提下，提供必要的協助。

——《台灣時報》一九八九年一月五日

香港民主運動大有可為

——漠不關心是民主政治最大的敵人

香港在英國長期殖民統治下，大多數民衆不但缺乏參政經驗，更對政治冷漠。然而以香港如此高教育水平的國際都市，絕對有發展民主政治的條件，朱高正持續地關心香港民主政治的進展，並提供台灣民主化的經驗予以協助。

這次訪問香港，筆者跟香港各界人士見面，包括政界、學界、傳播界、文化界、商界……等，各行各業的人都有，其中政界人士，無論是保守派，抑或民主派我也都跟他們談過。此外，還有幾個主要民主運動團體的領導者和重要幹部，以及多位推動民主運動的香港學者。這些香港民主派人士給筆者的一個綜合印象是似乎太紳士了。

香港和台灣的民主運動在本質上最大的不同在於一個有壓迫，一個沒有。台灣先是受日本殖民統治的壓迫，後是受國民黨極權統治的壓迫，有壓迫的地方就會有反抗。香港雖然也長期受英國殖民統治，但英國人的統治技巧較高，不像日本想永久佔領台灣因此刻意推行「皇民化運動」。原則上，港英政府對一般香港文化或社會層面的事務並不插手干預，採放任政策，除了政治港人難以參與外，在英國人技巧的殖民統治之下，香港建立了一個雖不民主，但卻高度開放、自由的社會。香港總督雖有極大的權力，但因其背後仍受英國國會的監督而不至於濫權，加以香港依英國普通法體系建立的法治制度，保障了人權、自由，所以，香港人在政治上不覺得有什麼壓迫，沒有壓迫自然就沒有反抗。

香港的民主運動是因九七陰影而漸次浮現：英國人要撤走，中共方面爲了維持香港的繁榮以及製造「和平統一、一國兩制」的樣板，答應讓「港人治港」、「高度自治」。所以在八○年代初，香港開始出現大批壓力團體、問政團體。同時，港英政府也準備開始發展香港的代議政治，一時之間，香港的民主前景大爲看好。後來，英國人迫於中共的壓力，收回了八八年直選的承諾，中共要求香港的政治變革必須配合香港基本法的制訂，英國人採取了妥協的姿態。現在，草擬中的香港基本法在政制方案上的走向過於保守，完全不符當初答應「港人治港」、「高度自治」的精神，引起香港民運人士「激烈」的抗爭，於是絕食、走上街頭。

漠不關心是政治運動的大敵

依筆者之見，香港民主運動最大的問題有二：其一，由於英國長期的殖民統治，港人從無實際參政、治理的經驗，突然英國人走了，不但讓港人自治，而且還是高度自治；其二，則是大多數的民衆仍對政治冷感，這是香港民主派勢單力薄的最大原因。民主派人士不但要應付中共、港英和龐大的工商界既得利益保守勢力，還要面對對政治冷漠的大衆，相當令人同情。筆者在抵港時的記者會上便對港人說，「漠不關心是政治運動最大的敵人」。結果，香港的電視台在晚間新聞中報導記者會時，便特別引用這句話。

香港民主派本身的問題也不少，像是極端缺少政治人才。香港有各種人才，企業人才、管理人才，各行各業的專業人才應有盡有，唯獨缺乏政治人才。所謂「政治人才」乃指實際從事政治活動而且把政治當全部事業和工作的人才而言。香港現在從事政治活動的人，多是「兼差」性質，這和台灣已有大批專業黨工的情況不可同日而語，港人若要自治，一定得開始培養政治人才。並且香港許多民運團體尚停留在「論政」的階段，其實，政治不是用談的，是實際投入去做的。論政是學者、記者的事，民運團體千萬不要成了知識分子的俱樂部。政治人物應懂得組織、協調，提出對具體問題的解決方案。現在大家都知道政治要民主，就像做生意就要賺錢一樣，這不用再宣傳了，問題是怎樣才能把錢賺到口袋裡，這就需要策略的運用與組織的運作。

此外，香港立法局到目前為止一直沒有由直接選舉產生的議席，因此，民主派沒有全港直選的經驗，以致其問政訴求未能與草根大衆緊密結合，但是這種情況馬上便會因為九一年的立法局選舉將開放十個直選議席而有所改變。屆時，民主派勢必要走入羣衆，以民衆切身的利益為訴求。筆者建議他們組團來台考察今年年底台灣的大選，並願意提供協助，安排他們觀摩，甚至親身參與選舉實務，俾便瞭解國民黨與民進黨的競選策略和競爭過程。

筆者在香港一再提醒香港人，香港絕對有全面發展民主的條件，否則像香港這樣有高度教育水平的國際城市尚且不能發展民主的話，誰又能企盼中國有民主前途?香港的民主運動雖剛起步，但已有了基本法這個衝突點。中共既然喊出：要給港人「高度自治」，香港人，尤其是站在爭取民主最前線的民主派，便不應太低估自己，把爭取民主的標準定得太低，只要能逐漸喚醒大衆關心香港前途，大力啓蒙民衆，適度地運用策略，相信香港的民主前途仍是樂觀的。

——《民衆日報》一九八九年一月五日

跋

《朱高正作品精選集》輯錄筆者最近十年來的作品，編爲《現代中國的崛起》、《台灣民主化的經驗與教訓》及《縱橫古今談》三卷。

筆者自一九八五年九月由歐洲學成歸國，以迄一九九五年七月，合計發表約二百萬言，其中與《易經》有關的約五十萬言，編爲《周易六十四卦通解》、《易經白話例解》與《乾坤大挪移》三書，由「台灣商務印書館」發行。今則從另一百五十萬言中挑揀出最具代表性的五十萬言，編爲《精選集》三卷。

在此之前，筆者的作品大多蒐集在《和平革命》四書（依次爲《春雷1986》、《驚蟄1987》、《大風起1988》、《雲飛揚1989》）、由天下文化出版公司於一九九三年印行的《和平革命》、《新社會》、《再造傳統》三書，以及由歐洲文教基金會於一九九四年編印的《撥亂反正》一書。

《朱高正作品精選集》乃筆者返台以來的人文思考所留下的實錄。自投入選舉以來，筆者一直被視爲台灣最具爭議性的政治人物；此實肇因於筆者本就不宜以一般政治人物的標準來評量。筆者經營文字自成一格，《精選集》中幾無應景之作或國會質詢稿。大多數作品是具有高度針對性的思想論述和人文關懷，尤其是收錄在第三卷《縱橫古今談》的文章更是值得向讀者諸君推薦。此外，即使是對現實政治的批判或對當代人物的月旦，也莫不以學理爲依據，以史實爲借鑑。總之，收錄在第一、三兩卷的作品較能反映出筆者的襟抱與終極關懷；至於收錄在第二卷的作品則多與現實政治有關。

筆者涉身政治，總是抱持「但開風氣之先」的自我期許。一九八六年是筆者的「黨外時期」，在風聲鶴唳的戒嚴體制下，毅然投入黨外民主運動。爲突破黨禁，筆者運籌於內，衝鋒於外，乃能於九月廿八日圓山大飯店的黨外集會中，輔以「臨門一腳」，肇建了台灣第一個反對黨——民主進步黨。這段期間的作品，如〈組黨是人民的基本權利——一個憲法解釋的嘗試〉和〈辯證邏輯與民主政治〉（收在第二卷），都已是台灣邁向政黨政治的重要文獻。

一九八七到八九年是筆者的「民進黨時期」。這段期間，爲了台灣的民主化，爲了政黨政治的健全發展，從解除戒嚴、國會全面改選到廢除臨時條款，筆者無役不與，也常在緊要時刻扮演關鍵性的角色。對於「非常體制」違憲性的批判和國會全面改選的法理基礎，在第二卷有關「回歸民主憲政」的篇章中可以尋獲。筆者苦心孤詣，對民進黨發展過程中的偏差時常提供建言：〈政黨政治的省思與展望〉和〈民進黨健全發展的危機〉都是這一類的逆耳忠言。政黨政治的雛型在筆者縱橫捭闔之下亦得以確立，包括民進黨立法院黨團的組建及其與國民黨溝通、互動的模式，也是在筆者全力參與下逐漸完成的。及至後來民進黨悖離「住民自決原則」而採行「台獨」黨綱，筆者基於民族大義，義無反顧地離開手創的政黨。其實，早在八八年筆者即不反對台灣有一個主張台獨的政黨，俾中共蠻橫不講理或大陸又發生類似文革悲劇時，我們就可讓台獨的聲浪高些，以保障台灣全體同胞的福祉，並為建立一個尊重人權、政治民主、社會公平正義有保障的新中國保留一絲生機。但筆者可不希望民進黨就是這個政黨，因為這樣的政黨註定淪為他黨的籌碼，而不可能成為執政黨。而今台獨基本教義派也已決定由民進黨出走，自組建國黨，正應驗筆者當年的「逆耳忠言」，相信今後民進黨當可順利走出悲情的陰影，為我國未來政黨政治的發展做出更正面的貢獻。

一九九〇到九三年是筆者的「社民黨時期」。〈我對另組新黨的沈思——社會菁英的政治責任〉（第二卷）一文明確表達我對時局的憂心和組織新政黨、結合社會菁英以救國救民的初衷。嗣後，筆者的國家哲學——有關「法治國」、「社會國」與「文化國」的理論與實踐——則展現在第一卷有關「立足傳統的國家現代化理想」的篇章中。

一九九三年，新國民黨連線從國民黨出走，台灣政壇上的「第三勢力」起了結構性的變化。筆者於是積極參與促成「第三勢力」的整合，以與國民黨和民進黨相抗衡。〈與新黨對等合併之後，我們應有的努力方向〉（第二卷）一文提供了當初社民黨與新黨「對等合併」的第一手資料。終於在一九九五年底，筆者不計名位、毀譽，領軍跨越濁水溪，在高雄建立了新黨南進的橋頭堡。

筆者從政十年，不管遭逢任何橫逆頓挫，皆一本知識分子的良知，有所爲，有所不爲，絕不因現實利害的轇轕而扭曲應有的堅持。

最後，筆者要感謝「台灣學生書局」，在本《精選集》由筆者自行發行五千套之後，仍予以重新出版，俾更多人士得以接觸到筆者的作品。筆者同時也要感謝前中央研究院院長吳大猷先生慨然作序，更增添本書的光彩。

朱高正謹識於一九九六年十一月一日

國家圖書館出版品預行編目資料

朱高正作品精選集，第一卷，**現代中國的崛起**
／朱高正著. --一版，--臺北市：
臺灣學生，民85
面；　公分
ISBN 957-15-0761-X(平裝)

1.政治－中國－論文，講詞等

573.07　　　　85007018

朱高正作品精選集 第一卷
現代中國的崛起

著作者：朱高正
出版者：臺灣學生書局
發行人：丁文治
發行所：臺灣學生書局
臺北市和平東路一段一九八號
郵政劃撥帳號〇〇〇二四六六八號
電話：三六三四一五六
傳眞：三六三六三三四
本書局登記證字號：行政院新聞局局版臺業字第一一〇〇號
印刷所：豪信彩色照相製版有限公司
地址：台北市長泰街一三九巷二一號
電話：三〇五八二七二
總經銷：北城圖書有限公司
地址：三重市大智街一三九號
電話：九八一八〇八九

定價平裝新臺幣四〇〇元

西元一九九六年十一月學一版

57307

ISBN 957-15-0761-X（平裝）